职业教育汽车类专业理实一体化教材
职业教育改革创新教材

汽车检测与故障诊断

主　编　张志强
副主编　闫正冰　肖　茂　白　宇
参　编　武　莉　彭　荣　李万伟　付芳芳
主　审　徐中明　谢云峰

机械工业出版社

本书是根据汽车维修企业生产岗位实际工作内容而开发的，紧密围绕岗位需求，以市场为导向，以技能为核心，以科学、实用为原则，并提供了大量的维修及检测实例，通过针对性的练习和训练，培养学生分析和解决实际故障的能力。本书内容包括汽车故障诊断基础知识，汽车发动机系统、底盘系统、空调系统、安全舒适系统等的检测与故障诊断。本书以项目式进行编排，每个项目以多个任务的形式展开，引导学生"做中学，学中做"。

本书可作为职业院校汽车类相关专业的教材，也可作为汽车售后、维修企业的培训用书。

为方便教学，本书配有免费电子课件，凡选用本书作为授课教材的老师均可登录 www.cmpedu.com 以教师身份注册，下载。咨询电话：010-88379865。

图书在版编目（CIP）数据

汽车检测与故障诊断/张志强主编. —北京：机械工业出版社，2015.9（2025.7重印）

职业教育汽车类专业理实一体化教材　职业教育改革创新教材

ISBN 978-7-111-51079-6

I. ①汽…　II. ①张…　III. ①汽车-故障检测-中等专业学校-教材②汽车-故障诊断-中等专业学校-教材　IV. ①U472.9

中国版本图书馆 CIP 数据核字（2015）第 189361 号

机械工业出版社（北京市百万庄大街22号　邮政编码100037）
策划编辑：于志伟　责任编辑：于志伟
版式设计：赵颖喆　责任校对：陈立辉
封面设计：鞠　杨　责任印制：单爱军
北京盛通数码印刷有限公司印刷
2025年7月第1版第6次印刷
184mm×260mm · 14印张 · 343千字
标准书号：ISBN 978-7-111-51079-6
定价：35.00元

电话服务　　　　　　　　网络服务
客服电话：010-88361066　机　工　官　网：www.cmpbook.com
　　　　　010-88379833　机　工　官　博：weibo.com/cmp1952
　　　　　010-68326294　金　书　网：www.golden-book.com
封底无防伪标均为盗版　　机工教育服务网：www.cmpedu.com

前　言

　　汽车工业的发展对汽车专业人才的培养提出了更高的要求，特别是汽车技术的不断更新，对汽车检测与故障诊断技术也提出了更高的要求。本书是根据汽车检测与故障诊断的特点、发展趋势及职业教育的特点，在汽车维修行业、企业专家和课程开发专家的精心指导下，在汽车维修企业生产岗位工作实际的基础上编写而成的。

　　本书主要介绍了汽车检测与故障诊断的基础知识及汽车各系统的检测与故障诊断方法，通过大量的实训，以"做中学、学中做"的方式，培养学生的能力。本书精选学生终身有用的基础知识，并将技能大赛中体现的规范操作、5S管理、良好的行为习惯等融入其中，在强调技能的同时，注重职业素养的养成。

　　本书由张志强任主编并负责统稿，由闫正冰、肖茂、白宇任副主编，武莉、彭荣、李万伟、付芳芳参加编写，由重庆大学徐中明教授和重庆市九龙坡职业教育中心谢云峰审稿。本书的编写还得到重庆理工大学汽车学院黄泽好教授的支持和帮助，在此表示感谢！

　　由于编者水平有限，而且汽车检测与故障诊断涉及领域很广，书中难免有错误和不当之处，敬请专家和广大读者批评指正。

编　者

目　录

前言

项目一　汽车检测与故障诊断基础知识 ·· 1

　　任务一　汽车检测与故障诊断一般工艺的学习 ·· 1

　　任务二　汽车检测与故障诊断方法的学习 ·· 17

项目二　电控汽油发动机的检测与故障诊断 ·· 27

　　任务一　汽油喷射系统的检测 ·· 27

　　任务二　点火系统的检测 ··· 52

项目三　电控汽油机废气排放系统的检测与故障诊断 ····································· 61

　　任务一　汽车废气排放系统的检测 ··· 61

　　任务二　汽车废气排放系统的故障诊断 ··· 71

项目四　舒适系统的检测与故障诊断 ·· 77

　　任务一　自动巡航的检测与故障诊断 ··· 77

　　任务二　电动车窗的检测与故障诊断 ··· 80

　　任务三　电动座椅的检测与故障诊断 ··· 90

项目五　电控动力转向系统的检测与故障诊断 ·· 99

　　任务一　四轮定位的检测 ··· 99

　　任务二　电控动力转向系统的检测 ·· 111

　　任务三　电控动力转向系统的故障诊断 ·· 116

　　任务四　液压动力转向系统的检测 ·· 118

　　任务五　液压动力转向系统的故障诊断 ·· 120

项目六　电控空调系统的检测与故障诊断 ·· 127

　　任务一　AC350C 加注机的使用 ·· 127

　　任务二　电控空调系统的检测 ··· 142

　　任务三　电控空调系统的故障诊断 ·· 155

项目七　安全防盗系统的检测与故障诊断 ·· 160

　　任务一　防抱死制动系统的检测与故障诊断 ·· 160

任务二　安全气囊的检测与故障诊断 …………………………………………… 183

任务三　防盗系统和中控门锁的检测与故障诊断 ………………………………… 197

参考文献 …………………………………………………………………………………… 217

项目一
汽车检测与故障诊断基础知识

【学习目标】

1. 了解汽车检测与故障诊断的基本思路。
2. 掌握汽车检测与故障诊断的基本流程。
3. 熟悉汽车检测与故障诊断的基本原则。
4. 熟练汽车检测与故障诊断的方法及注意事项。

任务一　汽车检测与故障诊断一般工艺的学习

【相关知识】

一、汽车检测与故障诊断概述

1. 汽车检测

汽车检测是对汽车技术状况或工作能力的检查。汽车在使用过程中，随着使用时间的延长（或行驶里程的增加），其零件逐渐磨损、腐蚀、变形、老化以及润滑油变质等，致使配合副间隙变大，引起运动松旷、振动、发响和漏气、漏水、漏油等，造成汽车技术性能下降。为了维持汽车良好的技术状况，延长零件的使用寿命，保证安全行车，要对车辆进行定期的检测，如汽车的维护作业等。汽车维护作业的主要内容是清洁、检查、补给、润滑、紧固和调整。

2. 汽车故障诊断

汽车故障诊断是指依照相关技术标准，使用专用的工具、仪器、设备和软件，对汽车故障进行检测排查、分析判断，从而查明故障成因，确认故障部位的操作过程。

二、汽车检测与故障诊断的基本思路

汽车检测与故障诊断的基本思路是从问诊入手了解症状，经过试车验证症状，通过分析原理，再推理假设出可能的原因，最后测试验证假设故障点是否成立的全过程，如图1-1所示。

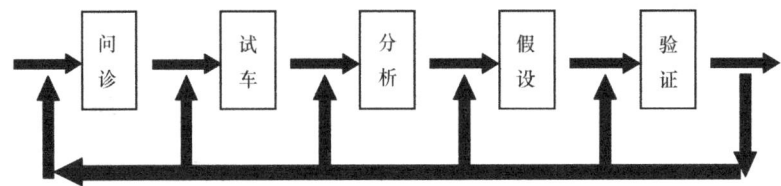

图1-1　汽车检测与故障诊断的基本思路

当验证的环节证明假设的故障点不成立时，应该返回到前一个环节提出新的假设，然后再去验证。当提不出新的假设时，就要再向前一个环节进行重新分析，如果重新分析还得不到更新的假设就要再向前一个环节，更加仔细地试车发现新的特征，必要时还可以进一步重复问诊过程以了解更多的信息，重新提出新的假设并加以验证，直至发现真正的故障点为止。

三、汽车检测与故障诊断的基本流程

汽车检测与故障诊断的基本流程依据诊断基本思路来设计，从故障的实际症状出发，通过问诊试车来验证故障现象，从总成或系统的结构原理展开分析，找出可能的原因，然后设计诊断步骤，利用测试的方法确认故障点，排除故障后再进行一次验证，最终确认故障原因，如图1-2所示。

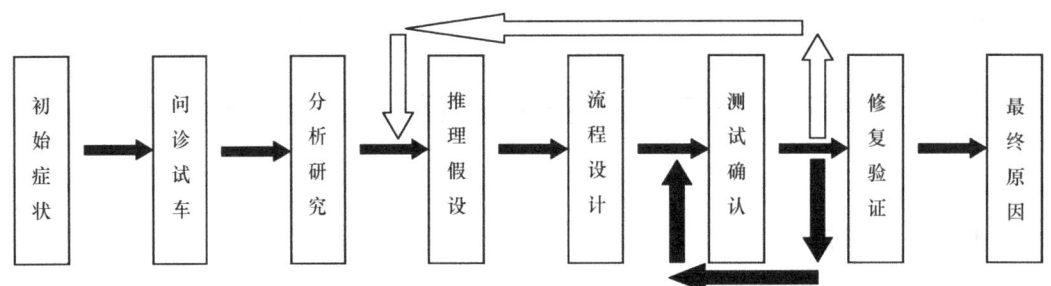

图1-2　汽车检测与故障诊断的基本流程

1. 初始症状

初始症状是汽车故障诊断的出发点，也是关键点，首先确认故障的症状类型，即：

（1）功能性故障　能够感觉到车辆的性能或某些功能发生改变的症状。

（2）警示性故障　可以察觉到车辆的外观或运动状态发生改变的症状。

（3）隐蔽性故障　通过检测发现车辆的某些参数或性能指标发生改变的症状。

2. 问诊试车

问诊试车是维修技术人员对车主进行询问，了解汽车故障症状的现象，然后通过试车对汽车故障症状进一步确认的过程。

（1）问诊的主要内容

项目一　汽车检测与故障诊断基础知识

1) 车主及汽车的基本情况，详见表1-1。

表1-1　车主及汽车的基本情况

类　型	主　要　内　容
基本情况	客户姓名、车名、牌照号码、生产厂家、车型、生产年款、车身代码VIN、发动机型号、变速器型号和行驶里程等
使用情况	经常行驶的道路条件，经常使用的车速、发动机转速及档位模式，经常加注的燃油标号、品质及添加剂品牌等
车主的驾驶习惯	包括行驶、超车、停车、暖车、制动、加速、减速、转向、加减档和油离配合等

2) 故障发生状况详见表1-2。

表1-2　故障发生状况

类　型	主　要　内　容
故障基本症状	包括发生日期（年/月/日）、症状类型（功能/警示/检测）、症状描述（按照汽车故障症状内容填写）
故障症状特征	主要是指单一/多种、简单/复合、伴随/因果
症状发生频次	主要包括经常发生、有时发生、一定条件下发生、仅发生一次和其他
症状发生状况	包括渐进/突发、持续/间歇、偶发/多发、有规律/无规律
故障发生程度	包括轻微、一般、严重、致命等

3) 汽车工况：主要包括冷车时（后）/暖车时（后）/热车时（后）、低速时/中速时/高速时/变速时（后）、节气门全关/节气门微开/节气门四分之一开/节气门半开/节气门四分之三开/节气门全开/所有位置、开空调时（后）/打方向时（后）/开前照灯时（后）/风扇转时（后）、驻车时（后）/起动时（后）/起步时（后）/行车时/稳速时/急缓减速时（后）/急缓加速时（后）/滑行时（后）/制动时（后）/停车时（后）/熄火时（后）等。

4) 故障发生时的指示值详见表1-3。

表1-3　故障发生时的指示值

类　型	主　要　内　容
冷却液温度/℃	低温、适中、高温、开锅、任何温度
车速/(km/h)	行驶车速点、行驶车速段
转速/(r/min)	发动机转速点、发动机转速段
档位	MT：1档、2档、3档、4档、5档、倒档、空档 AT：P位、R位、N位、D位等

5) 故障发生的间隔时间，主要是指多少分钟发生一次故障、多少小时发生一次故障、多少天发生一次故障等。

6) 故障发生时的环境详见表1-4。

表1-4 故障发生时的环境

类型	主要内容
时间	早晨、白天、晚上、深夜、全天
气温	炎热、热、常温、冷、寒冷或任何气温下
湿度	潮湿、适中、干燥、任何湿度
气候	晴/阴、雪/雨、雾/风、任何天气
程度	小、中、大、特大
道路	城市/郊区/乡村、高速公路/一般公路/土路/无路、平路/上坡/下坡/颠簸路

7) 故障灯指示状态包括常亮、有时亮、不亮、常闪亮、有时闪亮等。

8) 维修养护情况所包括的内容详见表1-5。

表1-5 维修养护情况所包括的内容

序号	主要内容
1	本次故障症状（如果不是第一次发生和修理）从第一次发生到本次进厂修理过程中的全部发生经历和维修经历
2	以往故障记录及修理记录、更换过的总成及主要零部件名称、生产厂家和更换次数及价格
3	车上附加安装的装置名称、生产厂家、安装单位
4	最近一次维修时间、维修项目、维修状况、更换零件名称数量、出厂检测参数，本车年检记录、车辆事故记录
5	本车维护周期、经常使用的润滑油牌号及添加剂名称数量、经常去的维修厂家情况及维修人员情况

问诊的详细与完备程度直接影响到故障分析和诊断的准确性，问诊是维修技术人员了解故障发生情况的第一个环节，是维修技术人员与车主沟通的起点，也是维修人员间接掌握故障发生特征的最好途径。充分利用问诊时与车主交流的环节，认真做好问诊记录，对故障诊断具有十分重要的意义。

（2）试车　试车的目的在于再现车主所述的故障症状，以验证故障症状的真实性，同时试验故障症状再现时的特征、时间、地点、环境、条件、工况等客观状态，以便为进一步分析故障原因做好准备。问诊后首先应该开始进行故障码分析；试车中继续进行故障码和冻结数据帧的跟踪分析，试车中还可以进行数据流分析记录，以便对故障症状出现时的各种工作参数有一个可分析比较的数据资料；试车结束后要完成故障码分析。

完整的试车应该包括汽车各种性能的试验过程，即从发动机冷机起动、冷机高怠速、暖机到热机怠速、加速、急加速全过程的运行状况以及仪表指示情况。试车还应该包括汽车起步、换档、加速、减速、制动、转向等过程的行驶状况试验，检查汽车的动力性能、制动性能、行驶稳定性能、操纵可靠性能、振动摆动异响等状况。

3. 分析研究

分析研究是在问诊试车后根据故障症状，通过对故障状态与正常运行状态进行对比分析，认真查找、阅读各种技术资料，包括所修汽车维修手册提供的机械与液压原理结构图，执行器元件位置图、控制单元、传感器、执行器插接件图及标准参数表，系统结构组成图，

项目一　汽车检测与故障诊断基础知识

油路电路气路图，电子控制系统框图等，对汽车故障进行深入判断、分析故障原因所在。

4. 推理假设

推理假设是对故障原因的初步判断，这个初步判断是在逻辑分析和经验判断的基础上展开的。逻辑分析是根据结构原理知识，加上故障症状的表现，分析、推断导致故障症状发生的可能原因；经验判断是根据以往故障诊断的经验，对相同或相似结构的类似故障做出的可能故障原因的推断。

5. 流程设计

流程设计是在推理假设环节之后，根据假设的可能故障原因，设计出实际应用的故障诊断流程图的过程，这个过程包括首先建立以故障症状为顶端事件的故障树，然后根据这个故障树建立故障诊断流程图表。

6. 测试确认

测试确认是按照流程设计的步骤通过测试的手段逐一测试确认中间事件或底端事件是否成立的过程。测试确认过程是从最高一层中间事件逐一到最低一层中间事件，然后再到底端事件，直至确认故障点部位的全过程。测试确认是在不解体或只拆卸少数零部件的前提下完成的对汽车整体性能、系统或总成性能、机电装置性能、管线路状态以及零部件性能的测试过程，它包含检测、试验、确认三个部分。

（1）检测　"检测"主要指通过人工直观查看和设备仪器分析进行的检查和测量来完成的技术检查过程。它包含基本检查和设备仪器测量两个方面，基本检查又包括人工直观检查和简单仪表检查两个部分。

1）人工直观检查：主要是通过人的感官功能对汽车各个部分的外观、声响、振动、温度、状态和气味进行的直接观察，它包括看、听、摸、闻四个部分。

2）简单仪表检查包括以下内容：

① 发动机部分：发动机怠速转速、点火正时、进气真空度、蓄电池电压、排气背压、气缸压力、燃油压力、机油压力、发动机冷却液温度、散热器盖工作压力和发动机异响等。

② 底盘部分：离合器踏板自由行程、制动踏板自由行程、自动变速器主油压、失速油压和发动机转速、各个总成油温、制动盘鼓温度、各总成传动系统异响等。

③ 电气部分：发电机输出电压与电流、蓄电池电压与充电电流、起动机起动电压与电流、各种用电设备电压与电流、空调系统温度与高低压力等。

④ 设备仪器测量：主要是通过设备仪器的测量参数和图形以及诊断结果显示来反映汽车各个部分的技术状况，它包括整车性能测量、总成性能测量、系统性能测量、机械参数测量、电气参数测量、电脑控制系统测量六个部分。

（2）试验　"试验"主要指通过对系统的模拟试验和动态分析进行的测试和验证来完成的技术诊查过程。试验方式主要有传感器模拟试验、执行器驱动试验、振动模拟试验、加载模拟试验、替换法试验、短路和断路试验等。

（3）确认　"确认"主要指通过诊断流程的逻辑分析，对检测和试验的结果做出的判断，最后确认故障发生点的部位。确认主要是指对系统测试过后得出的结果进行的确认，证明的是中间事件和底端事件是否成立，证明结果只有肯定和否定两个。如果得到的是肯定的结果，则验证了中间事件或底端事件的成立。若是中间事件成立时，再按照诊断流程指向下一个中间事件的检测试验环节。

7. 修复验证

修复验证是在测试确认最小故障点发生部位后，对故障点进行的修复以及对修复后的结果进行的验证。它分为修复方法的确定和修复后验证两个部分。

（1）**修复方法的确定**　修复方法要依据故障的最小单元表现的故障模式来确定，不同的模式在修复中将采用的不同方法。

1）元件损坏、元件老化和元件错用等模式的故障，通常采用更换的方式进行修复。

2）安装松脱、装配错误和调整不当等模式的故障，通常采用重新安装调整的方式进行修复。

3）润滑不良模式的故障采用维护润滑的方式修复。密封不严模式的故障，通常对橡胶件采用更换的方式修复。

4）短路断路、线路损伤、虚接烧蚀模式的故障采用修理破损、清理烧蚀、去除氧化、重新焊接以及局部更换线路的方式修复。

5）油液亏缺模式的故障通常采用添加的方式修复，但对于渗漏和不正常的消耗导致的亏缺，要对症下药找到根源给予修复。

6）气液漏堵模式的故障通常要采用疏通堵塞、封堵渗漏的方式修复。

7）结焦结垢模式的故障一般采用清洗除焦垢的方式修复。生锈氧化模式的故障一般采取除锈清氧化的方式修复。

8）漏电击穿、接触不良的故障模式采用更换或清理接触点的方式修复。

9）运动干涉模式的故障通常采用恢复形状、调整位置、加强紧固的方式修复。

10）控制失调、进入紧急备用模式以及匹配不当模式的故障采用重新调整、恢复归零以及重新匹配的方式修复。

（2）**修复后验证**　修复后验证是对最小故障点是否是引起最初症状唯一原因的最终确认，也是对故障诊断准确性与修复工作完备性的验证，在故障诊断的过程中是不可或缺的内容。

8. 最终原因

在经过对前面环节中找到的最小故障点进行修复后验证后，故障现象可能被消除了，但是这时不能认为故障诊断工作到此可以结束了，因为导致这个最小故障点发生故障的最终原因还没有被认定，如果不再继续追究下去，就此结束修理，让汽车出厂继续行驶，很有可能导致故障现象的再次发生。

对故障最终原因进行查找时，应该从故障模式入手分析导致故障发生的内因和外因，汽车故障发生的外部原因是指汽车的使用环境恶劣程度、使用时间或里程的长短、汽车设计制造中的缺陷、使用中的驾驶和操作不当、维修过程中质量欠佳和零配件使用错误等因素。汽车故障发生的内部原因是物理、化学或机械的变化因素。要分析出导致汽车故障发生的最终原因，就要通过对最小故障点的损坏状况进行认真的检查分析，还要通过问诊调查以及上述内外因素的分析判断，找到故障最终原因，并针对最终原因采取相应措施，消除造成故障发生的内外影响因素，彻底排除故障。

四、汽车检测与故障诊断的原则

检修时应遵循先外后内、先机后电、先查后测、先诊断后排除的总原则，更应处理好以下几个问题：

项目一　汽车检测与故障诊断基础知识

1. 先外后内，故障码和发动机故障症状相结合

电控系统最常见的故障是因汽车运行的振动、运行条件潮湿而引起的接口、连线的松脱，以及腐蚀而造成的接触不良，所以先从简单的外部接口部位检查是最有效的。

由于电控系统控制机件多，涉及电子技术、计算机技术等，导致现在许多维修人员对故障码依赖性增大，过分相信故障码，而故障码实质上仅是对某一控制分支的故障做"有"和"无"的界定，它不可能指出故障的具体原因，而且有时会失真，而要做出准确的诊断还必须紧密结合发动机的故障症状进一步分析与检查。以下情况都可能造成故障码显示不准。

（1）自诊断系统也有显示不出的传感器故障　一辆电控发动机汽车运行中发动机转速失调，进而怠速不稳，这显然是有故障，可在读取故障码时，却无代码显示。根据发动机故障症状诊断是混合气供应量和浓度不符合要求，而直接影响混合气量和浓度的元件是空气流量传感器、压力传感器。尽管没有代码显示，也要对这两个传感器进行检测。检测结果是：虽然传感器没有损坏，但反应迟缓、输出特性偏高，更换后排除了故障。造成不能显示故障的原因是：计算机在对传感器信号进行检测时，只能接收其内设范围以外的异常信号，如导线、导线插接器接口的断路、短路等，但对传感器的灵敏度很难检测。

（2）自诊系统也可能显示错误的故障码　这一般是传感器信号失真引起的，遇到这种情况，必须以发动机故障症状为依据，实事求是地进行判断。如对一辆轿车进行检修时，故障码显示的是"冷却液温度传感器不灵"故障，但发动机故障症状是：无论冷车、热车都不好起动，并且伴有回火、怠速不稳、发动机不能提速。经分析，这些故障症状和冷却液温度传感器的故障关系不大，但还按显示进行检查，结果一切正常，说明了故障码显示有误。

（3）维修不当造成错误的故障码的产生　在发动机运转过程中是禁止拔下传感器插头（或其他元器件连线）进行检测试验的，因为每拔掉一个传感器插头，计算机就会记录一次相应传感器的故障码。另外，若上一次对电控发动机修理后，故障排除了，但没有能完全消除相对应的故障码，在下次读取故障码时，已被排除故障但没即时消除的代码将又重新显示，给维护工作带来不应有的困难。

2. 先机后电，优先排除机械故障，再检测电控系统故障

即使是电控发动机，它也是由机械和电控两大部分组成的，并且机械部分的核心零件在高温、高压、高速状况下工作，受力复杂、磨损严重。因此，在正常使用条件下的故障远比电控系统要多，另外机械部分相应简单，维修人员也较易掌握，所以维修时应从易到难，先机后电，优先排除机械故障后，再检测电控系统的故障。除上述情况，还有下面的原因也必须按先机后电的顺序安排：

1）虽然电控发动机的计算机自诊断系统工作正常，但有时发动机有明显的故障症状，而故障警告灯不亮，也没有故障码可以读取。这表明发动机的故障不是电控系统造成的，属纯机械部分的故障。因此，应按传统的发动机故障的判断步骤进行检查。如当火花塞的高压线有故障时，往往会出现怠速不稳、加速断火、排气放炮等故障现象；当装配正时齿轮、配气正时不准而引起发动机不能起动等，计算机不能检测到这类故障，这时要经综合分析后先排除机械部分故障，而不能没有依据地拆检电控系统的各个元器件和电路连线，否则会"旧病未除，又添新疾"。

2）电控系统大部分是电器元件，属控制型的，运动型的很少。随着电子仪表技术的发

展,他们的工作可靠性很高,使用中出现故障的概率很小,故在一般的检修中不要随便拆检其元器件,或无意识地拆除其插接器或导线(尤其是与计算机的连接部分更不要轻易拆卸)。只有在确认发动机本身及点火系统已排除机械类故障后,才能根据本车型的资料,按规定的程序和要求,一丝不苟地执行。

3)即使是电控系统本身故障,往往也是以一般的机械故障形式出现的,如接线不良、喷油器或滤清器脏污堵塞、进气道有积炭等。因此,在对计算机自诊断系统所显示的故障进行检查时,也应首先从简单的机械故障查起,尤其是显示"进气系统故障"时,应特别注意燃油箱加油口和机油加油口是否密封可靠,空气流量传感器与进气系统相配零件是否松脱,进气歧管压力传感器的真空软管是否破裂或密封不严等。

3. 先查后测,维修经验与维修资料相结合,以维修资料为主

电控发动机的自诊断系统,只能在电控系统出现故障时,将故障以代码形式存储,以便排除故障时读取提示。在排除故障时,还必须依据该车型的有关资料去查对故障码所代表的故障部位和内容。我国目前保有的电控汽车(进口和国产的)型号、种类很多,各车型自诊断系统的操作程序、故障码所代表的内容各有特色。因此,熟悉、掌握、积累所修车型的故障自诊断系统的资料、检测仪器的使用方法、各电气元件的检测标准参数是维修工作的根本条件。

1)电控发动机出现故障时,对一般性故障可用经验方法进行诊断排除,如与电控系统无关的机械性故障以及由外部直观检查到的故障等。

2)在读取电控发动机的故障码之前,对发动机要先进行初步检查,即对基本怠速转速、基本点火正时进行检测和调整,使发动机处于所要求的待检状态,不同车型的基本检查步骤、检查条件和方法也不尽相同。

3)在利用自诊断系统检查故障时,必须以所修车型的资料为依据。如故障码的读取方法、故障码所代表的故障意义、所测各元器件的基本结构参数(电压、电阻值)和工作特性参数(波形),掌握这些资料后,才有维修此车的资格和能力。

总之,对待汽车电控系统所发生的故障,不要畏难,可参考过去的修车经验,但必须依据全面准确的资料,用专用的检测仪器进行针对性的检测,认真仔细检查、合理判断才能快速诊断出故障,这就是处理电控系统故障的特点和难点。

五、现代诊断仪器简介

随着测试技术和电子计算机技术的飞速发展,测试系统越来越智能化、集成化。现代检测仪器仪表主要是以计算机为中心的智能化设备,智能化设备一般是指以微处理器为基础而设计制造出来的新一代仪器设备。

传统汽车检测中常用的设备,大多数是指针式的。指针式仪表的最大缺点是精度低、分辨力差和寿命短。而智能化检测设备由于增加了微机(微型计算机),可大大增强仪器的性能,简化仪器仪表的硬件电路,从而使仪器的结构和功能发生了根本的变革,如智能化仪表不仅能进行测量,而且能储存信号和处理数据,同时在自动化系统中接收内部或外部的控制指令,是检测设备发展的方向。因此,指针式仪表近年来已逐渐被智能化仪器设备所代替。

现代检测仪器仪表的特点:

智能仪表功能比传统仪表强,测量精度和测量效率比传统仪表高。归纳起来,智能仪表与传统仪表相比有如下一些特点:

(1)自动调零校准和自动精度校准 通常为了消除由于环境参数(例如温度)变化,

项目一　汽车检测与故障诊断基础知识

使放大器的增益发生变化而造成的仪表零点漂移，智能仪表都设置有自动零位校准功能。

（2）自动量程切换　智能仪表中量程切换一般也是通过软件来自动实现的。编制软件采用逐级比较的方法，从大到小（从高量程到低量程）自动进行切换，一旦判定被测参数所属量程范围，程序即自动转移到相应量程，从而完成量程切换。

（3）功能自动选择　智能仪表中的功能选择实际上是在数学仪表上附加时序电路，是用一个 A/D 采集多通道的信号，在程序控制下，通过电子开关来实现。

（4）自动数据处理和误差修正　通常要得到最后的测量结果值，需要进行一定的数据处理。智能仪表在程序的控制下具有很强的数据处理能力，另外对于测量过程中难免的误差以及可预见的误差，智能仪表可进行自动修正。

（5）自动定时控制　在汽车的大量参数测量中，需要进行定时控制。现代检测仪器仪表利用硬件电路或软件程序来实现自动定时控制。

（6）故障自诊断　智能仪表可以进行模拟及控制电路的故障检查（自检）和诊断，一般采用查询方式进行，在遇到故障时自动显示故障部位及故障排除方法，大大缩短排除故障的时间，使用十分方便，并可降低使用成本。

【技能训练】

训练　金德 KT600 诊断仪操作

1. 目的

1）熟悉汽车故障诊断仪控制面板的开关和功能按键的作用。
2）掌握金德 KT600 诊断仪及汽车万用表的使用方法。
3）掌握诊断的一般流程。
4）了解汽车故障诊断仪的功能和组成，掌握汽车故障诊断仪的使用方法。
5）掌握汽车故障诊断仪器故障码、冻结帧、静态和动态数据流的读取操作方法并能分析相关数据。

2. 准备

常用工具一套，丰田卡罗拉车一辆（图 1-3），KT600 诊断仪一套（图 1-4），尾气抽气管（图 1-5），外三件：前格栅布一块、翼子板布图两块（图 1-6），内三件：地板垫、座椅套和方向盘套（图 1-7），车轮挡块、抹布等，脚垫（图 1-8）。

图 1-3

图 1-4

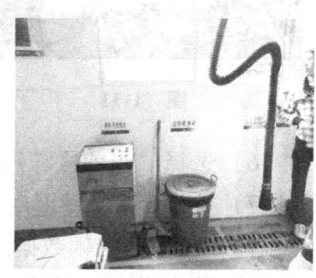
图 1-5

 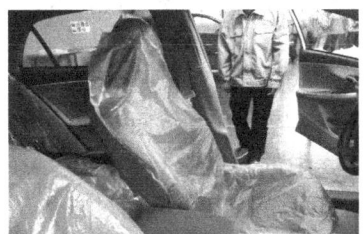 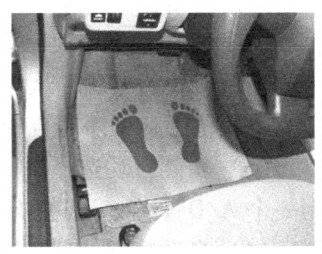

图 1-6　　　　　　　　　图 1-7　　　　　　　　　图 1-8

3. 步骤

(1) 读取静态故障码

1) 打开点火开关（不起动发动机）；打开 KT600 电源开关，进入主菜单。

2) 选择"汽车诊断"，进入诊断程序（图 1-9）。选择"TOYOTA"—汽丰田车型，按"OK"键，进入"中国车系"（图 1-10）。

图 1-9　　　　　　　　　　　　　　　图 1-10

3) 选择菜单中"带 CAN 系统车型"或"新车"，按"OK"键确认（图 1-11）。

4) 选择"COROLLA"，按"OK"键确认（图 1-12）。

5) 选择"COROLLA（GL）"，按"OK"键确认，系统进入"ENGINE AND ECT"窗口（图 1-13）。

 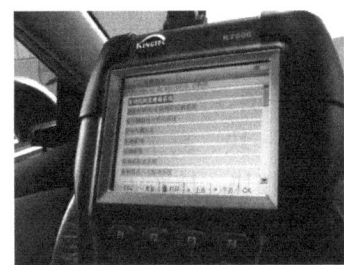 

图 1-11　　　　　　　　图 1-12　　　　　　　　图 1-13

6) 选择"当前故障码"，按"OK"进入故障码显示（图 1-14）。

7) 按"ESC"键退出"故障码"菜单（图 1-15）。

(2) 读取冻结帧数据流

1) 再次进入"ENGINE AND ECT"窗口，选择"冻结帧数据流"菜单，按"OK"

项目一 汽车检测与故障诊断基础知识

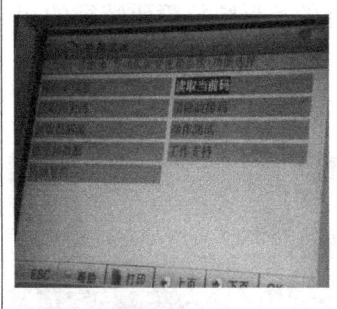

图 1-14

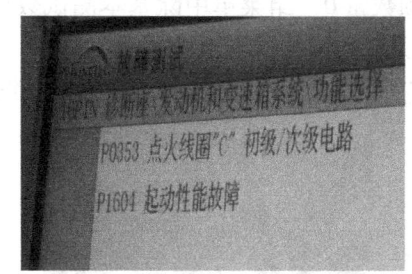

图 1-15

键确认（图1-16）。

2）进入"冻结帧"菜单。

① DTC 设置前冻结3 组数据。

② DTC 设置时冻结1 组数据。

③ DTC 设置后冻结1 组数据。

选择故障发生前0.5s"多帧数量-1"组按"OK"键确认（图1-17）。

3）读取冻结帧菜单中的"多帧数量-1"组的基本测试数据（图1-18）。

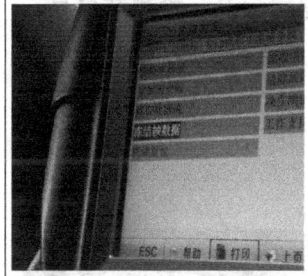

图 1-16

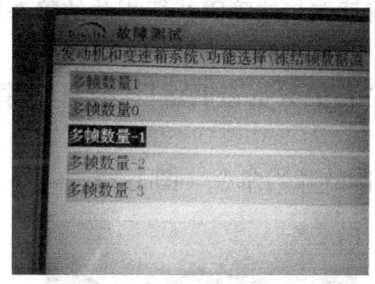

图 1-17

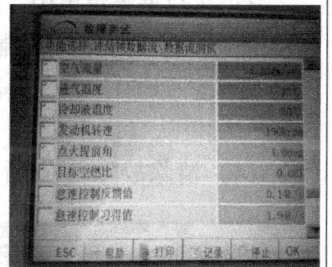

图 1-18

4）读取冻结帧菜单中的"多帧数量-1"组的除基本测试数据外的、反映故障特征的相关数据。

Intake Air	30	℃
Air-Fuel Ratio	1.00	
MAF	2.15	mg/s
Vehicle Load	21.6	%

5）按"ESC"退出"多帧数量-1"组。

6）选择故障发生时的"多帧数量0"组，按"OK"键确认（图1-19）。

7）读取故障发生瞬间冻结帧菜单中的基本测试数据（图1-20）。

Injector（port）	2.43	ms
IGN Advance	6.5	(°)
Engine Speed	628	r/min
Vehicle Speed	0	km/h
Coolant Temp	85	℃

11

8）读取冻结帧"多帧数量0"组菜单中除基本测试数据外的、反映故障码特征的相关数据。检测结果显示相关冻结帧数据均未见异常。

9）按"ESC"退出"多帧数量0"组和冻结帧菜单（图1-21）。

图 1-19

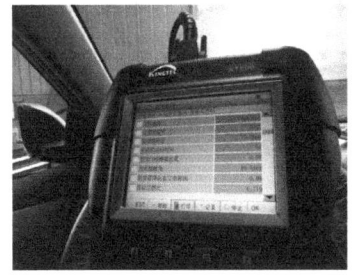
图 1-20

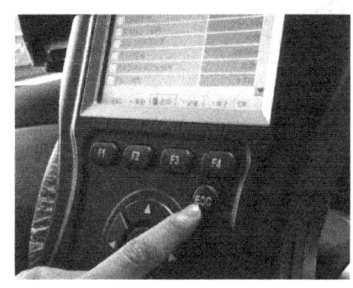
图 1-21

（3）读取静态数据流

1）在"ENGINE AND ECT"菜单中，选择"读取数据流"子菜单，按"OK"键确认。

注意：在不起动发动机状态下检测静态数据流（图1-22）。

2）在数据流菜单中，准确读取与故障码特征相关的静态数据并记录。检测结果显示相关静态数据均未发现异常。

3）按"ESC"键，退出"读取数据流测试"菜单；选择"清除故障码"任务，按"OK"键确认（图1-23）。

（4）清除故障码 执行清除故障码命令（图1-24）。

图 1-22

图 1-23

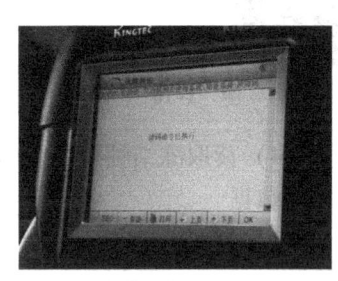
图 1-24

1）按"ESC"键，退出"清除故障码"任务菜单，再次选择"当前故障码"菜单，按"OK"键确认（图1-25）。

2）再次读取故障码。重复显示故障码和代码定义内容：P0010凸轮轴位置"A"执行器电路（组1）。再次显示的故障码相同，则发动机电控系统存在当前的故障（硬故障）（图1-26）。

3）按"ESC"键返回KT600诊断仪主菜单界面（图1-27）。

4）关闭诊断仪电源开关（图1-28）。

5）关闭点火开关，确认点火开关置于"OFF（或ACC）"位置（图1-29）。

项目一　汽车检测与故障诊断基础知识

图　1-25

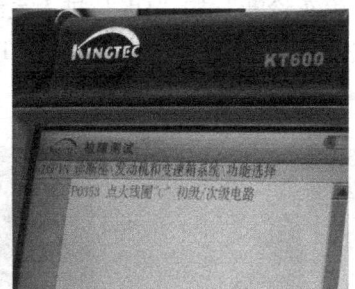
图　1-26

图　1-27

图　1-28

图　1-29

（5）检查相关零件的安装状况　目视检查各传感器、执行器的安装状况是否正常。视需要徒手检查并修复各连接端子的脱落现象或接触不良状态（图1-30）。

（6）起动发动机确认故障现象

1）确认车辆周围环境安全，符合起动要求。

2）起动发动机时，观察起动是否困难，并确认故障现象。

3）观察发动机在不同工作状态下的故障特征和现象。

4）观察仪表盘的故障指示灯显示状态（亮与不亮）。

（7）读取动态故障码

1）打开KT600解码仪电源开关，系统进入诊断系统主菜单（图1-31）。

图　1-30

图　1-31

2）再次选择主菜单中"汽车诊断"按"OK"进入系统（图1-32）。

3）系统进入诊断测试菜单，选择方向键确认"TOYOTA"一汽丰田车型图表（图1-33）。

图 1-32

图 1-33

4）按"OK"键进入"中国车系"。

5）再次选择菜单中的"带CAN系统车型"或"新车"，按"OK"键进入下一菜单。

6）选择菜单中的"COROLLA"，按"OK"键进入下一菜单。

7）选择"COROLLA（GL）"，按"OK"键确认，系统进入"ENGINE AND ECT"菜单（图1-34）。

8）选择"当前故障码"栏，按"OK"键确认。系统再次进入故障码查找，并显示"查找结果"（图1-35）。

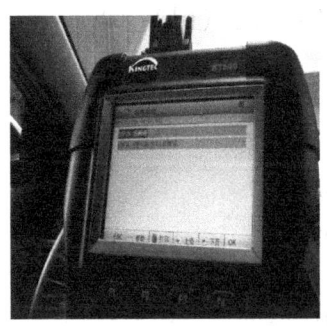

图 1-34

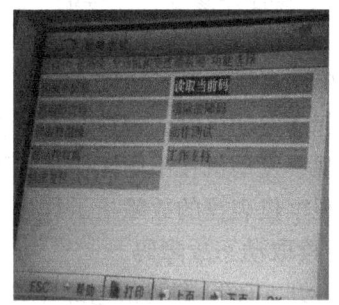

图 1-35

9）再次显示故障码和代码定义内容，"P0010凸轮轴位置A执行器电路故障（组1）"。

注意：再次显示相同故障码和代码定义内容，表示系统存在永久性故障（图1-36）。

10）按"ESC"键，退出"故障码"显示菜单。

（8）读取动态冻结帧

1）再次进入"ENGINE AND ECT"菜单，

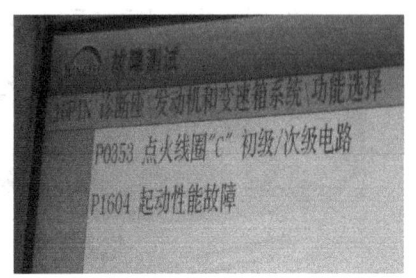

图 1-36

选择"冻结帧数据流"菜单,按"OK"键确认(图1-37)。

2)进入"冻结帧"菜单

① DTC 设置前冻结 3 组数据。

② DTC 设置时冻结 1 组数据。

③ DTC 设置后冻结 1 组数据。

选择故障发生前 0.5s "多帧数量 1"组,按"OK"键确认(图1-38)。

3)读取冻结帧任务中的基本数据(图1-39)。

Injector (port)	2.43	ms
IGN Advance	6.5	(°)
Engine Speed	628	r/min
Vehicle Speed	0	km/h
Coolant Temp	85	℃

上述冻结帧的基本数据均正常。

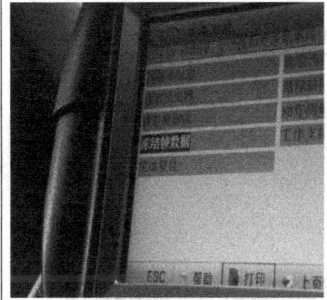
图 1-37

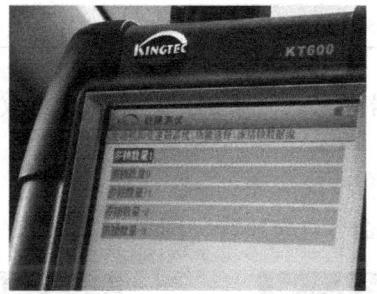
图 1-38

图 1-39

4)读取冻结帧任务中除基本数据测试数据外的、反映故障码特征的相关数据。

VVT Aim Angle (Bank1)	0.00%
VVT Change Angle (Bank1)	0.0DegFR
VVT OCV Duty (Bank1)	0.0%

上述冻结帧的基本数据均正常。

5)按"ESC"键退出"多帧数量 1"组,按"OK"键确认(图1-40)。

6)再次选择"多帧数量 0",按"OK"键确认(图1-41)。

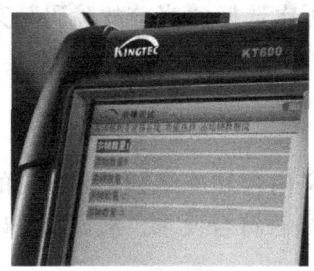
图 1-40

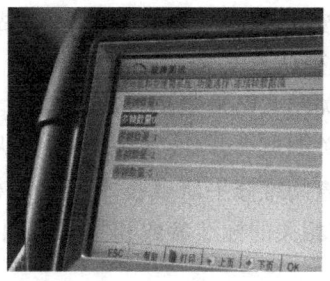
图 1-41

7）读取并记录发生故障瞬间冻结帧中除基本数据以外的、反映故障码特征的相关数据。

VVT Aim Angle（Bank1）	0.00%
VVT Change Angle（Bank1）	0.0DegFR
VVT OCV Duty（Bank1）	0.0%

上述冻结帧的基本数据仍然正常。

8）按"ESC"键退出"多帧数量0"菜单。

9）读取动态数据流。

在"ENGINE AND ECT"菜单中，选择"读取数据流"菜单，按"OK"键确认。

注意：在发动机起动状态下检测动态数据流，读取与故障码相关的动态数据。

Injector（port）	2.56	ms	Vehicle Speed	0	km/h
IGN Advance	9.0	（°）	Coolant Temp	95	℃
Engine Speed	655	r/min	VVT Aim Angle（Bank1）		0.00%

按"ESC键"退出"数据流测试"菜单，选择"清除故障码"任务，按"OK"键确认。

10）再次清除故障码，执行清除故障码命令（图1-42）。

解码仪显示：清除故障码命令已经执行（图1-43）。

图 1-42

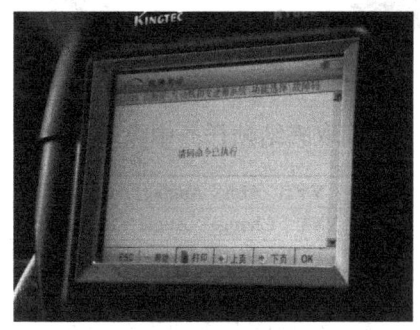

图 1-43

（9）再次读取故障码

1）按"ESC"键，退出"清除故障码"菜单；再次选择"当前故障码"菜单，按"OK"键确认。

2）关闭 KT600 解码仪电源开关（图1-44）。

3）关闭点火开关，使发动机熄火（图1-45）。

4）查阅维修手册或技术资料。根据故障码的定义内容和冻结帧、数据流的测试数据，查阅相关的标准参数和技术资料，确认测试数据是否符合要求，从而初步确定故障范围。

项目一　汽车检测与故障诊断基础知识

分析判断测试数据的准确性是故障诊断的关键，而查阅资料能帮助维修人员更快地确诊故障和拟定维修思路。

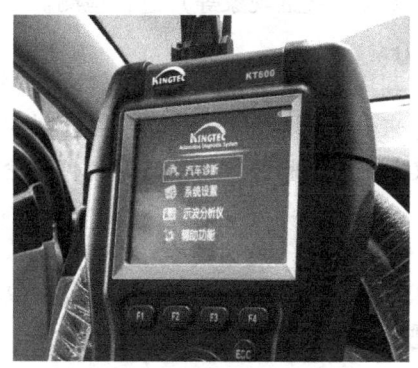

图　1-44

图　1-45

任务二　汽车检测与故障诊断方法的学习

【相关知识】

随着新材料、新技术、新工艺在汽车上的应用，汽车技术性能越来越好，结构越来越复杂，故障诊断的难度也相应地增加。汽车故障诊断技术已是一门综合性技术，它涵盖多门学科：现代控制理论、信号处理、模式识别、计算机工程、人工智能、电子技术、应用数学、数理统计以及相关的应用学科。

一、汽车故障诊断的基本方法

1. 人工经验诊断法

人工经验诊断法是诊断人员凭丰富的实践经验和一定的理论知识，在汽车不解体或局部解体的情况下借助简单工具，根据汽车表现出来的外部异常状况，用眼看、耳听、手摸等手段，边检查、边试验、边分析，进而对汽车技术状况作出判断的一种方法。人工经验诊断法遵循"问""看""听""摸""闻""试"的原则：

（1）"问"　就是询问驾驶人车辆行驶里程、经常运行的条件、维护情况、车辆技术状况、故障产生的时间和具体症状，这对诊断分析故障有很重要的参考价值。

（2）"看"　就是查看发动机工作状况，如排气颜色、机油颜色及液面、消耗量是否正常、排气管颜色，各部件是否漏油，然后再进行综合判断。

（3）"听"　仔细倾听发动机各部件的工作响声，并和正常响声进行比较，分析判断出哪些部位响声异常。异响是发生故障和产生事故的前兆，必须认真对待。

（4）"摸"　用手查摸有关部位的温度和振动情况，轻拉电控系统的接口连接，检查线路是否松动、锈蚀等，从而可以判断相应部件工作是否正常。

（5）"闻"　汽车发动机正常工作时应无异味产生，若嗅到有浓重的汽油味、橡胶烤焦

17

味、烧摩擦片味等，表示有故障，必须仔细检查产生味源的部位。

（6）"试"　就是通过试车，对发动机的技术状况（如各缸工作是否均匀，高速工作是否间断和振动，急加速减速过渡是否平滑稳定，是否有爆燃、敲缸现象等）进行检测。

2. 仪器检测诊断法

仪器检测诊断法是在不解体或局部解体的情况下，利用各种检测设备和仪器获取汽车、总成和机构的各种参数、曲线或波形，并根据这些信息来分析判断汽车的性能与技术状况。现在常用的仪器设备有底盘测功机、发动机综合检测仪、侧滑试验台、制动试验台、四轮定位仪、尾气分析仪和示波器等。

3. 自诊断法

自诊断法是指通过汽车故障诊断仪（电眼睛 X-431、金德 KT600 等）把故障码提取出来，然后按照维修手册中提供的故障码诊断流程图表进行故障诊断的方法。

4. 综合诊断法

综合诊断法是以故障所表现出来的症状为切入点，以汽车结构原理为基础、用故障症状与故障原因之间的逻辑关系进行分析，然后采用检测和试验的手段进行故障点诊断分析的一种方法。这种方法适用于非电子控制系统和无故障码输出的电子控制系统故障的诊断。

二、常用诊断方法具体介绍

1. 利用好故障指示灯

1）点火开关接通，发动机不起动，MIL 进行自检，MIL 应点亮，说明 MIL 良好；如果不亮，说明 MIL 电路有故障。

2）在 OBD Ⅱ 系统中，故障指示灯具有指示故障监测器状态的功能。点火开关接通，发动机不起动，如果 MIL 持续点亮，说明故障监测器全部开启；如果 MIL 点亮 20s 后开始闪烁，说明故障监测器没有全部开启。

3）发动机起动后，MIL 进入故障监测状态，MIL 应熄灭，说明没有监测到故障；如果 MIL 点亮，说明发动机有故障；如果 MIL 闪亮，说明发动机有缺火故障。

4）如果在三个连续 OBD Ⅱ 行程中某故障没有再次发生，则 PCM 自动熄灭故障指示灯。

2. 故障码诊断法

1）识别故障码，包括故障码的类型、含义及设置条件。

2）读取故障码，读取方法有仪器读取和人工读取两种。仪器读取就是借助仪器读取故障码，将故障诊断仪接入数据通信插接器，操作故障诊断仪读取故障码，适用于 OBD Ⅰ 和 OBD Ⅱ 系统。人工读取就是不借助故障诊断仪，一般通过将数据通信插接器内规定的两端子相连触发显示故障码，通过故障指示灯的闪烁等方式读取故障码。

3）验证故障码，就是读码之前清除故障码，试车后再次读取故障码，验证故障码与故障之间的关系。

4）分析故障码。故障码主要包括以下几种。

① 相关故障码：与故障症状相关。

② 无关故障码：与故障症状无关。

③ 历史故障码：对应的故障已排除或消失，清除后不出现，但对应的故障可能永久排除，也可能是特定条件下发生的间歇故障，有必要进行进一步的确认。

④ 现实故障码：对应的故障（现实故障）仍存在，清除后仍会出现，是故障诊断的重

要线索。

⑤ 自生故障码：故障码指示的部件或系统发生了故障，故障码直接揭示了故障原因。

⑥ 它生故障码：故障码指示的部件或系统并未发生故障，而是其他系统发生了故障。

⑦ 真实故障码：故障真实存在的故障码。

⑧ 虚假故障码：故障并不存在的故障码。

⑨ 主要故障码：与故障部位有直接关系。

⑩ 次要故障码：由主要故障码引起的故障码。

5）清除故障码，在读取故障码之前和排除故障后要清除故障码，故障码的清除有自动清除和人工清除两种方法。

6）故障验证，在维修结束后，清除故障码，按规定试车，并再次读取故障码，验证故障和故障码是否不再发生，"是"则说明故障已排除；"否"则说明故障未排除，需要重新检修。

3. 数据流分析法

所要分析的数据主要有以下几种：

1）基本参数。

2）燃油输出参数。

3）节气门位置和怠速控制参数。

4）发动机冷却液温度和进气温度参数。

5）大气压力和进气量参数。

6）电气和点火参数。

7）排放控制参数。

8）传动系统、电控自动变速器及其他综合参数。

4. 故障征兆模拟法

常用方法有振动法、加热法和水淋法。

5. 症状诊断法

当有故障而无故障码，基本检查也通过的情况下，就需要维修人员根据发动机故障现象进行诊断，即症状诊断。一般各汽车公司的维修手册都附有故障征兆表，表中列出了不同故障现象的故障原因和诊断步骤，可利用故障征兆表按照规范的方法进行。如果没有相应的故障征兆表，就需要维修人员自己制订故障诊断流程。

三、汽车检测与诊断注意事项

电控系统是一个比较复杂的微机控制系统，在对该系统进行故障诊断和检修时，除必须严格遵守检修工艺外，还必须注意很多事项，否则将会造成"旧病未除，又添新疾"，其检修时主要事项有：

1）电控发动机的控制计算机，一般很少发生故障，不要轻易怀疑其损坏，一般不允许在维修时拆卸，即使怀疑其损坏，也不能随意将它打开，因用户无法修复已经损坏的计算机，必须由特约维修站的专职人员鉴定。

2）在维修控制系统需要拆卸电源线时，必须先读取已储存全部的故障码，否则电源一断则故障码在几十秒内就会全部被删除。

3）删除故障码时，只需拔下电控燃油喷射系统的熔丝，不要拆下蓄电池负极搭铁线，以免导致安全气囊意外张开和防盗报警系统失效。

4)电控燃油喷射系统常见故障大都是接触不良引起的,检查故障时,首先应检查各接地端子、熔丝的状况。其次再用万用表检测各电器元件电压、电阻值(以不拔下插头测量电压为主,以免因人为因素导致二次故障的发生),最后才怀疑计算机是否有故障。

5)检测和拆卸电控燃油喷射系统各零部件时应仔细小心,避免水、气侵入,防止跌落撞击,安装时应正确到位。

6)检查各端子电压和读取故障码时应使蓄电池电压必须保持在11~12V,节气门全关,变速器挂空档,所有用电设备关闭,发动机冷却液温度正常,点火开关闭合。

7)蓄电池的极性不能接反,也不允许在蓄电池极柱连线的情况下起动发动机,以免造成计算机因电压过大而受损。

8)不能使用除标准电压蓄电池以外的任何起动电源起动发动机。

9)当点火开关闭合后,在发动机未起动时,故障指示灯点亮,发动机一转动,此灯应熄灭,若此灯继续亮,而不灭,表明自诊断系统已发现故障,并以代码形式储存。

10)出现故障码以后(故障指示灯亮并一直不灭),应立即检修,以免造成故障积累。

11)因计算机的工作温度环境一般设计为-22~65℃,因此对汽车进行维修时,若有烤漆、焊接等工作项,应预先拆下计算机并严格控制温度,尤其是在距计算机和传感器较近的部位作业时,更要采取防高温的措施。

12)不能用测试灯泡去测试喷油器的控制线及与计算机相连的电气装置,更不能使用试火法测试。

13)不能用低阻抗的指针型万用表欧姆档测试计算机及非阻值型传感器,而应使用高阻抗数字式万用表。

14)拆、检各种传感器及电气元件时,必须先断开点火开关,以免因线圈中产生的自感电动势损坏计算机。

15)检测气缸压力时,应拔下中央高压线和燃油泵熔丝,停止发动机的供油和点火以确保安全。

16)由于喷油量的多少取决于进气量的多少,因此进气系统的密封性优劣直接影响汽油喷射控制系统工作的质量,检修时务必重视这点。

17)如果发动机要以起动转速被拖动,而本身并不起动,例如在检测气缸压缩压力时,应当从霍尔传感器上(点火分电器)拔下插头。

18)不能在电控发动机正常工作时的车厢内或附近使用大功率的无线电通信设备,以免对计算机控制系统造成干扰而导致故障。

19)应使用洁净的无铅汽油,定期更换燃油滤清器,拆检喷油器时应注意其上的O形密封圈是一次性零件不能重复使用。

20)在点火开关接通时,禁止断开蓄电池极柱接线及与计算机有联系的电气元件。

21)在发动机运转时,决不允许断开蓄电池极柱接线,要停止发动机工作,只有关闭点火开关,也不能用拆下喷油器控制线来熄火。

22)需要拆下计算机时,必须先关闭点火开关,拔下点火钥匙后,拆下蓄电池极柱线,

项目一 汽车检测与故障诊断基础知识

最后拆卸计算机。

23)利用其他车辆起动或利用本车辆起动其他车辆时,必须在拔下点火钥匙的情况下,连接或拆卸有关电器的连线。

24)干燥晴天,人体静电放电量可能达到万伏以上的高压,因此对计算机操纵的数字仪表等进行维修作业时,一定要带上搭铁金属带并将一头缠在手腕上,另一头夹在车身上。

 【技能训练】

训练 汽车维修作业前期准备

1. 目的
1)了解汽车维修作业前期准备工作的重要性。
2)熟悉维修和诊断前的基本工作内容及任务。
3)掌握汽车诊断仪器的连接方法及使用维修工具、设备的注意事项。
4)掌握基本作业流程,熟悉作业步骤。
5)规范前期准备工作的操作要求。

2. 准备
外三件(前格栅布一块、翼子板布两块),内三件(地板垫、座椅套和方向盘套),KT600故障诊断仪,尾气分析仪,维修手册,作业单,尾气抽气管,车轮挡块,抹布等。

3. 步骤
1)清洁工作场地,做好操作前的安全检查工作(图1-46)。
2)一汽丰田卡罗拉器材若干(图1-47)。
3)诊断设备的准备与检查。
4)仪器选择:金德KT600汽车故障诊仪(图1-48)。

图 1-46

图 1-47

图 1-48

5)相关作业工具的检查与准备(图1-49)。
6)维修资料的准备:丰田卡罗拉1ZR-FE发动机维修手册(图1-50)。
7)安放车轮挡块(图1-51)。

图 1-49

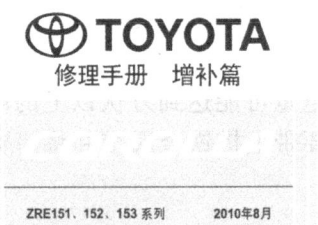

图 1-50

图 1-51

8）插入废气抽气管。

9）记录车辆信息（图1-52）。

① 生产日期。

② 制造厂家。

③ 车型。

④ 车辆识别代码。

⑤ 发动机型号。

10）现场安全确认。

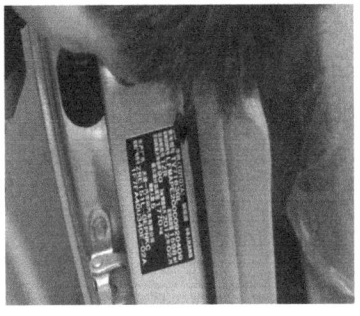

图 1-52

图 1-53

11）打开驾驶室车门，将点火开关置于"ON"位置，再将驾驶侧车窗玻璃降下，然后关闭点火开关（图1-53）。

12）安装车内三件：地板垫、座椅套和方向盘套（图1-54）。

13）确认变速杆置于P位（图1-55）。

图 1-54

图 1-55

14）拉紧驻车制动器（图 1-56）。
15）拉起发动机舱盖释放杆、开启发动机舱盖、支撑发动机舱盖（图 1-57）。

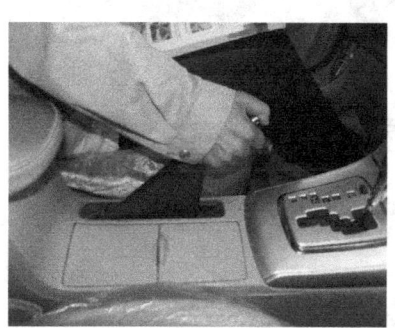

图　1-56

图　1-57

16）安装前格栅布、翼子板布（图 1-58）。
17）安全检查：
① 检查发动机机油液位高度（图 1-59）。

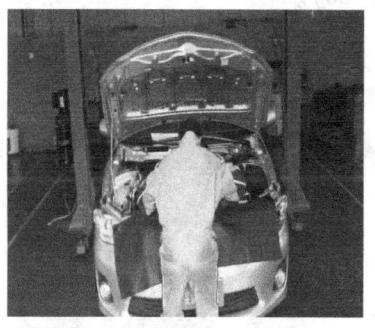

图　1-58

图　1-59

② 检查冷却液液位高度（图 1-60）。
③ 检查喷洗液液位高度（图 1-61）。
④ 检查制动液位高度（图 1-62）。

图　1-60

图　1-61

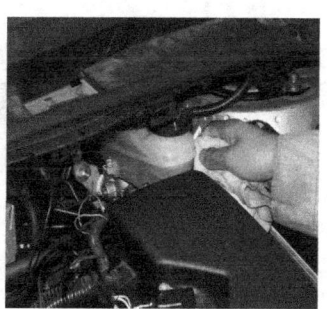

图　1-62

⑤ 检查蓄电池：液位高度、接线柱是否松动（图1-63）、蓄电池电压（图1-64）。

图 1-63

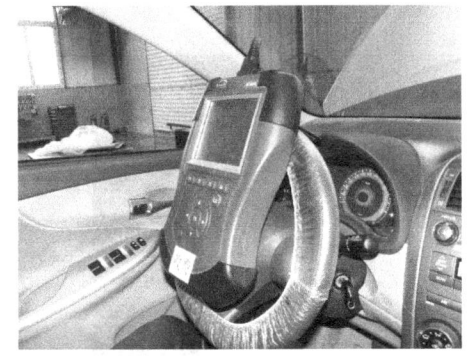

图 1-64

18) 连接金德KT600故障诊断仪。
① 打开诊断插座盖板（图1-65）。
② 确认点火开关是否置于断开（OFF）位置。
③ 将诊断测试仪插头插入车辆的诊断插座中（图1-66）。

图 1-65

图 1-66

④ 将KT600诊断仪固定在方向盘上（图1-67）。

图 1-67

项目一　汽车检测与故障诊断基础知识

巩固与提高

一、填空题

1. 汽车检测是对_____的检查，汽车诊断是指依照相关技术标准，使用专用的_____、_____、_____和软件，对汽车故障进行_____、分析判断，从而查明故障成因，确认故障部位的操作过程。

2. 汽车检测与诊断的基本思路是从_____入手了解症状、经过_____验证症状、通过分析弄清原理、再推理假设出可能原因、最后经过_____的全过程。

3. 汽车检测与诊断应遵循_____，_____，_____，先诊断后排除的总原则。

4. 汽车故障诊断的基本方法有_____、_____、_____和综合诊断法。

二、判断题

1. 删除故障码时，只需拔下电控燃油喷射系统的熔丝，拆下蓄电池负极搭铁线，以免导致安全气囊意外张开和防盗报警系统失效。（　　）

2. 检测和拆卸电控燃油喷射系统各零部件时应仔细小心，避免水、气侵入，防止跌落撞击，安装时应正确到位。（　　）

3. 蓄电池的极性可以接反，允许在蓄电池极柱连线的情况下起动发动机，不会造成计算机因电压过大而受损。（　　）

4. 检测气缸压力时，应拔下中央高压线和燃油泵熔丝，并停止发动机的供油和点火以确保安全。（　　）

5. 在电控发动机正常工作时的车厢内或附近使用大功率的无线电通信设备，不会对计算机控制系统造成干扰而造成故障。（　　）

6. 在点火开关接通时，禁止断开蓄电池电极柱连线及与计算机有联系的电气元件。（　　）

7. 利用其他车辆起动或利用本车起动其他车辆时，可以在不拔下点火钥匙的情况下，连接或拆卸有关电器的连线。（　　）

8. 自诊系统也可能显示错误的故障码。（　　）

9. 虽然电控发动机的计算机自诊断系统工作正常，但有时发动机有明显的故障症状，而故障警示灯不亮，也没有故障码可以读取。（　　）

10. 在利用自诊断系统检查故障时，必须以所修车型的资料为依据。（　　）

三、选择题

1. 汽车初始症状不包括以下哪一项？（　　）
A. 功能性故障　　　B. 警示性故障　　　C. 隐蔽性故障　　　D. 常见故障

2. 简单仪表检查不包括以下哪一项内容？（　　）
A. 发动机　　　B. 车身　　　C. 底盘　　　D. 电器

3. 汽车检修时应遵循哪些原则？（　　）
A. 先内后外　　　B. 先电后机　　　C. 先测后查　　　D. 先诊断后排除

4. 以下哪项属于指针式仪表的特点？（　　）
A. 精度高　　　　　　B. 分辨率高　　　　　C. 寿命短
5. 在检测汽车时，关于故障码的检测不包括（　　）
A. 清除历史故障码　　　　　　　　B. 测量新的故障码
C. 保存故障码　　　　　　　　　　D. 检测后不用再次读取故障码
6. 检测汽车端子和故障码是应保证蓄电池电压在（　　）之内。
A. 0～5V　　　　　B. 5～9V　　　　　C. 11～12V　　　　　D. 12～13V
7. 喷油量的多少取决于？
A. 喷油时间　　　　B. 喷油压力　　　　C. 进气量的多少

四、简答题

1. 汽车检测的原因是什么？
2. 简述现代检测仪器和指针式仪器的优缺点。

项目二
电控汽油发动机的检测与故障诊断

【学习目标】

1. 理解电控汽油发动机汽油喷射系统的工作原理及组成。
2. 理解汽油喷射系统各组成的工作特点。
3. 理解汽油喷射系统各部件的结构和工作过程。
4. 会分析电控汽油发动机汽油喷射系统的电路、油路和气路。
5. 能正确使用工具检测汽油喷射系统各主要部件。
6. 能检测汽油喷射系统的故障并排除。
7. 理解点火系统的作用、组成及工作原理。
8. 熟悉点火系统主要部件的作用、构造及工作过程。
9. 掌握微机控制点火系统故障诊断与排除的方法。

任务一 汽油喷射系统的检测

【相关知识】

汽油机电控燃油喷射系统（EFI）由空气供给系统、燃油供给系统和电子控制系统三部分组成。汽油机电控燃油喷射系统通过喷油器将一定数量和压力的汽油喷射到进气歧管中，与进入的空气混合形成可燃混合气。其目的是为了提高汽油的雾化质量，改进燃烧，同时对可燃混合气空燃比进行精确控制，使发动机在不同工况下都处于最佳工作状态，改善汽油机的性能。目前，汽油机电控燃油喷射系统已被世界各国汽车业广泛采用。

一、空气供给系统

1. 空气供给系统主要作用和组成

空气供给系统的主要作用是根据发动机的工况需要，及时地将新鲜空气送入进气管并与燃油充分混合，形成一定浓度的可燃混合气进入气缸。电控汽油机空气供给系统主要由空气滤清器、空气流量传感器、进气软管、节气门体、进气总管和进气歧管等组成，如图2-1所示。

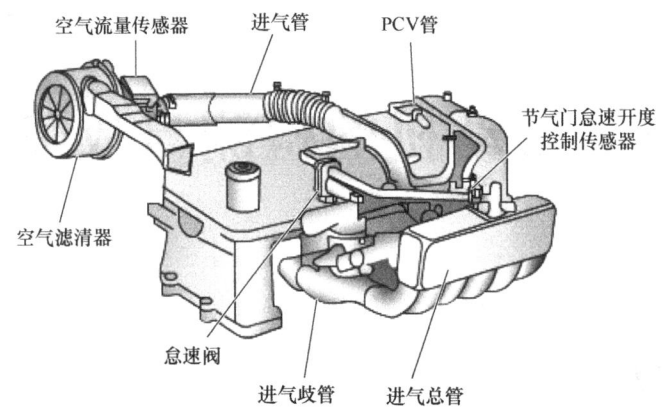

图2-1 电控汽油机空气供给系统

2. 空气供给系统的主要部件

（1）节气门体 节气门体位于空气流量传感器之后的进气管上，它包括节气门、节气门位置传感器、怠速旁通气道等，如图2-2所示为桑塔纳2000 AJR发动机上使用的节气门体结构图。

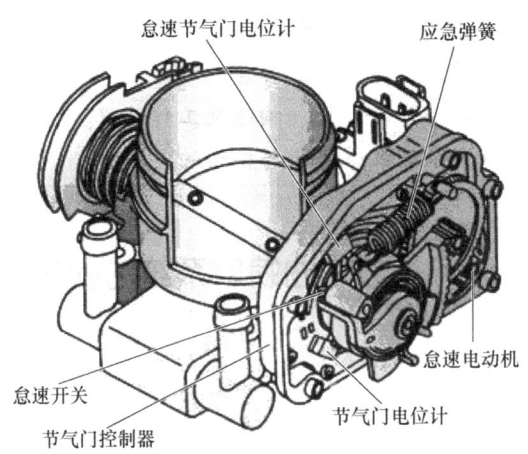

图2-2 桑塔纳2000 AJR发动机节气门体

1）节气门位置传感器。节气门位置传感器的功用是将节气门的开度信号转换成电压信号输送到发动机的ECU，以便在节气门不同开度状态下控制喷油器的喷油量。节气门位置传感器的类型有线性式和开关式两种。节气门位置传感器如图2-3所示，其规定状态如图2-4所示。

项目二　电控汽油发动机的检测与故障诊断

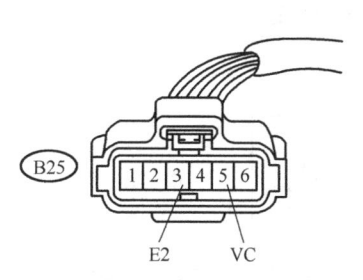

图 2-3　节气门位置传感器

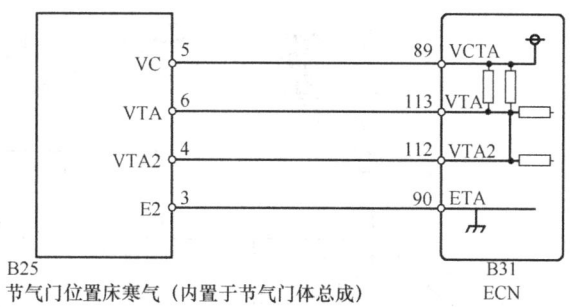

图 2-4　节气门位置传感器规定状态

节气门位置传感器的检测方法如下。

① 动态检测：首先打开点火开关 ON 档，将数字万用表设置在直流电压 20V 的档位，将红色的表笔放在节气门控制组件针脚 2，黑色表笔放在车身上搭铁（接负极），万用表显示电压应为 12V 左右；接着把红色表笔置于节气门控制组件针脚 4，黑色表笔放在车身上搭铁（接负极），万用表显示电压应为 5V 左右。

② 静态检测：主要检测对象是节气门控制组件针脚的电阻。首先关闭点火开关，把数字万用表设置在电阻档 200kΩ 档，测量节气门组件针脚与其不对应的 ECU 针脚之间的电阻，阻值应为 ∞。再将万用表设置为电阻 20kΩ 档，在面板电路图上找到节气门控制组件的针脚号与 ECU 上相对应的针脚号，分别测量它们的阻值，结果应低于 1Ω。

2）怠速控制阀。怠速控制阀通常安装在节气门体上，利用 ECU 来控制节气门旁通气道的大小来增加或减少怠速进气量，使发动机保持最佳的怠速。常见的怠速控制阀有步进电动机式、电磁式和旋转滑阀式三种。

步进电动机式怠速控制阀的检测如下。

① 动态检测：将蓄电池电源以一定顺序输送给步进电动机各线圈，就可使步进电动机转动。首先，将步进电动机插接器端子 B1 和 B2 与蓄电池正极相连，然后将端子 S1、S2、S3、S4 依次（S1-S2-S3-S4）与蓄电池负极相接，此时步进电动机应转动，阀芯向外伸去，若将端子 S1、S2、S3、S4 按相反的顺序（S4-S3-S2-S1）与蓄电池负极相接，步进电动机应朝相反方向转动，阀芯向内缩入。

② 静态检测：拆下怠速控制阀，用万用表欧姆档测量怠速控制阀线圈的电阻值。脉冲线性电磁阀式怠速控制阀只有一组线圈，其电阻值为 10~15Ω。步进电动机式怠速控制阀通常有 2~4 组线圈，各组线圈的电阻值为 10~30Ω。如线圈电阻值不在上述范围内，应更换怠速控制阀。

3）电子控制节气门。电子控制节气门（ETCS-i）的功用是利用发动机 ECU 来精确地控制节气门开度。该系统主要由加速踏板位置传感器、ECU 和节气门体等组成。

电子控制节气门的结构与原理如图 2-5 所示。

电子控制节气门的检测如下。

① 静态检测：首先拔下节气门位置传感器的连接插头，把万用表设置为 1kΩ 档位上，然后连接传感器的信号端子和负极端子，检测它们的电阻。在未开启节气门时，电阻应在 200~600Ω；当节气门全开时，电阻应为 1500~3000Ω，若电阻为无穷大则可以断定传感器有问题。

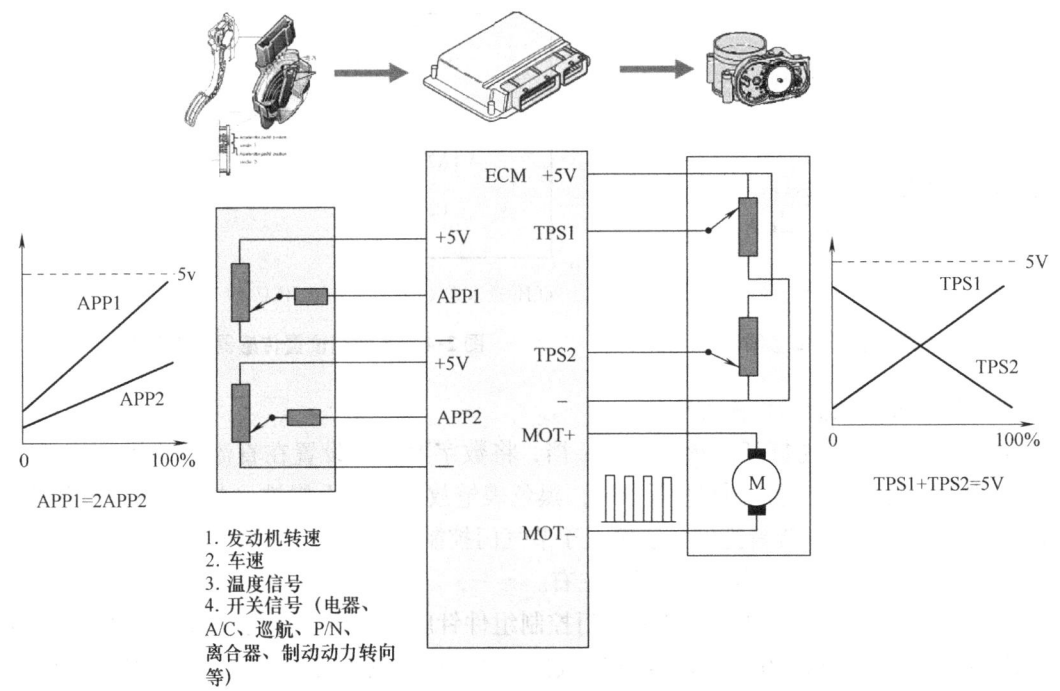

图 2-5 电子控制节气门的结构与原理图

检测传感器电源端子和负极端子时,它们的电阻在 1000~10000Ω,若为无穷大则有问题。

② 动态检测:接通点火开关,把数字万用表设置为 20V 档位,将万用表红色表笔连接电源端子,显示阻值应在 5V 左右正常。然后把红色表笔和信号端子相连,当节气门关时,电压应为 0.5~1V;当节气门全开时,电压应为 4.0~4.8V,若相差较大则应该予以更换。

(2) 空气流量传感器 空气流量传感器是测量发动机进气量的装置,也称为空气流量计。其功用是将吸入的空气量转换为电信号传送给发动机 ECU,是发动机 ECU 确定发动机基本喷油量的重要信号之一。根据测量原理的不同,空气流量传感器又分为热线式、热膜式和卡门旋涡式三种。

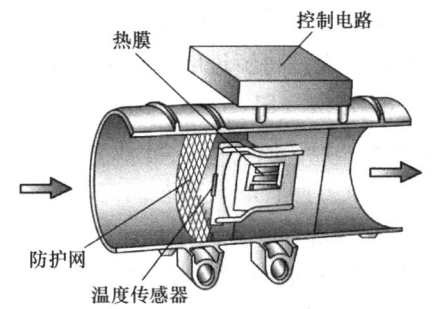

图 2-6 热线式空气流量传感器

1) 热线式空气流量传感器(图 2-6)。热线式空气流量传感器的基本原理:在空气通道中放置一发热体,空气流经发热体时带走其热量,对发热体进行冷却,发热体周围通过的空气流量越多,被带走的热量也就越多。热线式空气流量传感器就是利用热线与空气之间的这种热传递现象进行空气流量的测量。热线式空气流量传感器电路图如图 2-7 所示。

热线式空气流量传感器检测如下。

① 动态检测:端子从左往右分别为 A、B、C、D、E。把点火开关打开,把空气流量传感器拔下来,用跨接线连接,把万用表设置在 20V 的档位,用红表笔分别接触每个端子:A 为 5V,B 为信号电压 0~5V,C、D 为接地,E 为电源电压。

项目二　电控汽油发动机的检测与故障诊断

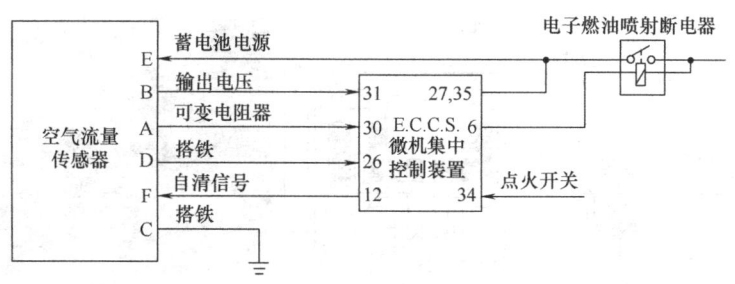

图 2-7　热线式空气流量传感器电路图

② 静态检测：关闭点火开关，拔下空气流量传感器的插头，在 ECU 上找出与端子相对应的端口，调节万用表到 10Ω 档位，测量它的电阻应小于 1Ω。

2）热膜式空气流量传感器。热膜式空气流量传感器的结构和工作原理与热线式空气流量传感器基本相同，其结构如图 2-8 所示。它是将热体由热线改为热膜，热膜是由发热金属铂固定在薄的树脂膜上构成。这种结构可使发热体不直接承受空气流动所产生的作用力，增加了发热体的强度，使其可靠耐用，不会因黏附污物而影响其测量精度，并可以提高其使用寿命。

图 2-8　热膜式空气流量传感器

热膜式空气流量传感器检测方法与热线式空气流量传感器的检测方法相同。卡门旋涡式流量传感器不再赘述。

（3）进气歧管绝对压力传感器　进气歧管绝对压力传感器的功用是通过检测进气歧管内的绝对压力，并将其转换为电压信号输送到发动机的 ECU，发动机的 ECU 据此和发动机转速信号确定实际的进气量。半导体压敏电阻式进气歧管绝对压力传感器是利用半导体的压阻效应制造而成的，其特点是尺寸小、精度较高、成本低、响应性和抗振性较好，因而被广泛采用。半导体压敏电阻式进气歧管绝对压力传感器如图 2-9 所示，主要由压力转换元件、集成电路、空气滤清器和壳体等组成。

进气歧管绝对压力传感器的检测如下。

① 动态检测：关闭点火开关，拔下传感器的插头，把点火开关打到 ON 档位置。调节万用表在直流电压 20V，将红色表笔放在传感器 2 号针脚，黑色表笔搭铁或者接负极，观察电压变化，起动发动机怠速时电压应在 1.5V 左右，急踩加速踏板电压应在 2.8V 左右。

② 静态检测：关闭点火开关，拔下传感器的插头，在 ECU 上找到与针脚相对应的端子用跨接线连接，把万用表置于 200Ω 档位，测量其阻值，结果都应小于 0.5Ω。

31

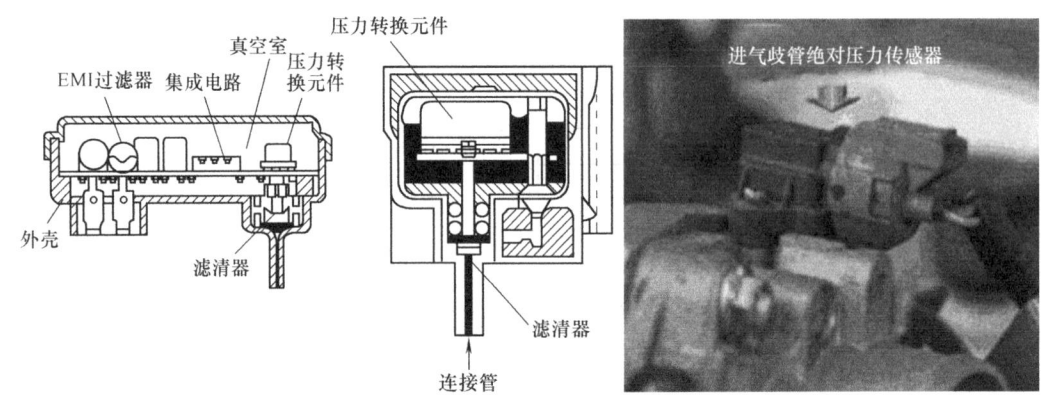

图 2-9 半导体压敏电阻式进气歧管绝对压力传感器

（4）进气温度传感器　进气温度传感器通常安装在空气滤清器之后的进气软管或空气流量传感器上，也有个别车型将其安装在进气管的动力腔上，用以检测进气温度，它与进气压力传感器联合使用可以间接测量进入气缸的空气量。发动机电控单元（ECU）根据进气温度传感器检测到的进气温度来修正喷油量，使发动机自动适应外部环境（寒冷、高温、高原、平原）的变化。进气温度传感器属于热敏电阻型，主要由外壳和对温度变化非常敏感的负温度系数的热敏电阻组成。负温度系数的热敏电阻具有外界温度越高而其电阻值越小的特性。

进气温度传感器的检测如下。

① 动态检测：打开点火开关置于 ON 位置，在驾驶室的 ECU 上找到与传感器相对应的端子并连接起来，把万用表的档位设置为 20V，测量它们之间的电压，在正常的温度状态下其工作电压值应为 0.5~3.4V。

② 静态检测：关闭点火开关到 OFF 档上，拔下进气温度传感器插接器，将传感器拆下可放在热水中，把万用表设置在欧姆档上，测量两个端子之间的电阻，不断地加水，测量在不同温度下的电阻的变化与标准值进行对比。

（5）氧传感器　氧传感器是电子控制燃油喷射系统进行反馈控制的传感器，一般安装在排气管上。它的功用是用来检测排气中的氧气含量，以确定实际空燃比是比理论空燃比浓还是稀，并向发动机 ECU 反馈相应的电压信号。发动机 ECU 根据氧传感器反馈的混合气浓稀信号，在上次喷油量的基础上对本次喷油量进行减小或增加的修正。目前，实际应用的氧传感器主要有氧化锆式和氧化钛式两种。氧传感器的端子如图 2-10 所示，其电路图如图 2-11 所示。

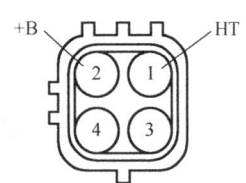

图 2-10　氧传感器的端子

氧传感器的检测如下。

① 动态检测：先关闭点火开关，拔下氧传感器的插头，用跨接线连接起来。把万用表设置在 20V 档位上，然后连接跨接线在发动机急速下正常运转时，所测的电压应为 0.3~0.8V。

② 静态检测：将点火开关置于 OFF 档上，拔下传感器的插头，把万用表置于 200Ω 档

项目二　电控汽油发动机的检测与故障诊断

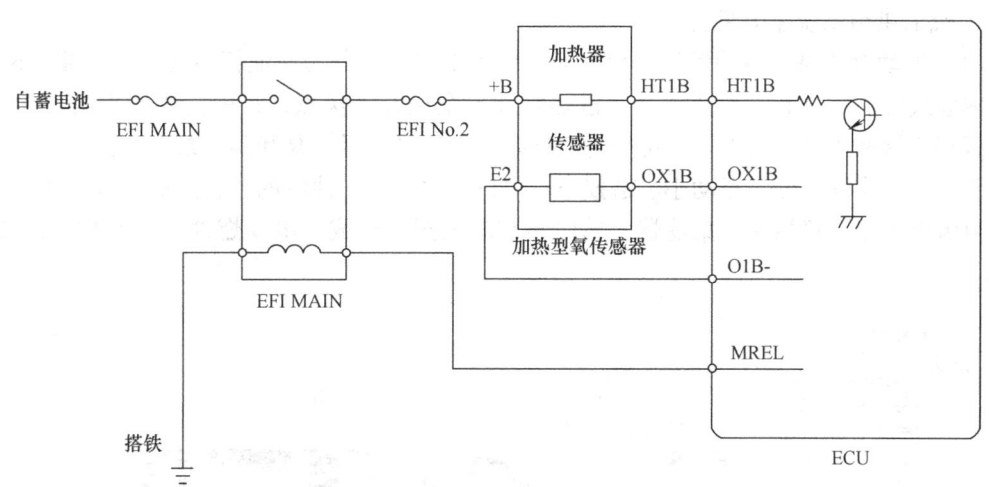

图 2-11　氧传感器的电路图

位上,将万用表的红表笔与信号端子相连,黑表笔与负极相连,测得电阻应为 4~40Ω。

二、燃油供给系统

1. 燃油供给系统的主要作用与组成

电控汽油机燃油供给系统的主要作用是通过位于燃油箱中的电动燃油泵将汽油加压形成符合压力和流量要求的清洁燃油送入喷油器,经喷油器喷射雾化后与进气管中的新鲜空气混合形成可燃混合气。电子控制单元(ECU)控制电磁喷油器的开启时间(ms)以对喷油量进行控制。

根据喷油器的安装位置分单点燃油供给系统和多点燃油供给系统两类,由于多点燃油供给系统与单点燃油供给系统相比,具有每个气缸燃油分配均匀、燃油供给响应快等优点,现在汽车主要使用多点燃油供给系统,单点燃油供给系统主要使用于早期的电控汽油机上。

燃油供给系统主要由燃油箱、电动燃油泵、燃油滤清器、燃油总管(油轨)、燃油压力调节器、电磁喷油器和进油回油管路等组成,如图2-12所示。

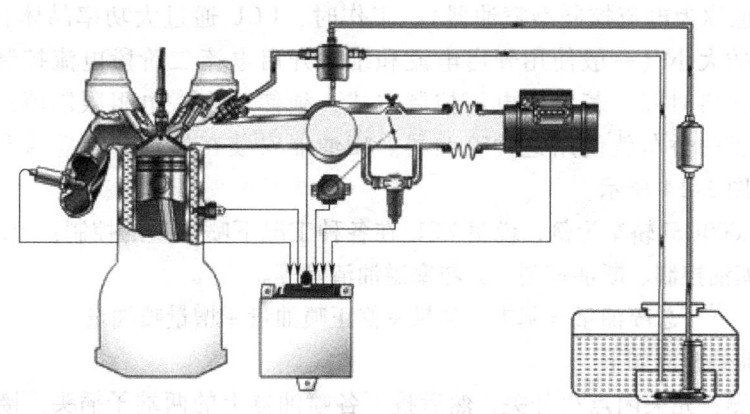

图 2-12　燃油供给系统的组成

33

2. 燃油供给系统主要部件

（1）电动燃油泵　电动燃油泵根据安装位置不同，可分为燃油箱内装式和外装式两种。由于内装式燃油泵具有工作噪声低、散热好和安全性好等优点，目前主要使用内装式燃油泵。根据机械液压泵结构不同，可分为滚柱泵、齿轮泵、涡轮泵和侧槽泵等几种。由于涡轮泵体积小、工作噪声低、振动小、磨损小、出口压力稳定，使用的较为广泛。电动燃油泵主要由直流电动机、机械泵、集滤器、单向阀和限压阀等组成。电动燃油泵的结构如图 2-13 所示。

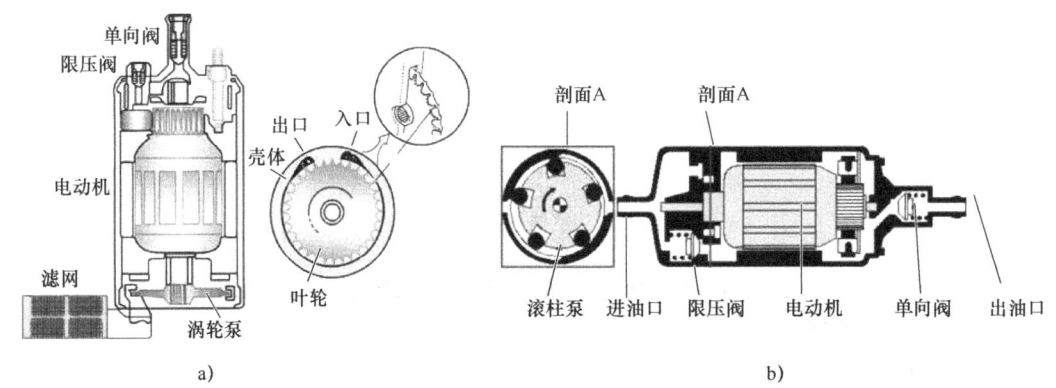

图 2-13　电动燃油泵的分类与组成

a）内装式涡轮泵　b）外装式滚柱泵

ECU 对电动燃油泵执行控制功能，主要包括燃油泵预供油功能、燃油泵正常工作控制和燃油泵强制切断控制。

电动燃油泵的检测：起动发动机，然后在燃油箱上面仔细查听是否有燃油泵工作的"嗡嗡"响声、是否可以感觉到软管出油的脉冲压力，如有说明燃油泵的状态良好。

（2）电磁喷油器　电磁喷油器根据结构分为轴针式、球阀式和片阀式三种；根据电磁线圈阻值分为高阻型喷油器（13~6Ω，也称为电压控制型喷油器）、低阻型喷油器（1~3Ω，也称为电流控制型喷油器）。工作时，ECU 通过大功率晶体管控制流过电磁线圈中电流的大小（一般使用开启电流和维持开启电流二阶段电流控制方式）控制喷油器的持续开启时间。若使用电压控制方式，须使用串联电阻限制流过电磁线圈的电流，如本田雅阁轿车就使用这种喷油器。喷油器安装在燃油分配总管和进气歧管之间，其结构如图 2-14 所示。

以桑塔纳 2000GSi 轿车为例，说明 ECU 在各种工况下喷油量的控制：起动工况喷油控制、正常运转喷油控制、断油控制、火花塞溢油清除等。

$$总喷油量 = 基本喷油量 + 修正喷油量 + 增量喷油量$$

电磁喷油器的检测如下。

① 动态检测：先关闭点火开关，然后拔下各喷油器上的两端子插头，接通点火开关，但不起动发动机，把万用表置于 20V 档位，红表笔分别接两个端子，黑表笔搭铁。高电压应为 12V，低电压应为 0，若电压全部为零说明电源不通。

项目二 电控汽油发动机的检测与故障诊断

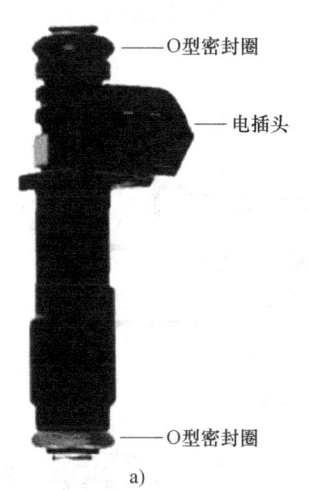
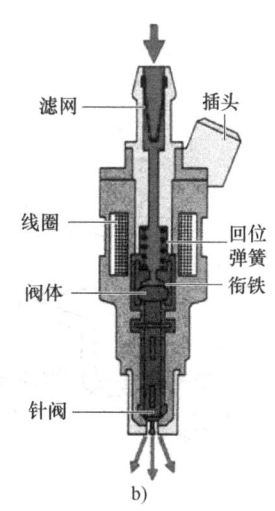

图 2-14 喷油器结构

a）喷油器实物外形图 b）轴针式电磁喷油器结构

② 静态检测：检测时，关闭点火开关，拔下每个喷油器上的两个端子线束插头，把万用表置于 200Ω 档位，检查喷油器上两端子之间的电子线圈的电阻值（标准阻值 10~20Ω），如若阻值无穷大，代表喷油器断路。

喷油量反馈控制的主要目的是将可燃混合气的空燃比控制在理论空燃比 14.7 附近很窄的范围内，减少废气中有害气体 HC、CO 和 NO_X 的排放量。

三、汽油蒸气排放（EVAP）控制系统

汽油是一种易挥发的液体，在常温下燃油箱内经常充满汽油蒸气，汽油蒸发排放控制系统的作用就是将汽油蒸气引入发动机内燃烧并防止挥发到大气中。为了控制燃油箱逸出的汽油蒸气，电控发动机普遍采用了炭罐，燃油箱中的汽油蒸气在发动机不运转时被炭罐中的活性炭所吸附。当发动机起动后，电子控制单元根据发动机的工况，将装在活性炭罐与进气歧管之间的电磁阀门打开，活性炭罐内的汽油蒸气被吸入进气歧管参与燃烧。

1. 汽油蒸气排放（EVAP）控制系统的组成

汽油蒸气排放控制系统主要由单向阀、炭罐控制真空电磁阀、活性炭罐等组成，如图 2-15 所示。

（1）活性炭罐 活性炭罐内部装有活性炭，用来吸附汽油蒸气，活性炭罐的作用就是收集燃油箱等部位的汽油蒸气。当发动机工作时，又将这些蒸气送入进气歧管。

（2）排放控制阀 用来控制从活性炭罐吸入进气歧管的气体流量（含空气和汽油蒸气），它受炭罐控制真空电磁阀控制。当发动机怠速时，从活性炭罐吸入进气歧管的气体流量应少些，否则会使混合气过稀而造成怠速不稳；当发动机转速升高，负荷增大时，吸入的气体流量可大些，以使炭罐内的汽油蒸气能被及时净化。

（3）炭罐控制真空电磁阀 用来控制通向排放控制阀的真空度，受发动机 ECU 控制。

（4）真空泄放阀 它安装在燃油箱加油口盖上，用来保持燃油箱内的气压。当燃油箱

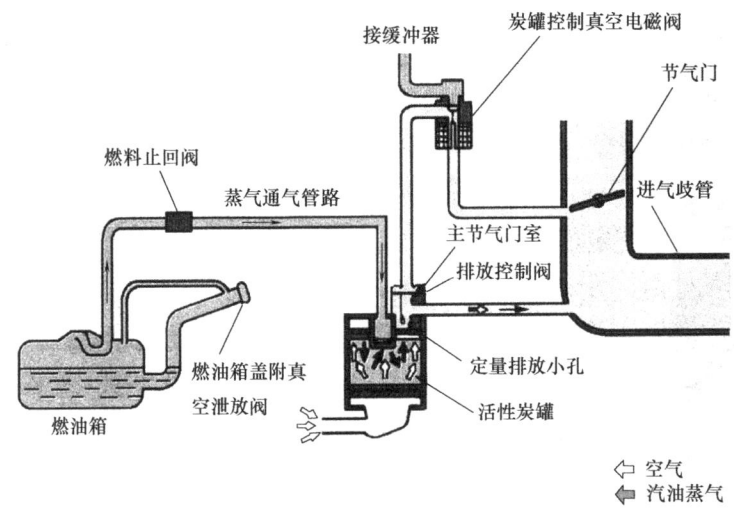

图 2-15 汽油蒸气排放控制系统组成

内因燃油减少,真空度增大到一极限值时,该阀打开,使燃油箱内保持正常大气压力,保证供油稳定。

电磁阀的检测如下。

① 动态检测:将发动机起动、怠速运转至正常温度,检查真空软管是否有吸力。如有,用万用表 20V 档检查电磁阀端子是否有电压,这时电磁阀打开电压应为电源电压。踩加速踏板,提高发动机的转速看软管是否有吸力,若有正常;若无,用万用表的 20V 电压档测其电压,若电压正常则电磁阀有故障,若异常则是电路问题。

② 静态检测:关闭点火开关,拔下电磁阀线束插接器,把万用表置于 200Ω 档位,检查电磁阀电阻值,若其阻值在 32Ω 左右,说明电磁阀无故障。

2. 汽油蒸气排放控制系统典型布置方式

汽油蒸气排放控制系统典型布置方式如图 2-16 所示,其主要由空气滤清器、喷油器和进气歧管、水汽分离器、蒸汽管、燃油箱、燃油管路、蒸气歧管以及活性炭罐等组成。

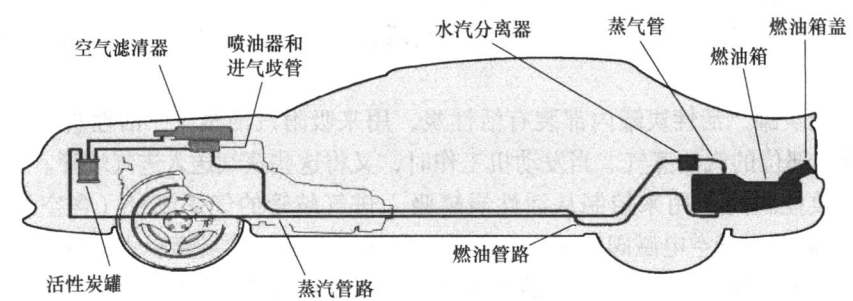

图 2-16 汽油蒸气排放控制系统典型布置方式

【技能训练】

训练1　热线式空气流量传感器的检测

1. 目的
1）知道空气流量传感器的工作原理。
2）学会空气流量传感器的检测方法。

2. 准备
丰田卡罗拉轿车一辆，普通工具一套，解码器一个，跨接线一套，汽车检测专用万用表一只，与车型配套的维修手册一套。

3. 步骤
（1）空气流量传感器输出信号的检测
1）拔下空气流量传感器的导线插接器，拆下空气流量传感器，如图2-17所示。
2）将蓄电池的电压施加于空气流量传感器的端子D和E之间（电源极性应正确）。
3）然后用万用表电压档测量端子B和D之间的电压，其标准电压值为（1.6±0.5）V，如图2-18所示。

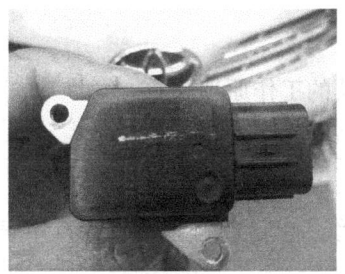
图 2-17

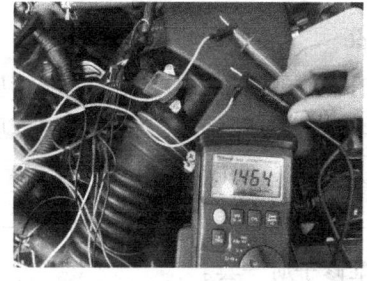
图 2-18

（2）空气流量传感器电压的检测　如图2-19所示，拔下空气流量传感器的插头，安装跨接线，将万用表调整到电压档，并将万用表的测试线分别连接在B和D端子的跨接线上，打开点火开关，然后起动发动机，同时测量端子B和D之间的电压，电压值应上升至12V左右。

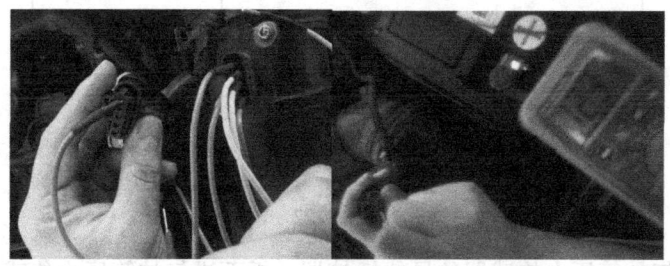
图 2-19

(3) 空气流量传感器电阻的检测 如图 2-20 所示，关闭点火开关，取下空气流量传感器，将跨接线插在空气流量传感器 E 和 C 端子上，将万用表调整到欧姆档，然后将万用表测试线分别连接在 E 和 C 端子的跨接线上，测量空气流量传感器的电阻，电阻值应为无穷大。

(4) 空气流量传感器电源电压的检测 如图 2-21 所示，取下蓄电池负极并做好绝缘措施，将跨接线连接到空气流量传感器的线束端子上，万用表调整到电压档，然后将万用表红色测试线与 B 端子的跨接线连接，万用表的黑色测试线进行车身搭铁，电源电压应为 11～14V。

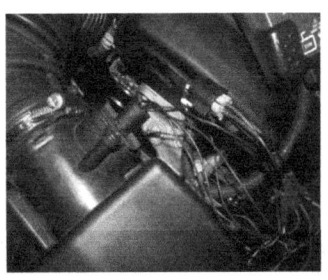

图 2-20

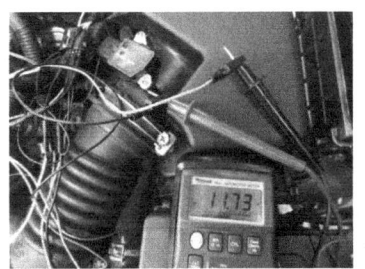

图 2-21

训练 2　半导体压敏电阻式进气歧管压力传感器的检测

1. 目的
1) 知道半导体压敏电阻式进气歧管压力传感器的工作原理。
2) 学会半导体压敏电阻式进气歧管压力传感器的检测方法。

2. 准备
轿车一辆，普通工具一套，解码器一个，跨接线一套，汽车检测专用万用表一只，车型配套的维修手册一套。

3. 步骤
半导体压敏电阻式进气歧管压力传感器的电路图，如图 2-22 所示

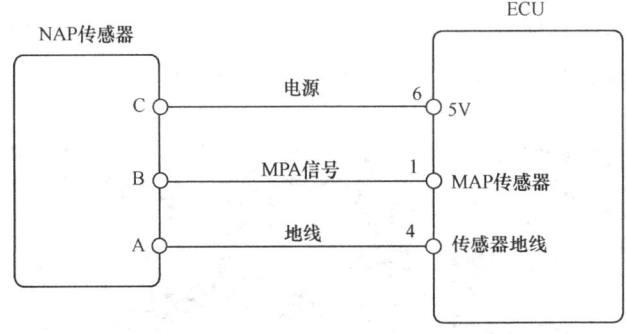

图 2-22

1) 拔下进气歧管压力传感器的导线插接器，拆下进气歧管压力传感器，然后安装跨接线，如图 2-23 所示。

2)传感器电源电压的检测。点火开关置于"OFF"位置,拔下进气歧管绝对压力传感器的导线插接器,然后将点火开关置于"ON"位置(不起动发动机),将跨接线连接到传感器的导线插接器上(注意正确的安装),用万用表电压档测试ECU线束端子6的电压值。当点火开关接通(ON)时,该电压应为5V,如图2-24所示。

图 2-23

图 2-24

3)传感器输出电压的检测。用万用表的电压档测试传感器端子B的输出电压。当点火开关接通(ON)而发动机未起动时,传感器的输出电压值应为4~5V;当发动机在热机空档怠速运转时,输出电压应降到1.5~2.1V。此时,如从ECU线束侧1端子处测试,其电压值也应是上述数值,如图2-25所示。

4)传感器电阻的检测。用万用表欧姆档,从传感器的端子A处,测试其接地电阻应为0.726Ω,如图2-26所示。

图 2-25

图 2-26

训练3 冷却液温度传感器的检测

1. 目的

1)知道冷却液温度传感器的工作原理。

2)学会冷却液温度传感器的检测方法。

2. 准备

轿车一辆,普通工具一套,解码器一个,跨接线一套,汽车检测专用万用表一只,与车型配套的维修手册一套。

3. 步骤

冷却液温度传感器的电路图,如图2-27所示。

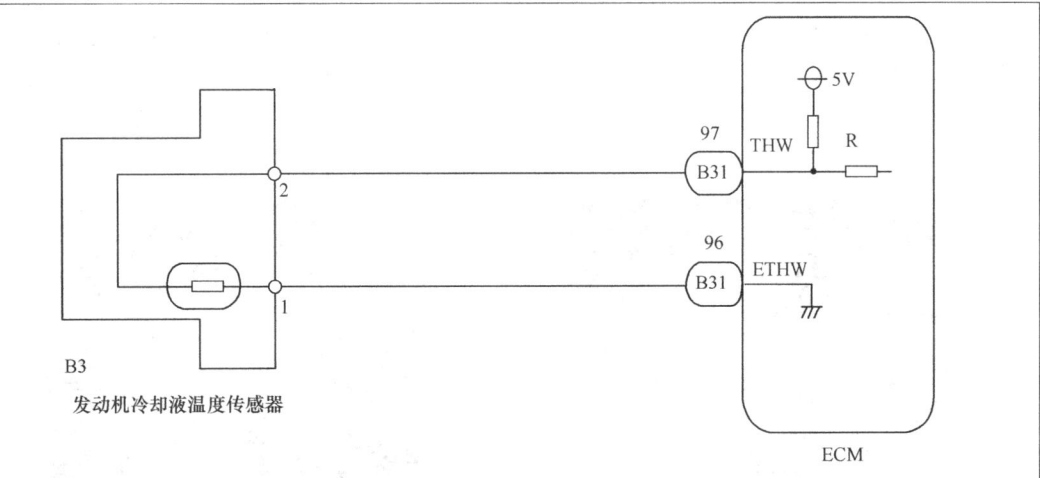

图 2-27

（1）冷却液温度传感器的电阻检测　关闭点火开关，拆卸冷却液温度传感器导线插接器，用数字式高阻抗万用表电阻档，如图 2-28 所示测试传感器两端子（1 和 2）间的电阻值，其电阻值与温度的高低成反比，在热机时应小于 1kΩ。

（2）冷却液温度传感器输出信号电压的检测　装好冷却液温度传感器，将此传感器的导线插接器插好，当点火开关置于"ON"位置时，从 ECU 插接器"THW"端子与 2 间测试传感器输出电压信号，电压值应为 1.8V，如图 2-29 所示。冷却液温度上升后，电压值升高，如图 2-30 所示。

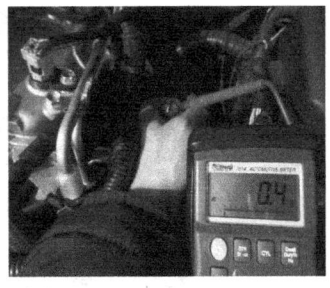

图 2-28

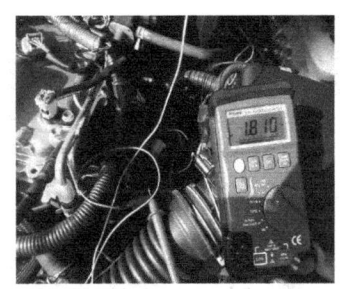

图 2-29

（3）冷却液温度传感器电源电压的检测　断开冷却液温度传感器线束，打开点火开关用万用表检测电源电压，应为 5V 左右，如图 2-31 所示。

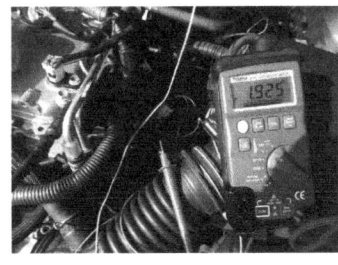

图 2-30

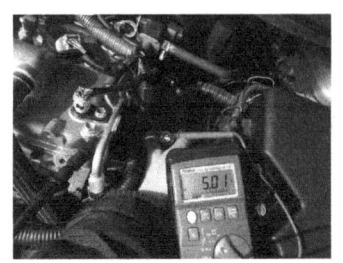

图 2-31

训练 4 氧传感器的检测

1. 目的
1) 知道氧传感器的工作原理。
2) 学会氧传感器的检测方法。

2. 准备
轿车一辆，普通工具一套，解码器一个，跨接线一套，汽车检测专用万用表一只，与车型配套的维修手册一套。

3. 步骤

（1）加热型氧传感器的电阻测量 将点火开关置于 OFF 位置，断开相应的加热型氧传感器上的线束插接器。检测端子 1（HT）和 2（+B）良好搭铁之间的电阻应为 1.8~3.4Ω，温度上升一点，电阻值迅速上升，如图 2-32 所示。

（2）加热器电源电压的检测 加热器的供电电压是 1 号端子和搭铁间的电源电压，其值应为 12V 左右，如图 2-33 所示。

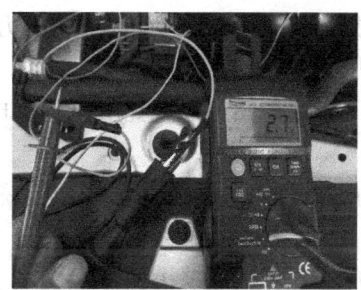

图 2-32

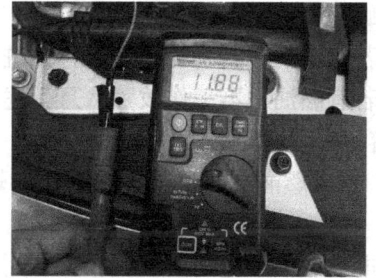

图 2-33

（3）氧传感器反馈电压的检测 在发动机运转时，在 4 号端子上测量反馈电压。在对氧传感器的反馈电压进行检测时，使用数字型的电压表，以便直观地反映出反馈电压的变化情况，如图 2-34 所示。如果氧传感器电压读数维持在 0.45~0.50V 不变，说明信号线断路；如果氧传感器电压读数维持在 0.0~0.3V，表明混合气太稀；如果氧传感器电压读数维持在 0.7~1.0V，表明混合气太浓。

（4）氧传感器信号搭铁电压的检测 将跨接线连接好氧传感器线束插接器，1 号端子的跨接线与万用表的红色测试线连接，万用表的黑色测试线进行搭铁，打开点火开关，将万用表调整到电压档检测氧传感器信号搭铁电压，电压值约为 3.314V，如图 2-35 所示。

图 2-34

图 2-35

训练5 电动燃油泵的检测

1. 目的
1) 掌握燃油供给系统的组成。
2) 掌握电动燃油泵的结构和工作原理。
3) 掌握电动燃油泵的检测方法和检测项目。
4) 掌握燃油供给系统的压力释放、压力预置及压力测试的方法。

2. 准备
汽车维修常用的工量具一套,数字万用表,故障解码仪,电喷发动机故障试验台,桑塔纳2000轿车一辆。

3. 步骤
(1) 燃油泵的就车检查
1) 用专用导线将诊断座上的燃油泵测试端子跨接到12V电源上。
2) 将点火开关转至"ON"位置,但不要起动发动机。
3) 旋开燃油箱盖能听到燃油泵工作的声音,或用手捏进油软管应感觉有压力。
4) 若听不到燃油泵的工作声音或进油管无压力,应检修或更换燃油泵。
5) 若有燃油泵不工作故障,且上述检查正常,应检查燃油泵电路导线、继电器、易熔线和熔丝有无断路。

(2) 电动燃油泵的检测 拔下电动燃油泵的导线插接器,从车上拆下电动燃油泵进行检查。
1) 电动燃油泵电阻的检测:用万用表电阻档测量电动燃油泵上两个接线端子间的电阻,即为电动燃油泵直流电动机线圈的电阻,其阻值应为2~3Ω(20℃时)。如电阻值不符,则须更换电动燃油泵。
2) 电动燃油泵工作状态的检查:将电动燃油泵与蓄电池相接(正负极不能接错),并使电动燃油泵尽量远离蓄电池,每次接通不超过10s(时间太长会烧坏电动燃油泵电动机的线圈)。如电动燃油泵不转动,则应更换电动燃油泵。

(3) 燃油泵的拆装与检测 首先,应释放燃油系统压力,并关闭用电设备。拆下燃油泵后,测量燃油泵两端子之间电阻,应为2~3Ω。用蓄电池直接给燃油泵通电,应能听到燃油泵电动机高速旋转的声音。注意:通电时间不能太长。

(4) 燃油系统的压力释放
为了防止在拆卸时系统内压力油的喷出,造成人身伤害和火灾,需进行燃油系统压力的释放。释放方法如下:
1) 起动发动机,维持怠速运转。
2) 在发动机运转时,拔下燃油泵继电器或电动燃油泵电源接线,使发动机熄火。
3) 再使发动机起动2~3次,就可完全释放燃油系统压力。
4) 关闭点火开关,装上燃油泵继电器或电动燃油泵电源接线。

(5) 燃油系统压力预置 为避免首次起动发动机时,因系统内无压力而导致起动时间过长,需进行燃油系统压力预置。

方法一：通过打开和关闭点火开关数次来完成。

方法二：

1) 检查燃油系统元件和油管接头是否安装好。

2) 用专用导线将诊断座上的燃油泵测试端子跨接到 12V 电源上。

3) 将点火开关转至"ON"位置，使电动燃油泵工作约 10s。

4) 关闭点火开关，拆下诊断座上的专用导线。

（6）燃油系统压力测试

1) 检查燃油箱中的燃油应足够，释放燃油系统压力。

2) 检查蓄电池电压在 12V 左右，拆下蓄电池负极电缆线。

3) 将专用油压表（图 2-36）接到燃油系统中。日本丰田汽车连接在输油管的进油管接头处，韩国大宇汽车或通用汽车连接在燃油滤清器与输油管之间安装脉动阻尼器的位置。

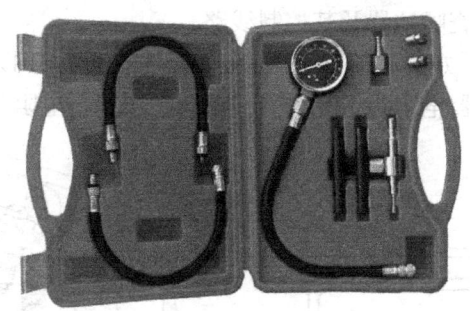

图 2-36

4) 接上负极电缆，起动发动机使其维持怠速运转。

5) 拆下燃油压力调节器上真空软管，用手堵住进气管一侧，检查油压表指示的压力，多点喷射系统应为 0.25~0.35MPa，单点喷射系统为 0.07~0.10MPa。

6) 接上燃油压力调节器的真空软管，检查燃油压力表的指示应有所下降（约为 0.05MPa），否则检查真空管是否有堵塞和漏气。若正常，说明燃油压力调节器有故障，应更换。

7) 将发动机熄火，等待 10min 后观察压力表的压力，多点喷射系统不低于 0.20MPa，单点喷射系统不低于 0.05MPa。

8) 检查完毕后，应释放系统压力，拆下油压表，装复燃油系统。

训练 6 燃油压力调节器、分配管和喷油器的检测

1. 目的

1) 理解燃油压力调节器、分配管和喷油器的工作原理和组成。

2) 知道燃油压力调节器、分配管和喷油器的检测部位及检测方法。

3) 会正确使用工具检测燃油压力调节器、分配管和喷油器。

2. 准备

操作视频，桑塔纳2000实车台架一台，零件车一台，维修手册一套，工具车一台，常用工具一套，世达工具一套，量杯一个，抹布若干。

3. 步骤

（1）喷油器的检测　用以下方法可以对喷油器进行简单的检查：发动机工作时，用手触试或用听诊器检查喷油器开闭时的振动或声响，如果感觉无振动或听不到声响，说明喷油器或电路有问题。

发动机热车后怠速运转时，用螺钉旋具（螺丝刀）或听诊器（触杆式）接触喷油器，通过测听各缸喷油器工作的声音来判断喷油器是否工作。在发动机运转时应能听到喷油器有节奏的"嗒嗒"声——这是喷油器在电脉冲作用下喷油的工作声。若各缸喷油器工作声音清脆均匀，则各喷油器工作正常；若某缸喷油器的工作声音很小，则该缸喷油器的工作不正常——可能是针阀卡滞，应作进一步的检测；若听不见某缸喷油器的工作声音，则该缸喷油器不工作，应检查喷油器及其控制线路。

1）喷油器电阻检查：如图2-37所示，拆开线束插接器，用万用表测量喷油器两端子之间的电阻。高阻值喷油器电阻为13~16Ω，低阻值喷油器电阻为2~3Ω，否则应更换。

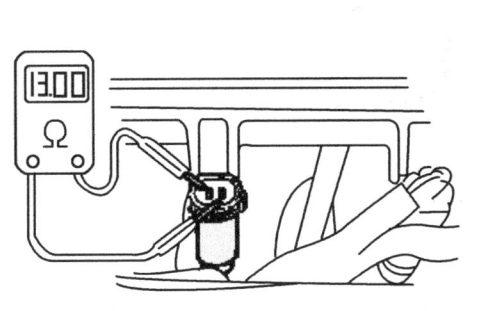
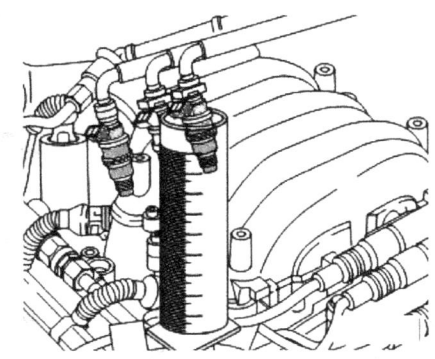

图 2-37

2）喷油器滴漏检查：可在专用设备上检查，在1min内喷油器滴油超过1滴，应更换喷油器。

也可使用专用遥控开关控制燃油泵强制运行，使燃油总管中建立燃油压力，观察喷油器出口是否存在燃油滴漏，检查喷油器的密封性。规定每分钟允许滴漏1~2滴燃油，否则更换喷油器。

3）喷油量检查：在燃油泵强制运行的状态下，用专用开关和连接线在喷油器线束插头接通蓄电池电压，使喷油器连续开启喷油30s，计量量杯中的燃油量，应与规定值相符，各种车型的规定值有所不同，应参考维修手册的规定，奥迪A6的30s连续喷油量规定值是135mL。同时，需比较各缸喷油量的误差应小于10mL。

如喷油器的喷油量不符合规定要求，应清洗喷油器，并视情给予更换。

注意：拆卸喷油器前，应首先清洁喷油器周围，防止在拆卸过程中有脏物落入喷油器安装孔中；在拆卸过程中，应始终保持进油管和回油管的可靠连接。

项目二 电控汽油发动机的检测与故障诊断

(2) 燃油压力调节器的检查

1) 燃油压力调节器工作状况的检查:①起动发动机并使其怠速运转,测量怠速状态下的燃油压力,其值应为 250kPa 左右。②拔下燃油压力调节器上的真空软管,并检查燃油压力,此时的燃油压力应比怠速运转时的燃油压力高 50kPa 左右。若压力不符合要求,说明燃油压力调节器工作不良,应更换。

2) 燃油压力调节器保持压力的检查:

① 用一根短导线将电动燃油泵的两个检查插孔短接。

② 打开点火开关并保持 10s,使电动燃油泵运转。

③ 用包上软布的钳子将燃油压力调节器上的回油管夹紧。

④ 关闭点火开关,5min 后观察燃油压力表的读数,其值应大于 147kPa,否则说明燃油压力调节器有泄漏,应更换。

(3) 燃油分配管的检查 供油总管是一个装有管接头、喷油器和压力调节器的歧管。由于它向喷油器供油,必须在供油总管中有维持恒压差的适量的燃油。每个喷油器都安装在供油总管伸出的分离接头上,并且借助弹簧夹将其保持在固定位置。O 形密封圈用来防止喷油器与进气歧管间的泄漏。所以,各接口部位及连接处均不应出现燃油泄漏,否则应更换。

训练 7 控制系统其他传感器的检测

1. 目的

1) 理解控制系统其他传感器的结构及工作原理。
2) 知道控制系统其他传感器的检测方法。
3) 会正确使用工具检测各种传感器。

2. 准备

汽车维修常用的工量具一套,数字万用表,温度计,5~12V 变压器,桑塔纳 2000 电喷发动机故障试验台,轿车一辆,各种传感器。

3. 步骤

(1) 进气温度传感器的检测

1) 进气温度传感器的电阻检测:单件检查时,点火开关置于"OFF"档位,拔下进气温度传感器导线插接器,并将传感器拆下,用电热吹风器、红外线灯或热水加热进气温度传感器;用万用表电阻档测量在不同温度下两端子间的电阻值,将测得的电阻值与标准数值进行比较,如果与标准值不符,则应更换。

2) 进气温度传感器的输出信号电压值检测:当点火开关置于"ON"位置时,ECU 的 THA 端子与 E2 端子间或进气温度传感器插接器 THA 和 E2 端子间的电压值在 20℃ 时应为 0.5~3.4V。

(2) 冷却液温度传感器的电阻检测

1) 冷却液温度传感器的电阻检测:

① 就车检查:点火开关置于"OFF"位置,拔下冷却液温度传感器导线插接器,用数字式高阻抗万用表电阻档,按图 2-38 所示测试传感器两端子(丰田皇冠 3.0 为 THW 和

E2，北京切诺基为 B 和 A）间的电阻值，其电阻值与温度的高低成反比。

② 单件检查：拔下冷却液温度传感器导线插接器，然后从发动机上拆下传感器；将该传感器置于烧杯内的水中，加热杯中的水，同时用万用表电阻档测量在不同冷却液温度条件下冷却液温度传感器两接线端子间的电阻值，如图 2-39 所示。将测得的电阻值与标准值相比较，如果不符合标准，则应更换冷却液温度传感器。

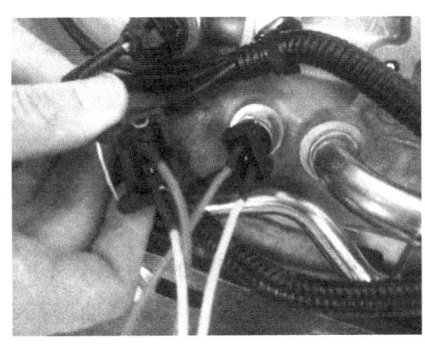

图 2-38

图 2-39

2）冷却液温度传感器输出信号电压的检测：装好冷却液温度传感器，将此传感器的导线插接器插好，当点火开关置于"ON"位置时，从冷却液温度传感器导线插接器"THW"端子（丰田车）或从 ECU 插接器"THW"端子与 E2 间测试传感器输出电压信号（对北京切诺基是从传感器导线插接器"B"端子或从 ECM 导线插接器"2"端子上测量与接地端子间电压）。丰田车 THW 与 E2 端子间电压在 80℃时应为 0.25～1.0V，所测得的电压值应随冷却液温成反比变化。

（3）凸轮轴/曲轴位置传感器的检测　以丰田公司电磁式凸轮轴/曲轴位置传感器为例。丰田公司 TCCS 系统的电磁式凸轮轴/曲轴位置传感器安装在分电器内，其结构如图 2-40 所示。该传感器分成上、下两部分，上部分产生 G 信号，下部分产生 Ne 信号，都是利用带有轮齿的转子旋转时，使信号发生器感应线圈内的磁通变化，从而在感应线圈里产生交变的感应电动势，再将它放大后，送入 ECU。

1）凸轮轴/曲轴位置传感器的电阻检查：点火开关置于"OFF"位置，拔开凸轮轴/曲轴位置传感器的导线插接器，用万用表的电阻档测量凸轮轴/曲轴位置传感器上各端子间的电阻值，如图 2-41 所示。如果阻值不在规定的范围内（参照表 2-1），必须更换凸轮轴/曲轴位置传感器。

表 2-1　凸轮轴/曲轴位置传感器的电阻值

端　　子	条　　件	电阻值/Ω
G1-G-	冷态	125～200
G1-G-	热态	160～235
G2-G-	冷态	125～200
G2-G-	热态	160～235
Ne-G-	冷态	155～250
Ne-G-	热态	190～290

注："冷态"是指 -10～50℃，"热态"是指 50～100℃。

项目二　电控汽油发动机的检测与故障诊断

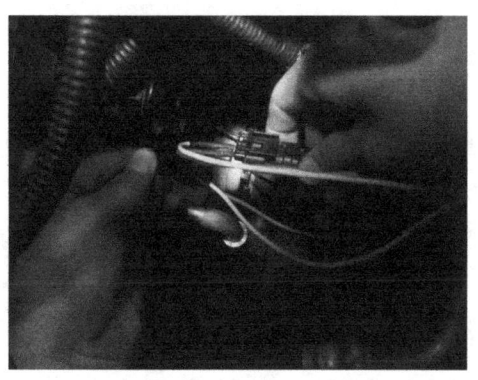

图 2-40

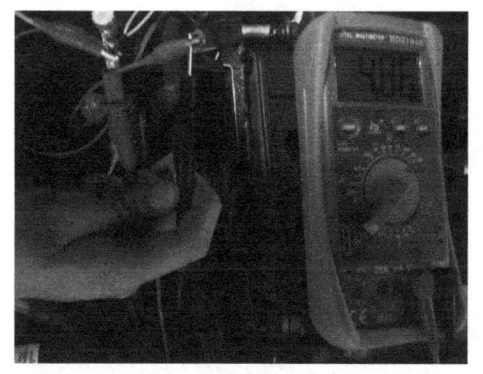

图 2-41

2) 凸轮轴/曲轴位置传感器输出信号的检查：拔下凸轮轴/曲轴位置传感器的导线插接器，当发动机转动时，用万用表的电压档检测凸轮轴/曲轴位置传感器上 G1- G-、G2- G-、Ne- G-端子间是否有脉冲电压信号输出，如图 2-42所示。如没有脉冲电压信号输出，则须更换凸轮轴/曲轴位置传感器。

3) 感应线圈与正时转子的间隙检查：用塞尺测量正时转子与感应线圈凸出部分的空气间隙，其间隙应为 0.2~0.4mm。若间隙不符合要求，则须更换分电器壳体总成。

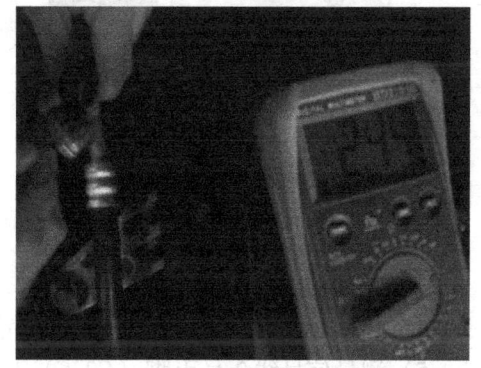

图 2-42

训练 8　凸轮轴位置传感器的检测

1. 目的
1) 掌握 KT600 解码仪和万用表的操作方法。
2) 熟练使用 KT600 对汽车发动机凸轮轴位置传感器波形图进行测试操作。
3) 熟练使用万用表对汽车发动机凸轮轴位置传感器电源电压进行检测操作。

2. 准备
丰田卡罗拉凸轮轴位置传感器一个，金德 KT600 解码仪、万用表各一台常用拆装工具。

3. 步骤
1) 取下线束接口，连接跨接线（图 2-43）。
2) 检测信号线 1 号引脚（G2 +）（图 2-44）、3 号引脚（G2 -）与供电电源接线电阻（图 2-45）。
3) 接通全车电源，测量 2 号引脚（电源 5V）与信号线 1 号引脚（G2 -）电压（图 2-46）。

图 2-43

图 2-44

图 2-45

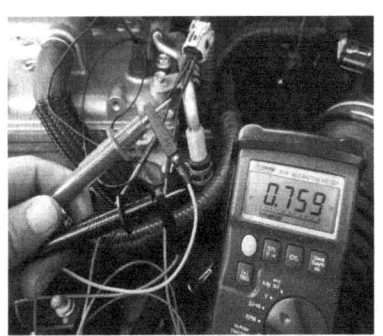

图 2-46

4)测量2号引脚(电源5V)与信号线2号引脚(G2+)电压(图2-47)。

5)测量信号线2号引脚(G2+)与信号线1号引脚(G2-)电压(图2-48)。

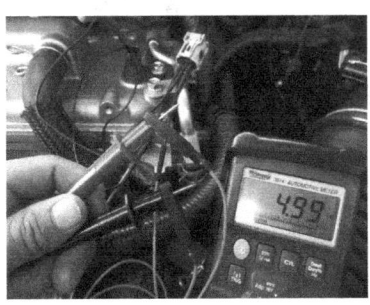

图 2-47

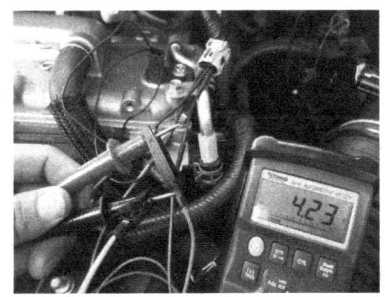

图 2-48

6)测量信号线2号引脚(G2+)与信号线1号引脚(G2-)怠速状态输出电压(图2-49)。

7)测量信号线2号引脚(G2+)与信号线1号引脚(G2-)加速状态输出电压,如图2-50所示(此电压由发动机转速提高而升高)。

8)凸轮轴位置传感器波形测试(图2-51):

① 首先利用T形线连接凸轮轴位置传感器与插接器。

② 用KT600解码仪波形线连接G2+和G2-或EV+和EV-(图2-52)。

③ 起动发动机处于怠速状态。

项目二 电控汽油发动机的检测与故障诊断

图 2-49

图 2-50

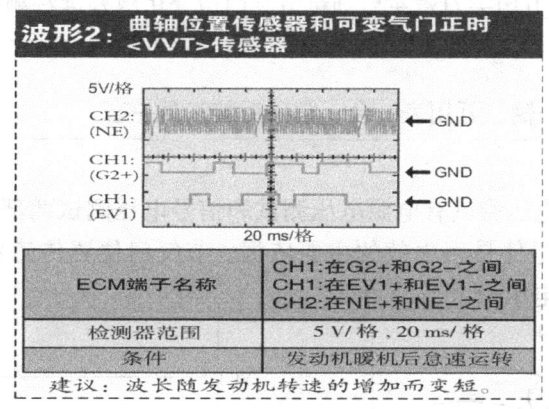

图 2-51

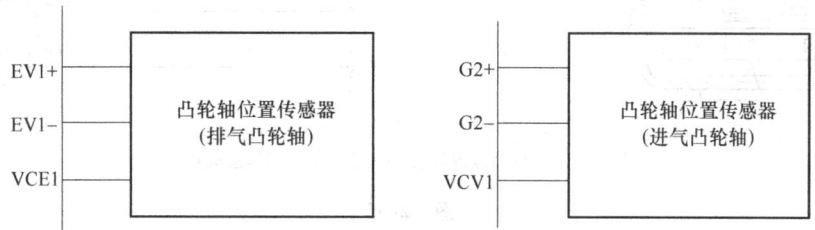

图 2-52

9) 利用万用表检查凸轮轴位置传感器接线器与 ECM 之间线束是否有断路、短路故障，根据检测结果进行修理或更换。

1) 断开凸轮轴位置传感器（进气凸轮轴）插接器。
2) 断开 ECM 插接器。
3) 根据表 2-2、表 2-3 中的值测量电阻。

表 2-2 标准电阻（断路检测）

检测仪连接	条　件	规定状态
B21-1-1（VVI+）-B31-94（G2+）	始终	小于1Ω
B21-1-2（VVI-）-B31-118（G2-）	始终	小于1Ω

49

表 2-3 标准电阻（短路检测）

检测仪连接	条 件	规 定 状 态
B21-1-1（VVI+）或 B31-94（G2+）-车身搭铁	始终	10Ω 或更大
B21-1-2（VVI-）或 B31-118（G2-）-车身搭铁	始终	10Ω 或更大

训练 9 节气门位置传感器的检测

1. 目的

1）掌握万用表的操作方法。

2）熟练使用数字万用表对汽车发动机节气门位置传感器进行测试操作。

2. 准备

丰田卡罗拉汽车一辆、万用表一台、常用拆装工具一套。

3. 步骤

（1）电压测试　电压测试有电源电压测试和信号电压测试两部分，其中信号电压测试是确定节气门控制组件是否失效的主要依据。节气门位置传感器的端子和电路图如图 2-53 所示，其标准电压为 4.5～5.5V。

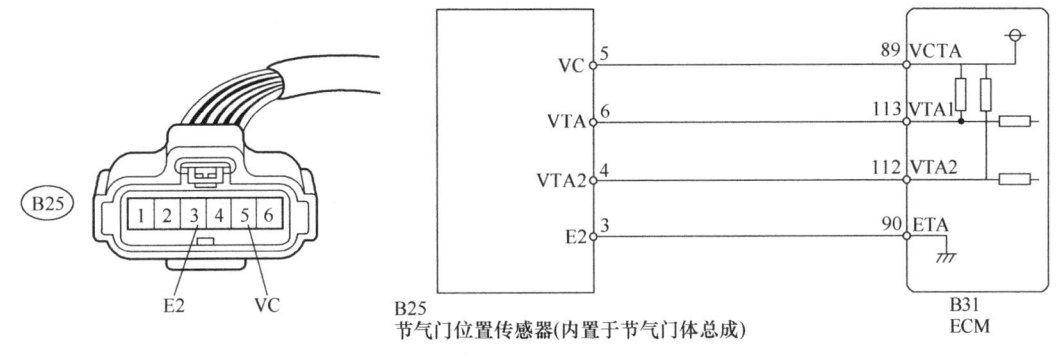

图　2-53

测试在汽车微机控制故障检测诊断试验系统的发动机试验台上进行。打开点火开关，将数字万用表设置在直流电压 20V 档，红色表笔置于节气门控制组件针脚 2，黑色表笔置于蓄电池负极或发动机进气歧管壳体，起动机起动时应显示 12V；红色表笔置于节气门控制组件针脚 4，黑色表笔置于蓄电池负极或发动机进气歧管壳体，应显示 5V，如图 2-54 所示。

（2）电阻测试　电阻测试为辅助性测试，主要是检测线束的导通性，以确认线束通畅，无断路、短路，插接器牢靠，各信号传递无干扰。测试在汽车微机控制故障检测诊断试验系统的发动机试验台上进行。用万用表检测电阻为 121.8Ω，如图 2-55 所示。

（3）线束断路性测试　将数字万用表设置在电阻 20kΩ 档，在面板上按电路图找到节气门控制组件图形下面的针脚号与 ECU 信号测试端口图相对应的针脚号，分别测试节气门控制组件针脚对应至电控单元针脚的电阻，所有电阻都应低于 1Ω，如图 2-56a 所示。

测量节气门控制组件针脚对应至电控单元针脚的电阻值：

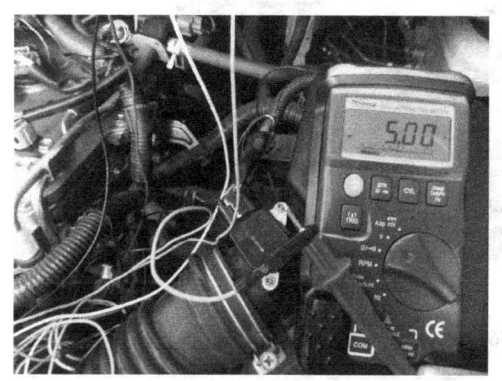

图 2-54

图 2-55

1) 断开节气门体插接器。
2) 断开 ECM 插接器。
3) 根据表 2-4 中的值测量电阻。

表 2-4 标准电阻（断路检查）

检测仪连接	条 件	规 定 状 态
B25-5（VC）-B31-89（VCTA）	始终	小于 1Ω
B25-6（VTA）-B31-113（VTA1）	始终	小于 1Ω
B25-4（VTA2）-B31-112（VTA2）	始终	小于 1Ω
B25-3（E2）-B31-90（ETA）	始终	小于 1Ω

（4）线束短路性测试　将数字万用表设置在电阻 200kΩ 档，测量节气门控制组件针脚与其不相对应的电控单元针脚之间电阻，应为∞，如图 2-56b 所示。

1) 断开节气门体总成插接器。
2) 断开 ECM 插接器。
3) 根据表 2-5 中的值测量电阻值。

表 2-5 标准电阻（短路检查）

检测仪连接	条 件	规 定 状 态
B25-5（VC）或 B31-89（VCTA）-车身搭铁	始终	10Ω 或更大
B25-6（VTA）或 B31-113（VTA1）-车身搭铁	始终	10Ω 或更大
B25-4（VTA2）或 B31-112（VTA2）-车身搭铁	始终	10Ω 或更大

注意：在实际维修中，欲测试各条线束的导通性，应关闭点火开关，拔下传感器插头与电控单元插接器，使用数字万用表分别测量各线束间的电阻，相连导线电阻应当小于 0.5Ω，不相连导线电阻应为∞。而在汽车微机控制故障检测诊断试验系统的发动机试验台上，进行本项测试不用拔传感器与电控单元插头。在实际测量中，由于测量手法、万用表本身的误差以及被测物体表面的氧化与灰尘等因素，发生几欧的误差属正常现象，不必拘泥于具体数字。

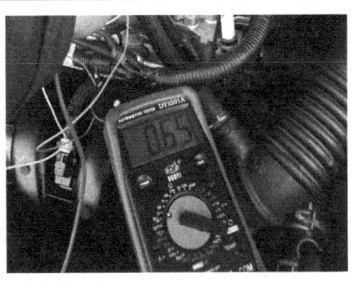 

a) 断路检查　　　　　　　　　　b) 短路检查

图 2-56

任务二　点火系统的检测

【相关知识】

一、点火系统概述

汽油机气缸内的可燃混合气是靠高压电火花点燃的，而产生电火花的功能是由点火系统实现的。点火系统的作用是将汽车电源供给的低压电转变为高压电，并按照发动机的工作顺序与点火时间的要求，适时地配送给各缸火花塞，在其间隙处产生电火花，点燃气缸内的可燃混合气。

汽油机点火系统发展大致可分成五个阶段：传统（触点式）点火系统、有触点电子点火系统、无触点电子点火系统、有分电器微机控制点火系统、无分电器微机控制点火系统。目前，汽油机点火系统常用后三类点火系统。

二、点火系统的组成

电子点火系统按照储能方式的不同可以分为电感式点火系统和电容式点火系统两大类。前者的储能元件是点火线圈，后者的储能元件是电容器。电容式点火系统的优点是次级电压上升速率快、几乎不受发动机转速的影响、对火花塞积炭不敏感等。但其结构复杂、制造成本高，多用于高档赛车，在普通汽车上应用较少。

微机控制的点火系统分为有分电器微机控制点火系统和无分电器微机控制点火系统两类。现在有分电器微机控制点火系统已逐渐被淘汰。无分电器微机控制点火系统有分组点火（图2-57）和单缸独立点火（图2-58）两类。

无分电器微机控制点火系统由电源、点火开关、微机控制单元（ECU）、点火控制器、点火线圈、火花塞、高压线和各种传感器等组成。有的无分电器微机控制点火系统还将点火线圈直接安装在火花塞上方，取消或隐藏了高压线。

三、点火系统的主要部件

1. 点火线圈

点火线圈按其磁路结构形式的不同，一般可分为开磁路式和闭磁路式两种。目前常用闭

项目二　电控汽油发动机的检测与故障诊断

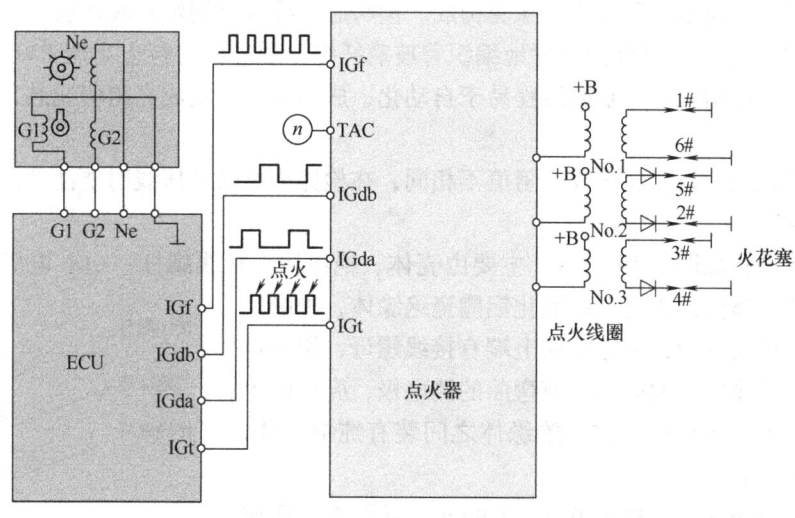

图 2-57　分组点火系统的组成

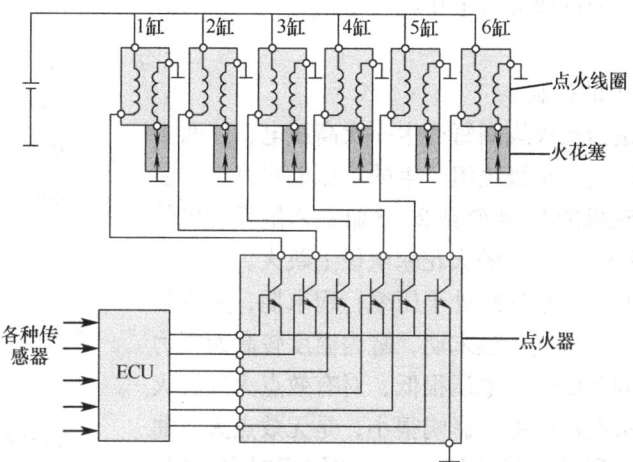

图 2-58　单缸独立点火系统的组成

磁路式。

2. 点火控制器

点火控制器内部为混合集成电路，由专用点火集成电路（L497）和辅助电路组成。控制器壳体用铝材铸模而成，以利于散热，内部电路用导热树脂封装在壳体内，壳体上封装有一个 7 线插座，用以与点火线路的线束插头连接。

3. 高压线

高压线用来传送高电压，其工作电压一般在 15kV 以上，但通过电流强度较小，因此高压导线的绝缘包层很厚，耐压性能好，但线芯截面积很小。高压线有铜芯线和阻尼线两种，为了衰减火花塞产生的电磁波干扰，目前广泛使用高压阻尼点火线。

高压阻尼点火线的制造方法和结构有多种，常用的有金属阻丝式和塑料芯导线式。金属阻丝式又有金属阻丝线芯式和金属阻丝线绕电阻式两种。金属阻丝线芯式是由金属电阻丝疏绕在绝缘线束上，外包绝缘体制成阻尼线；金属丝线绕电阻式是由电阻丝绕在耐高温的绝缘体上制成电阻,再与不同形式的绝缘套构成。塑料芯导线式是用塑料和橡胶等材料制成直径为 2mm 的电阻线芯,在其外面紧紧地编织着玻璃纤维,最外面再包上高压 PVC 塑料或橡胶等绝缘体。这种结构形式,制造过程易于自动化,成本低且可制成高阻值线芯,应用越来越广泛。

不同车型采用的阻尼高压线的阻值不相同,在检修或更换高压线时要注意测量。

4. 火花塞

火花塞的结构如图 2-59 所示,主要由壳体、绝缘体、接线螺杆、中心电极和侧电极等组成。在钢质壳体内部固定着高氧化铝陶瓷绝缘体,绝缘体中心孔内装有中心电极,中心电极上端有接线螺母,用来连接高压导线。壳体的下端面固定有弯曲的侧电极,壳体的上端有便于拆装的六角柱面,它与绝缘体之间装有纯铜垫片,主要起导热和密封作用。

火花塞的电极间隙一般为 0.7~0.9mm,近年来为适应发动机排气净化的要求,采用稀混合气燃烧,火花塞电极间隙有增大的趋势,有的已增大至 1.0~1.2mm。

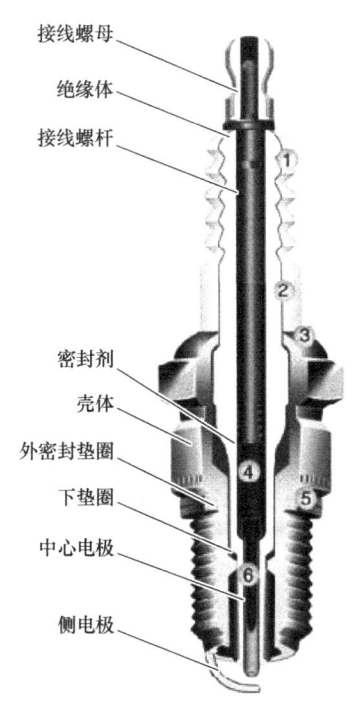

图 2-59 火花塞的结构

四、点火控制

1. 双缸同时点火的控制

双缸同时点火是指点火线圈每产生一次高压电,使两个气缸的火花塞同时跳火。次级绕组产生的高压电将直接加在两个气缸(四缸发动机的 1、4 缸或 2、3 缸;六缸发动机的 1、6 缸、2、5 缸或 3、4 缸)的火花塞电极上跳火。

双缸同时点火时,一个气缸处于压缩行程末期,是有效点火,另一个气缸处于排气行程末期,缸内温度较高而压力很低,火花塞电极间隙的击穿电压很低,对有效点火气缸火花塞的击穿电压和火花放电能量影响很小,是无效点火。曲轴旋转一转后,两缸所处行程恰好相反。双缸同时点火时,高压电的分配方式又分为二极管分配和点火线圈分配两种形式。

(1) 二极管分配式双缸同时点火的控制 利用二极管分配高压电的双缸同时点火电路原理如图 2-60 所示。点火线圈由两个初级绕组和一个次级绕组构成,次级绕组的两端通过四只高压二极管与火花塞构成回路。四只二极管有内装式(安装在点火线圈内部)和外装式两种。对于点火顺序为 1—3—4—2 的发动机,1、4 缸为一组,2、3 缸为另一组。点火控制器中的两只功率晶体管分别控制一个初级绕组,两只功率晶体管由电控单元(ECU)按点火顺序交替控制其导通与截止。

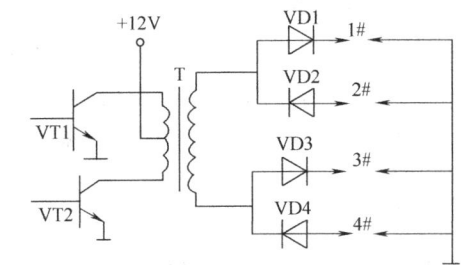

图 2-60 二极管分配高压电同时点火电路原理图

(2) 点火线圈分配式双缸同时点火的控制 利用点火线圈直接分配高压的同时点火电路原理如图 2-61 所示。桑塔纳 2000GSi、3000 型,捷达 AT、GTX 和奥迪 200 型轿车点火系统均采用了这种配电方式。

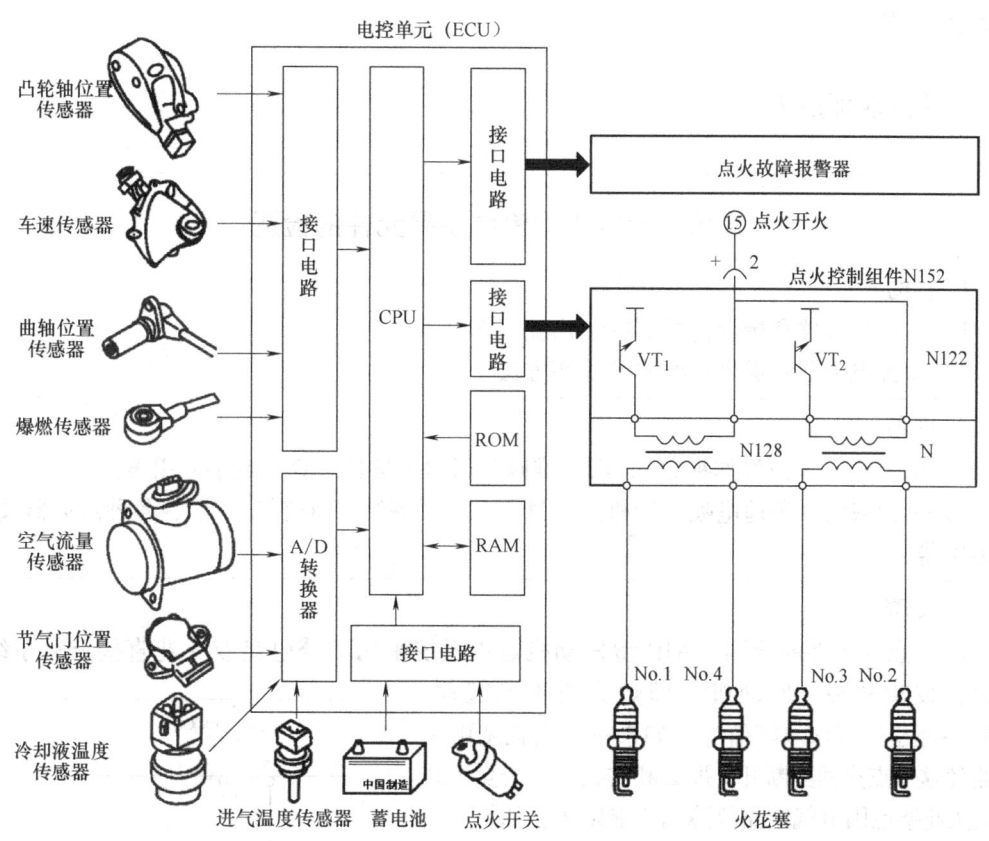

图 2-61 桑塔纳 2000GSi 型轿车微机控制直接点火原理示意图

点火线圈组件由两个（四缸发动机）或三个（六缸发动机）独立的点火线圈组成，每个点火线圈供给成对的两个火花塞工作（四缸发动机的 1、4 缸和 2、3 缸分别共用一个点火线圈；六缸发动机 1、6 缸、2、5 缸和 3、4 缸分别共用一个点火线圈）。点火控制组件中设置有与点火线圈数量相等的功率晶体管，分别控制一个点火线圈工作。点火控制器根据电控单元（ECU）输出的点火控制信号，按照点火顺序轮流触发功率晶体管导通与截止，从而控制每个点火线圈轮流产生高压电，再通过高压线直接输送到成对的两缸火花塞电极间隙上跳火点燃可燃混合气。

2. 各缸单独点火的控制

点火系统采用单独点火方式时，每一个气缸都配有一个点火线圈，并安装在火花塞上方。在点火控制器中，设置有与点火线圈相同数目的大功率晶体管，分别控制每个线圈次级绕组电流的接通与切断，其工作原理与同时点火方式相同。单独点火的优点是省去了高压线，点火能量损耗进一步减少；此外，所有高压部件都可以安装在发动机气缸盖上的金属屏蔽罩内，点火系统对无线电的干扰可大幅度降低。

综上所述，无分电器微机控制点火系统（DIS）消除了分电器高压配电的不足。由于点火线圈（或初级绕组）数量增加，对每一个点火线圈来说，初级绕组允许通电时间可增加 2~6 倍。因此，即使发动机高速运转时，初级绕组也有足够充裕的通电时间。换句话说，无分电器微机控制点火系统具有足够大的点火能量和足够高的次级电压来保证发动机在任何工况都能可靠点火。

【技能训练】

训练　电控点火系统主要元件的检测

1. 目的
1）掌握点火器和爆燃传感器的结构及工作原理。
2）掌握点火器和爆燃传感器的检测方法。

2. 准备
1）演示课件（或操作视频），汽车维修常用的工量具一套；数字万用表。
2）丰田或大众奥迪电喷发动机故障试验台，桑塔纳 3000 轿车一辆，各种点火器及爆燃传感器。

3. 步骤

（1）点火组件的检测　AJR 型发动机点火系统采用无分电盘双火花直接点火系统。点火器发生故障，发动机立即熄火或不能起动，ECU 不能检测到该故障信息。如果一个火花塞由于断路使这个点火回路断开，那么和它共用一个点火线圈的火花塞也因电气线路故障而不能跳火；如果一个火花塞由于短路而不能跳火，但电气回路没有断开，那么和它共用一个点火线圈的火花塞仍然能够跳火。图 2-62 为 AJR 型发动机点火系统电路接线图。

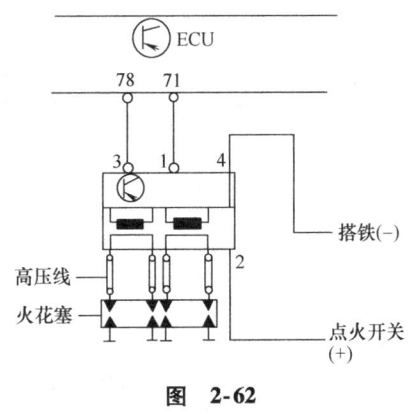

图 2-62

1）拔下点火器 4 针插头，用发光二极管测试灯连接蓄电池正极和插头上端子 4，发光二极管测试灯应亮。如果测试灯不亮，检查端子 4 和接地点的线路是否有断路。

2）测试点火器的供电电压：拔下点火器的 4 针插头，用发光二极管测试灯连接在发动机接地点和插头上端子 2 之间，打开点火开关，发光二极管测试灯应亮。如果测试灯不亮，检查中央电器 D 插头 23 端子与 4 针插座端子 2 之间线路是否断路。

3）测试点火器工作：拔下四个喷油器的插头和点火器的 4 针插头，打开点火开关，用发光二极管测试灯连接发动机接地点和插头上端子 1，接通起动机数秒，测试灯应闪亮，然后用测试灯连接发动机接地点和端子 3，接通起动机数秒，测试灯应闪亮。如果测试灯不闪，检查点火器插头上端子和发动机控制单元线束的插头间导线是否断路或短路，如果线路正常，应更换发动机 ECU。

① 电阻测试：线束导通性测试：将数字万用表设置在 200Ω 档，按电路图找到点火器与 ECU 信号测试端口图相对应的针脚号，分别测试点火器针脚对应至电控单元针脚的电阻，所有电阻都应小于 1Ω。

项目二　电控汽油发动机的检测与故障诊断

线束短路性测试：将数字万用表设置在电阻 200kΩ 档，测量点火器针脚与其不相对应的电控单元针脚之间电阻应为∞。

② 电压测试：电压测试有电源电压测试和信号电压测试两部分，其中信号电压测试是确定点火线圈是否失效的主要依据。

电源电压测试：打开点火开关，将数字万用表设置在直流电压 20V 档，测量点火器针脚 1 与搭铁之间（图 2-63）电压，应显示 12V 左右，如图 2-64 所示。

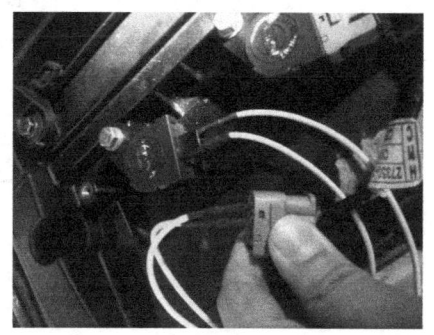

图　2-63

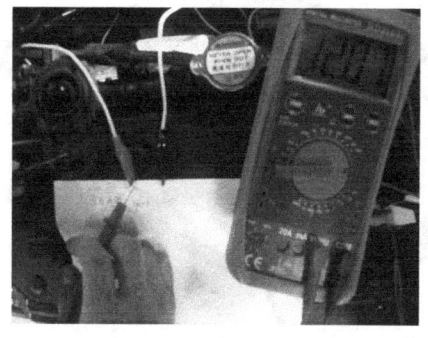

图　2-64

信号电压测试：起动发动机至工作温度，拔下四个喷油器的插头和点火器的 4 针插头，打开点火开关，用发光二极管测试灯连接发动机接地点和插头上端子 1，接通起动机数秒，测试灯应闪亮，然后用测试灯连接发动机接地点和端子 3，接通起动机数秒，测试灯应闪亮。

（2）爆燃传感器的检测　爆燃传感器是发动机电子控制系统中必不可少的重要部件，它的功用是检测发动机有无爆燃现象，并将信号送入发动机 ECU。常见的爆燃传感器有两种，一种是磁致伸缩式爆燃传感器，另一种是压电式爆燃传感器。

磁致伸缩式爆燃传感器的外形与结构如图 2-65 所示，其内部有永久磁铁、靠永久磁铁励磁的强磁性铁心以及铁心周围的线圈。其工作原理是：当发动机的气缸体出现振动时，该传感器在 7kHz 左右处与发动机产生共振，强磁性材料铁心的磁导率发生变化，致使永久磁铁穿过铁心的磁通密度也变化，从而在铁心周围的绕组中产生感应电动势，并将这一电信号输入 ECU。

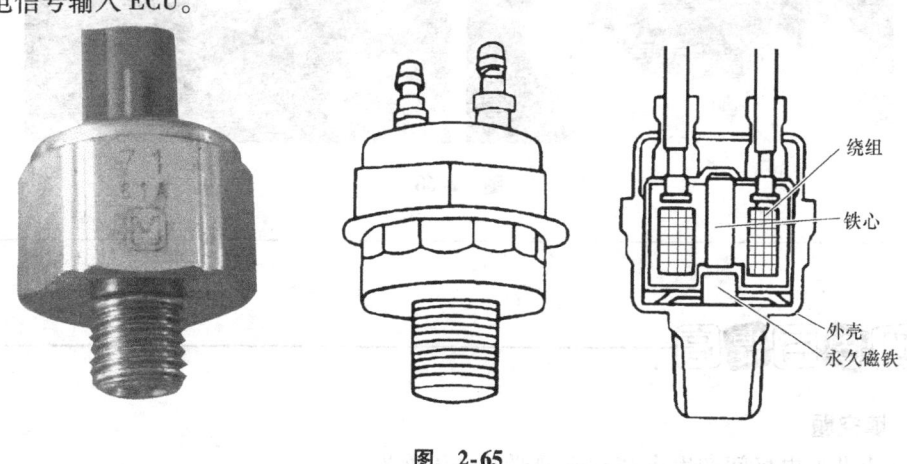

图　2-65

57

压电式爆燃传感器如图2-66所示。这种传感器利用结晶或陶瓷多晶体的压电效应而工作，也有利用掺杂硅的压电电阻效应的。该传感器的外壳内装有压电元件、配重块及导线等。其工作原理是：当发动机的气缸体出现振动传递到传感器外壳上时，外壳与配重块之间产生相对运动，夹在这两者之间的压电元件所受的压力发生变化，从而产生电压，ECU检测出该电压，并根据其值的大小判断爆燃强度。压电式爆燃传感器电路如图2-67所示。

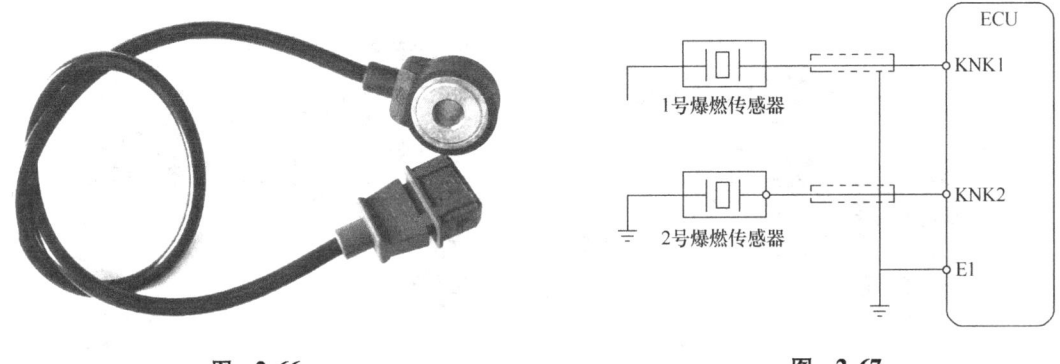

图 2-66　　　　　　　　　　　　　图 2-67

丰田皇冠3.0轿车2JZ-GE型发动机爆燃传感器与ECU的连接如图2-68所示。

1）爆燃传感器电阻的检测：点火开关置于OFF位置，拔下爆燃传感器导线插头，用万用表电阻档检测爆燃传感器的接线端子与外壳间的电阻，应为∞（不导通）；若为0Ω（导通），则须更换爆燃传感器。

2）爆燃传感器输出信号的检查：拔下爆燃传感器的连接插头，在发动机怠速时用万用表电压档检查爆燃传感器的接线端子与搭铁间的电压，应有脉冲电压输出。如没有，应更换爆燃传感器。

 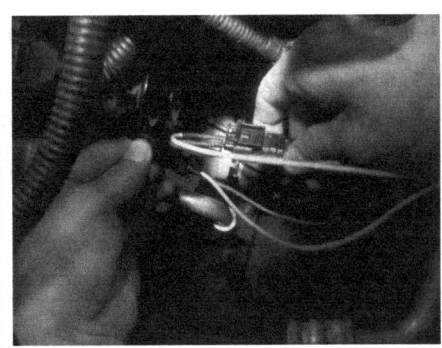

图 2-68

巩固与提高

一、填空题

1. 在火花塞电极间产生火花时所需要的电压称为_____。

项目二 电控汽油发动机的检测与故障诊断

2. 电火花能量是由_____、_____和_____决定的。

3. 电控汽油喷射系统主要由_____、_____、_____三部分组成。

4. 测量进气量的传感器主要有_____和_____。

5. 转速越高,点火时间应越_____;负荷越大(节气门开度越大),点火时间应越_____;汽油牌号越高,点火时间应越_____。

6. 发动机点火系统根据点火线圈初级电流的控制元件不同可分为_____点火系统和_____点火系统。

7. 点火线圈按其磁路结构形式的不同,一般分为_____和_____两种。

8. 当初级电路切断的瞬间,点火线圈初级绕组会产生_____V的自感电动势,其方向与初级电流方向_____。与此同时次级感应出_____V的电动势。

9. 火花塞的作用是将点火线圈所产生的高压电引入_____并在形成电火花,以点燃_____。

二、判断题

1. 当发动机转速一定时,随着负荷的增大,喷油提前角应适当减少。 （　　）
2. 气缸内混合气压力愈高,温度愈低,所需击穿电压愈高。 （　　）
3. 汽油的抗爆性对最佳点火提前角无任何影响。 （　　）
4. 闭磁路点火线圈比开磁路点火线圈的能量转换率高。 （　　）
5. 氧传感器的信号电压一般为 1~5V。 （　　）
6. 油门位置传感器损坏后,发动机的转速一定升高。 （　　）
7. 测量单缸点火波形时,若火花线过分倾斜,说明次级回路电阻过大。 （　　）
8. 排气管冒黑烟是因为喷油压力过高所致。 （　　）

三、选择题

1. 火花塞中心电极是高压电路负极时,其击穿电压比中心电极为正极时约低（　　）。
A. 5%~10%　　B. 10%~20%　　C. 20%~40%　　D. 40%~80%

2. 喷油器的电源电压为（　　）V。
A. 5　　B. 9　　C. 12　　D. 24

3. 桑塔纳汽车 JV 四缸发动机的喷油顺序为（　　）。
A. 1-3-4-2　　B. 1-2-4-3　　C. 1-2-3-4　　D. 1-4-2-3

4. 为保证点火可靠,一般要求点火系统提供的高电压为（　　）V。
A. 12　　　　　　　　　　　B. 5 000~8 000
C. 8 000~10 000　　　　　　 D. 15 000~20 000

5. 大功率、高转速、高压缩比的发动机应选用（　　）型火花塞。
A. 热　　B. 中　　C. 冷

6. 火花塞的电极间隙一般为（　　）mm。
A. 0.1~0.3　　B. 0.3~0.5　　C. 0.5~0.7　　D. 0.7~0.9

7. 喷油过早会使发动机（　　）。
A. 功率下降　　B. 功率提高　　C. 省油　　D. 加速性好

8. 点火线圈的温度一般不得超过（　　）。
A. 60℃　　B. 80℃　　C. 100℃　　D. 120℃

四、简答题

1. 简述进气温度传感器的作用和检测方法。
2. 简述喷油器的检测方法。
3. 简述电动燃油泵的检测方法。

项目三

电控汽油机废气排放系统的检测与故障诊断

【学习目标】

1. 了解电控汽油发动机废气的形成及危害。
2. 熟悉汽车尾气检测的方法。
3. 能使用废气分析仪检测电控汽油发动机废气中的 CO、CO_2、HC、NO_x 和 O_2 含量。
4. 能正确对废气分析仪进行检测设定、检漏、校对等项目的操作。

任务一 汽车废气排放系统的检测

【相关知识】

一、有害气体的形成及危害

汽油发动机废气中有 CO、N_2、CO_2、HC、NO_x 和少量的 O_2,其中 HC、NO_x、CO 是有害气体。

1. CO(一氧化碳)

一氧化碳是一种无色、无味的窒息性气体,它与人的血红蛋白结合,影响血液对氧气输送,对人体的生命产生危害,会导致人头疼、呼吸困难而导致昏迷或死亡。

2. HC(碳氢化合物)

碳氢化合物是多钟烃类物质组成的混合物,并含有大量的致癌物质。其中不饱和烃能在紫外线的作用下和 NO_2 发生化学反应,形成更加有害的物质。HC 有刺激性气味,刺激眼黏膜、咽喉和支气管，对血液的毒害也很大。

3. NO_x（氮氧化合物）

NO 会引起人的中枢神经系统的痉挛甚至瘫痪，NO_2 有特殊的刺激性臭味，一旦被人吸入肺部，会与肺部中的水汽形成稀硝酸，从而导致中毒。

二、发动机工作情况对电控汽油发动机排放的影响

1. 空燃比和点火正时对发动机尾气排放的影响

随着空燃比的逐渐增加，CO 的排放浓度逐渐下降，对 HC、CO_2 的排放浓度产生较大影响。当混合气变浓时（空燃比小于 14.7∶1），空气量不足引起不完全燃烧，NO 减少，CO、HC 的排放量增大。空燃比越接近理论空燃比 14.7∶1，燃烧越完全，HC、CO 的排放量越低，O_2 的浓度接近于零，而 CO_2 的排放量越高，NO 的排放量也增多。当混合气变稀时（混合气空燃比超过 16.2∶1），由于燃料含量过少，发动机不能正常着火，从而导致发动机产生失火，NO、CO 排放量减少而 HC 排放量增多。

点火提前角对 CO 的排放影响较小，但点火时间过分推迟会引起 CO 排放量增加，但适当推迟点火时间可以降低 CO 的排放量。当点火时间推迟时，为了维持输出功率不变需要开大节气门，这时 CO 排放量会明显增加。随着点火提前角的推迟，尾气中 HC 的含量将降低，主要原因是排气温度增加，促进了 CO 和 HC 的氧化。

2. 发动机负荷对发动机尾气排放的影响

发动机全负荷时，可燃混合气燃烧不完全，致使 CO 排放量增多；中等负荷时，混合气略稀，可燃混合气燃烧效率最高，CO、HC 排放量减少但 NO_x 排放量增多；在怠速和小负荷时，NO_x 排放量减少而 CO 和 HC 的排放量显著增多。

3. 发动机温度对尾气排放的影响

发动机温度上升将使 NO_x 的排放量迅速升高，HC、CO 的排放量会逐渐降低。

4. 氧传感器对发动机尾气排放的影响

氧传感器堵塞会引起输出电压降低，导致 ECU 判断混合气变稀，从而增加供油量，引起可燃混合气变浓，使可燃混合气燃烧不完全，从而导致 CO、HC 的排放量增加。

三、废气检测方法

1. 通用法

通用法可以在任何转速下测量发动机废气排放情况，操作方便，适用于人工读数、人工计算平均值。

2. 怠速法

怠速法适用于发动机怠速测量废气成分。读数方式为自动读数，分析仪自动显示各被测量值的最高值、最低值和平均值。

3. 双怠速法

双怠速法适用于测量高怠速和怠速的各种废气的含量值，高怠速由输入分析仪的额定转速确定，为额定转速的 50%，测量结果待检测结束由仪器显示。

4. 加速模拟法

加速模拟法是在测量废气时由底盘测功机对驱动轮施加规定负荷，由发动机驱动驱动轮以规定车速运行时测量废气成分的一种检测方式。测量时废气分析仪应在通用模式。

项目三 电控汽油机废气排放系统的检测与故障诊断

【技能训练】

训练 汽车废气成分的检测

1. 目的
1) 熟悉汽车废气分析仪各部件的组装。
2) 学会使用汽车废气分析仪的操作步骤。
3) 学会利用汽车废气分析仪进行检测。

2. 准备

轿车一辆,发动机废气分析仪(图3-1),汽车发动机故障诊断仪,车轮挡块,毛巾四条,座椅套,方向盘套,地板垫。

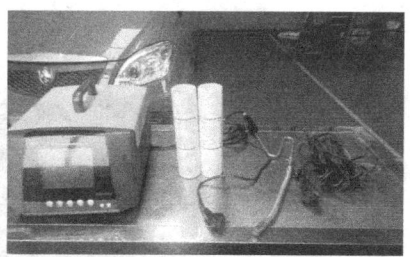

图 3-1 发动机废气分析仪

3. 步骤

采用怠速测量法进行测量。
1) 把电源线一端插入汽车废气分析仪电源插座上。
2) 把电源线另一端插入 220V 电源插座上。
3) 打开汽车废气分析仪电源开关(图3-2)。
4) 汽车废气分析仪处于预热状态(图3-3)。

图 3-2

图 3-3

5) 组装取样探头和取样软管(图3-4)。
6) 将废气分析仪的滤清器与取样软管进行连接(图3-5)。
7) 安装车轮挡块,将变速杆置于空档,拉起驻车制动器,起动发动机预热(图3-6)。
8) 用举升机将车辆举起(图3-7)。

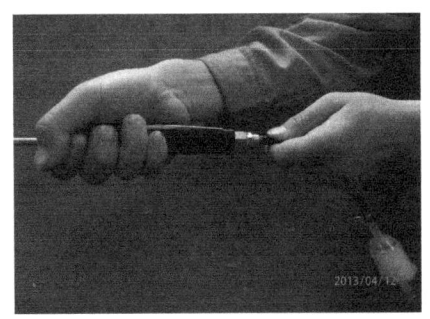

图 3-4

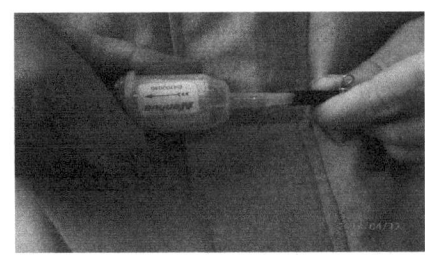

图 3-5

图 3-6

图 3-7

注意：根据举升机的类型，安全、正确操作举升机，特别注意车辆的举升点。

9）对举升机做保险防护（图 3-8）。

注意：按下下降手柄，自动挂上保险后，才能进入车辆底部检查。

10）检查发动机排气管各连接处是否有漏气现象，如果有漏气现象，则先予以排除（图 3-9）。

图 3-8

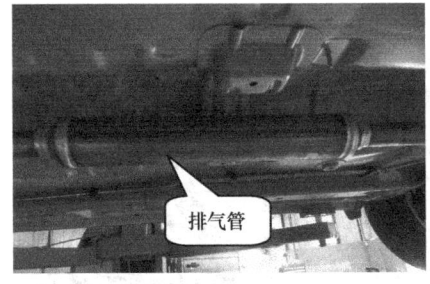

图 3-9

11）打开举升机保险，降下车辆（图 3-10）。

注意：首先将举升按钮按下，让车辆略微上升一定的距离，然后拉下举升机两侧的保险手柄，再缓慢按下下降手柄，直到车辆完全落地为止。

12）打开发动机舱盖，并用支撑杆进行支撑（图 3-11）。

13）用发动机故障诊断仪检查发动机是否有故障（图 3-12）。

项目三 电控汽油机废气排放系统的检测与故障诊断

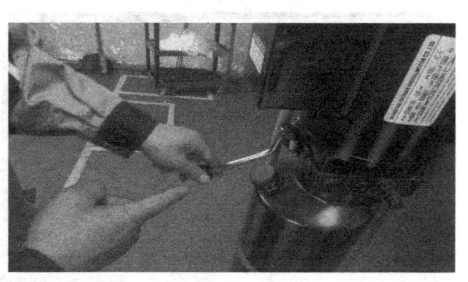

图 3-10

图 3-11

注意：如果发动机有故障，必须将故障排除后再进行废气检测。

14）将发动机转速测量钳的插头与汽车废气分析仪的转速插座连接（图3-13）。

图 3-12

图 3-13

注意：插接时首先看准方向，不要强制操作。

15）将转速钳夹在发动机一缸高压线上（图3-14）。

16）汽车废气分析仪预热完成后，自动进入初始界面（图3-15）。

图 3-14

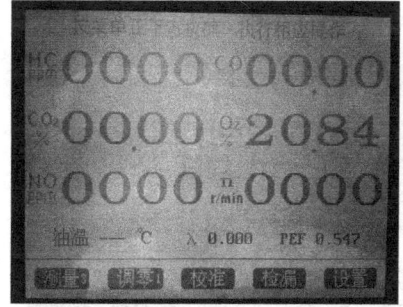

图 3-15

17）按下"设置"按钮（图3-16）。

18）进入设置界面，将"➡"箭头指向"测量模式设置"（图3-17）。

19）按下"确认"功能键，进入测量模式设置界面，按"▲"功能键或"▼"功能键使光标"⇨"位于项目"测量模式"前，然后按" "功能键，选择"3 怠速测量"，按下"储存"功能键（图3-18）。

65

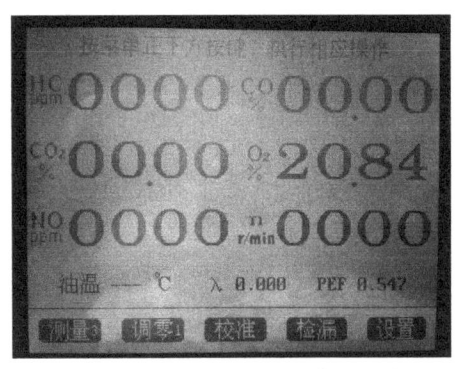

图 3-16

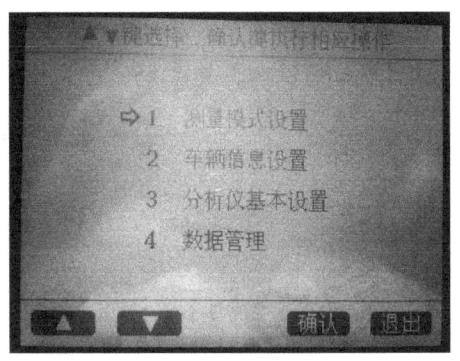

图 3-17

20)按下"储存"功能键后,自动返回"设置"子菜单界面下,按下"▼"功能键使光标"⇨"位于"车辆信息设置"前(图 3-19),再按下"确认"功能键,进入车辆信息设置界面,按下"▼"使光标"⇨"位于"燃油种类"前,然后按"↻"功能键,使"√"符号在"汽油""液化气""天然气""乙醇汽油"前轮流切换而选定相应的燃料种类。冲程、点火方式的选择与燃料种类的操作方式相同(图 3-20)。发动机转速的设置,按"▲"功能键或"▼"

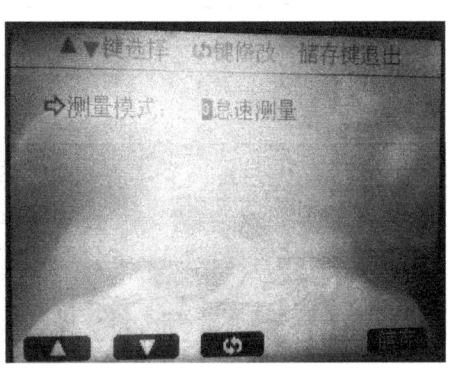

图 3-18

功能键,可使数值在 1000～9900 切换,选定要设定的数值后,按下"确定"功能键,设定完成,光标"⇨"重新出现,可进行其他选项的设置。在车辆信息设置界面设置完毕后,按"储存"功能键,可储存该界面下所有选项的参数,并返回"设置"子菜单界面。

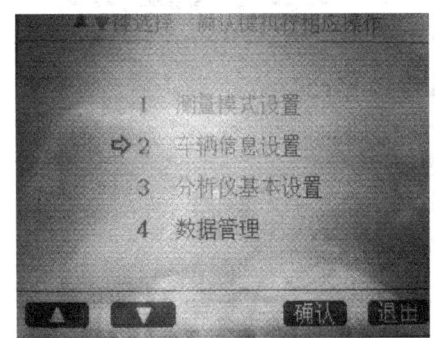

图 3-19

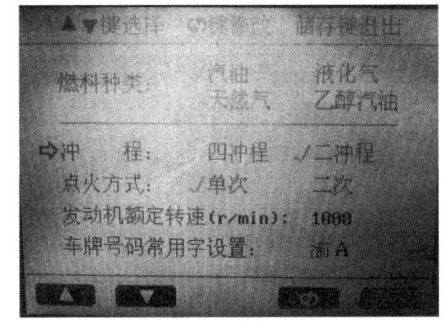

图 3-20

注意:有分电器的发动机一般为单次点火,无分电器的发动机一般为二次点火,点火方式设置的不正确会造成转速测量不准或不稳定的情况。

21)按下"▼"功能键使光标"⇨"位于"分析仪基本设置"前,再按下"确认"功能键,进入分析仪基本设置界面(图 3-21)。

① 设置开机检漏（图3-21）。

按"▲"功能键或"▼"功能键使光标"⇨"位于项目"开机检漏"前，然后按"↻"功能键，使"√"符号在"有"和"无"之间选择。选择"有"表示每次开机时都要进行自动检漏，选择"无"表示开机不进行自动检漏。

② 设置自动调零（图3-21）。

按"▲"功能键或"▼"功能键使光标"⇨"位于项目"自动调零"前，然后按"↻"

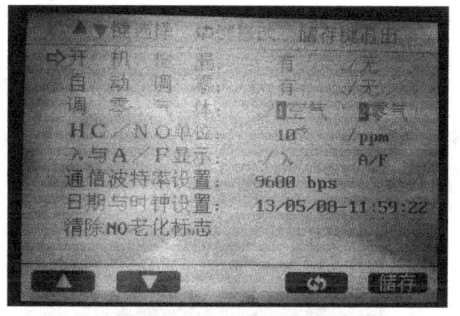

图 3-21

功能键，使"√"符号在"有"和"无"之间选择。选择"有"表示每30min分析仪都要进行调零，选择"无"表示分析仪不进行自动调零。

③ 设置调零气体（图3-21）。

按"▲"功能键或"▼"功能键使光标"⇨"位于项目"调零气体"前，然后按"↻"功能键，使"√"符号在"1 空气"和"2 零气"前进行选择。选择"空气"表示调零时分析仪打开气泵抽取环境周围空气进行调零，选择"零气"表示调零时分析仪不开启气泵，用户需将零气发生器连接到仪器的标准气体的入口。零气的组成要求如下：

$O_2 = 20.9\%$ $HC < 1 \times 10^{-6}$ $CO < 1 \times 10^{-6}$ $CO_2 < 2 \times 10^{-6}$ $NO < 1 \times 10^{-6}$

④ 设置HC和NO单位显示（图3-21）。

按"▲"功能键或"▼"功能键使光标"⇨"位于项目"HC/NO单位"前，然后按"↻"功能键，使"√"符号在"10^{-6}"和"PPm"前进行选择，一般选择"10^{-6}"。

⑤ 设置过量空气系数与空燃比显示（图3-21）。

按"▲"功能键或"▼"功能键使光标"⇨"位于项目"λ/AF显示"前，然后按"↻"功能键，使"√"符号在"λ"和"AF"前进行选择。

在分析仪基本设置界面下，按"储存"功能键，并返回"设置"子菜单界面。

22）按下"退出"功能键，使仪器进入分析仪初始界面（图3-22）。

23）按下"检漏"功能键，系统进入检漏状态（图3-23）。

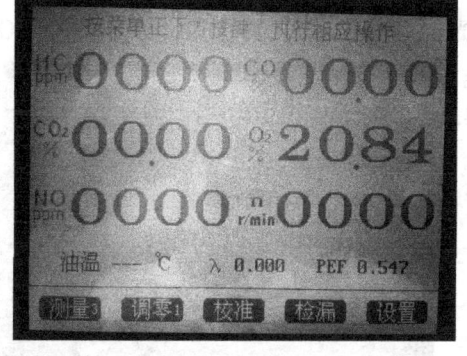

图 3-22

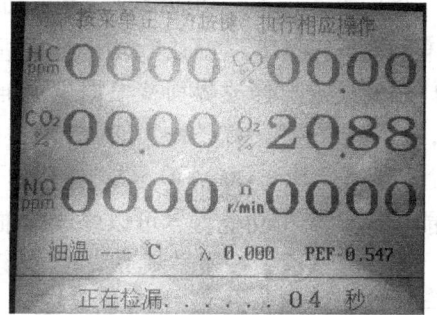

图 3-23

24）用密封取样探头堵住探头进行检漏（图3-24）。

25）观察分析仪显示屏（图3-25）。

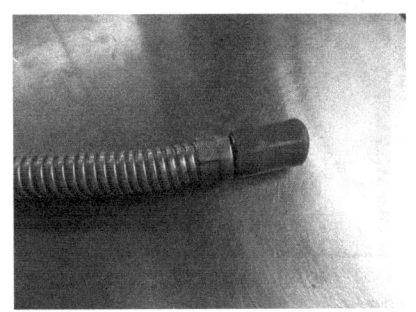

图 3-24

图 3-25

注意：系统检漏完毕后，发现有漏气现象，必须将漏气现象排除后，重新进行再次检漏；如果没有漏气现象，就进行下一步操作。

26）检漏完毕后，分析仪进入初始界面（图3-26）。

注意：仪器在使用过程中会产生漂移、电化学传感器老化等情况，因此仪器使用一段时间（一般3~6个月）后应进行量距校准。所以 O_2 传感器、NO 传感器使用 12 个月左右需要更换。

27）按下"校准"功能键，分析仪进入校准子菜单（图3-27）。

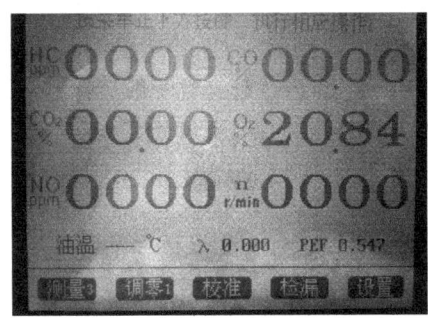

图 3-26

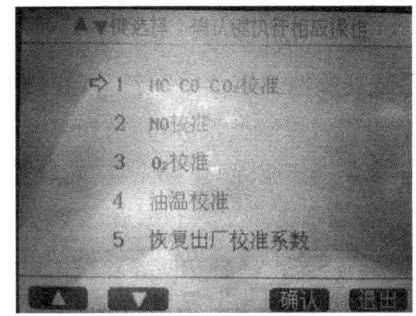

图 3-27

28）按下"▲"功能键或"▼"功能键使光标"⇨"位于项目"1 HC CO CO_2 校准"前，再按下"确认"功能键，进入标准气体浓度设定值修改界面，根据显示屏上的提示，按下"◀"或"▶"功能键，使光标"⇧"移到 C_3H_8、CO、CO_2 栏，然后按下"▲"功能键或"▼"功能键，可以修改标准气成分值，修改完毕后，按下"确认"功能键，进行下一步操作（图3-28）。

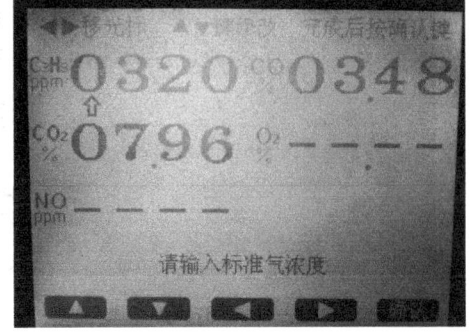

图 3-28

注意：如果标准样气与显示的参数数据相同，允许直接跳过，直接进行下一步操作。

29）将标准样气罐对准标准气入口（图 3-29），按下"确认"功能键进行校准，校准后按下"退出"功能键，分析仪进入初始界面（图 3-30）。

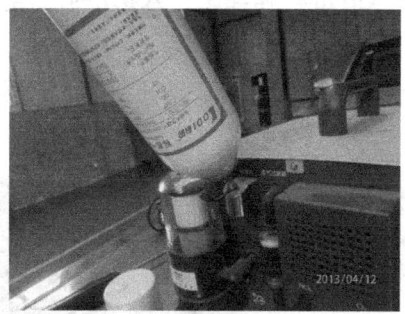

图 3-29

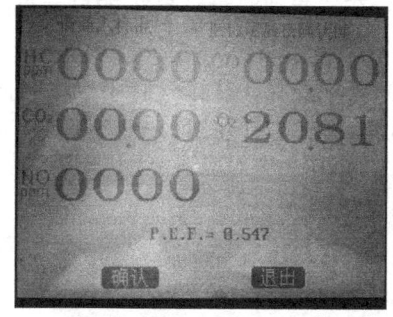

图 3-30

30）按下"调零"功能键，进行调零（图 3-31）。

31）发动机预热结束后，缓慢踩下加速踏板，将发动机转速升至 3000r/min 左右（图 3-32）。

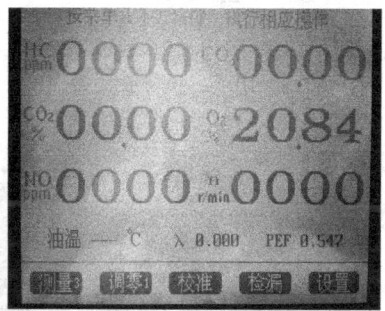

图 3-31

图 3-32

32）取下探头密封套，分析仪将提示"请插入取样探头"，此时，操作员将取样探头插入排气管中，插入深度 400mm（图 3-33）。根据显示器上的提示："请减速至怠速"，此时，驾驶人松开加速踏板，保持发动机怠速运转，在显示器上显示 30s 时开始进行取样，并读取测量读数，并做好记录（图 3-34）。

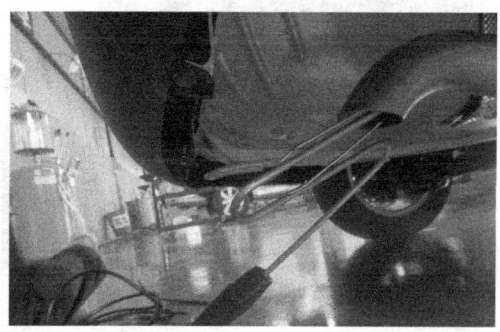

图 3-33

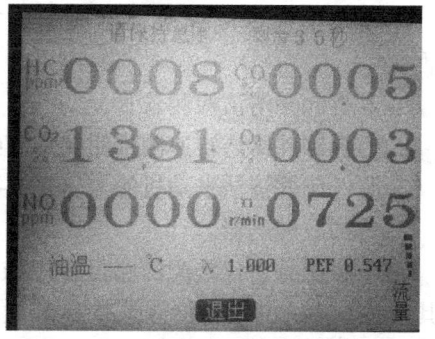

图 3-34

注意：在测量界面时，发动机怠速运转15s后开始读数，并读取30s内的最高值和最低值，取平均值作为测量结果。

33）在"怠速测量结果"的显示界面，按下"退出"功能键，分析仪返回主菜单界面（图3-35）。

34）把取样探头从排气管中取出（图3-36），并放在清洁处，防止灰尘、杂质被吸入（图3-37）。

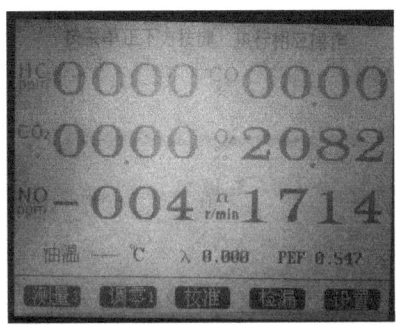

图 3-35

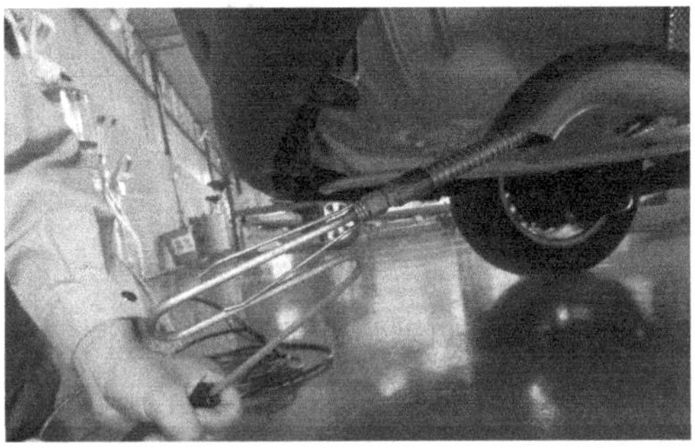

图 3-36

35）关闭点火开关，使发动机熄火（图3-38）。

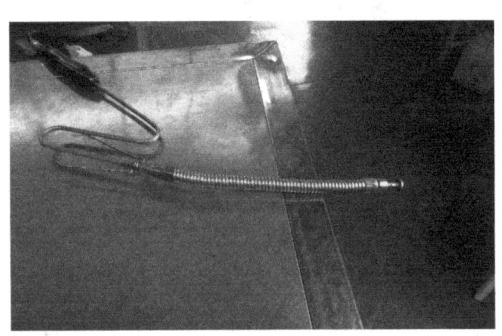

图 3-37

图 3-38

36）取样探头在空气中5min后，切断分析仪电源（图3-39）。

37）收尾工作：

① 取下电源端插头，再拔下分析仪端插头。

② 拆卸并清洁检测软管。

③ 拆卸并清洁转速测量钳夹和导线。

④ 关闭并清洁发动机舱盖（图3-40）。

⑤ 清收解码器。

⑥ 按照分析仪装配的相反顺序依次分解其设备，并把电线和检测软管盘好放在指定的地方。

图 3-39

项目三 电控汽油机废气排放系统的检测与故障诊断

图 3-40

⑦ 清洁工作场地。
⑧ 请根据自己测量的数据填写表 3-1。

表 3-1 测量结果

内 容	急 速		高 急 速	
	CO（%）	HC（10^{-6}）	CO（%）	HC（10^{-6}）
测试结果				
限值				
判定结果	合格/不合格		合格/不合格	

任务二 汽车废气排放系统的故障诊断

【相关知识】

1. 汽车废气排放故障的一般原因

汽车尾气排放故障的一般原因见表 3-2。

表 3-2 汽车尾气排放故障的一般原因

序 号	故障原因	序 号	故障原因
1	空气滤清器不畅	5	混合气空燃比不正确
2	曲轴箱通风装置工作不良	6	燃烧室内工作不正常，例如失火
3	急速装置故障，调整不当	7	点火正时不正确，配气相位不对
4	节气门故障	8	排气净化装置有故障

2. 电控方面的故障原因

电控方面的故障原因见表 3-3。

通过尾气分析仪测量，如果是 HC 化合物超标，首先应该检查三元催化转化器是否工作不正常，若不正常应予修理或更换。

表 3-3 电控方面的故障原因

序 号	故 障 原 因	序 号	故 障 原 因
1	三元催化转化器不工作	4	节气门位置传感器有故障
2	冷却液温度传感器有故障	5	空气流量传感器有故障
3	油压调节器有故障	6	ECU 及插接器有故障

如果三元催化转化器工作正常,就应考虑混合气空燃比是否正确,燃烧室内是否有失火现象。若空燃比不正确,就应检查燃油压力调节器是否泄漏、冷却液温度传感器是否损坏、节温器是否卡滞。如果单纯是 HC 化合物超标,这说明混合气过稀,此时主要应检查火花塞接线是否接触不良、点火正时是否不正确、真空是否泄漏或机械故障而导致压缩比减少。如果单纯是 CO 排放超标,说明混合气偏浓,主要应检查燃油压力是否过高、冷却液温度传感器是否有故障,还要检查空气滤清器是否堵塞、曲轴通风系统是否受阻等。

【技能训练】

训练 1 排除发动机怠速时有轻微抖动,加速迟缓故障

1. 目的
1) 学会汽车废气分析仪的操作。
2) 学会利用汽车废气分析仪进行故障诊断。

2. 准备

轿车一辆,发动机废气分析仪,汽车发动机故障诊断仪,车轮挡块,毛巾四条,座椅套,方向盘套,地板垫。

3. 步骤

废气分析仪检测结果:CO 约 0.3%~0.5%,HC 为 $200 \times 10^{-6} \sim 500 \times 10^{-6}$,且在此范围内波动。

(1) 检测结果分析 CO 值正常,HC 值虽然符合排放污染物的限制标准,但该车装有氧传感器和三元催化转化器,其 CO 值应低于 0.5%,HC 应低于 100×10^{-6}。而检测结果表明该车 HC 值却高于此标准且有波动,从出厂标准考虑为 HC 排放不正常。因此应考虑发动机可能有失火现象,应进一步检查点火系统是否有轻微断路或短路,特别是短路故障。

(2) 故障检修 经检查发现,有一个缸的高压线有轻微短路(漏电)现象,为此更换高压线。因火花塞间隙偏大且已使用 20000km(行驶里程),火花塞也要更换。清洗喷油器,观察各缸喷油器的雾化状态和流量的均匀性。复检发现发动机抖动稍有改善,但未彻底消除;尾气检查 HC 值下降不大,并仍有波动。分析认为:故障仍可能是失火原因所致。为了进一步诊断故障,分别在左右两侧排气歧管氧传感器旁边的尾气检测口(该口通常是用一个螺栓密封的)进行尾气检测。结果发现:左侧气缸排出尾气的 CO 值在

0.5%左右，HC值在$125×10^{-6}$左右（因在三元催化转化器前测量，其值会比在排气尾管测量值稍高），且波动极小；而右侧气缸排出尾气的CO值也在0.5%左右，但HC值却在$125×10^{-6} \sim 250×10^{-6}$且时有波动。因此，问题应出在右侧气缸中。为此，又检查了右侧气缸的高压线和火花塞，发现2缸的火花塞三个电极中有一个间隙过小。经调整后，重新安装，故障完全消除，尾气检测值也符合出厂标准。

训练2 排除行驶中突然间加速不畅，怠速抖动故障

1. 目的

1) 学会汽车废气分析仪的操作。

2) 学会利用汽车废气分析仪进行故障诊断。

2. 准备

轿车一辆，发动机废气分析仪，燃油压力表一只，汽车发动机故障诊断仪，车轮挡块，毛巾四条，座椅套，方向盘套，地板垫。

3. 步骤

（1）故障检测　首先，进行外观检查，检查各种真空油管、线路、接头是否完好。经检查，发现通往空调系统的真空管松脱，接上后未见好转。然后，进行油压调节器检查，发现油压调节器膜片漏油，更换以后故障未排除。测量油压，为$3.2kg/cm^2$正常。检查火花塞发现间隙过大，更换后，情况未有好转。

上述检查都是靠经验进行的常规检查，但问题没有解决，接着用废气分析仪进行尾气检测，经检测尾气中HC含量为$228×10^{-6}$，O_2为3.1%，明显偏高，而CO为0.53%，CO_2为12%，稍微偏低，可以判断是由于间歇性点火（燃烧中断）引起的故障。

（2）故障检修　为了进一步确认故障，用检测仪进行系统故障码的读取，显示故障码内容为1、3缸缺火，再次确认为失火故障。接着查找失火原因，检查喷油器信号、喷油量、雾化状况均正常，于是检查重点集中在点火系统。用示波器读取次级点火信号，发现1缸无次级点火波形产生，3缸有间隙信号产生。为了确认是否是点火线圈损坏，把1缸与2缸点火线圈对调以后，2缸无点火次级波形信号产生，于是确认点火线圈损坏，更换点火线圈后，故障排除，再次检测尾气排放情况，符合排放要求。

训练3 排除发动机怠速不稳，经常熄火故障

1. 目的

1) 学会汽车废气分析仪的操作。

2) 学会利用汽车废气分析仪进行故障诊断。

2. 准备

轿车一辆，发动机废气分析仪，汽车发动机故障诊断仪，车轮挡块，毛巾四条，座椅套，方向盘套，地板垫。

3. 步骤

(1) 故障检测　读取故障码,显示为00525,表明氧传感器有故障。对氧传感器进行检测,信号电压在 0~0.3V 和 0.7~1.0V 之间变化,且变化频率达到8Hz以上,这说明氧传感器正常。用废气分析仪进行检测,HC、CO、CO_2、O_2 分别为 250×10^{-6}、0.43%、14.6%、2.54%。由此看出 HC 和 O_2 都较高,这是空燃比严重偏离正常值的一个重要特征。CO值较低而 CO_2 为最大值,说明可燃混合气已充分燃烧,点火系统正常。综合分析表明,该车发动机工作时混合气偏稀,因此应从空气供给系统和燃油供给系统着手检修。检查燃油供给系统,一切正常。

(2) 故障检修　检查空气供给系统时,发现空气流量传感器后面的进气软管有破损、裂纹。更换进气软管,起动发动机,一切恢复正常。再次用废气分析仪进行检测,结果 HC 为 50×10^{-6}、CO 为 0.23%、CO_2 为 14.5%、O_2 为 1.33%,数据正常,故障排除。本例是由于进气管漏气,使额外的空气进入气缸,造成混合气过稀,发动机怠速不稳,经常熄火。这部分未经过 ECU 检测的空气经发动机燃烧后,造成排气中剩余大量氧气,氧传感器将此信号反馈给 ECU,ECU 根据这一信号进行相应的加浓。由于氧传感器一直输出要求加浓的信号,自诊断系统则认为氧传感器有故障,便输出相应的故障码。

训练4　排除冷机起动困难,随着温度的升高发动机出现抖动现象,行驶时加速无力故障

1. 目的
1) 学会汽车废气分析仪的操作。
2) 学会利用汽车废气分析仪进行故障诊断。

2. 准备

轿车一辆,发动机废气分析仪,燃油压力表一只,汽车发动机故障诊断仪,车轮挡块,毛巾四条,座椅套,方向盘套,地板垫。

3. 步骤

(1) 故障检测　读取故障码和数据流,一切正常。但用尾气分析仪检查,CO 为 0.23%,HC 高达 1100×10^{-6},CO_2 为 13.2%、O_2 为 2.35%。HC、O_2 的数值偏高,一般是由点火不良或混合气过稀失火而引起的。对点火系统部件进行全面检查,未发现异常。于是,重点检查供油系统。首先检测燃油压力,检测结果正常;逐缸进行断油试验,将 1、4 缸断油时,发动机转速无明显下降,推断 1、4 缸喷油器可能处于堵塞状态。

(2) 故障检修　换上两个新的喷油器,发动机工作恢复正常,冷机起动迅速、热机工作稳定、加速有力,尾气中 HC 下降至 150×10^{-6}。本例是由于喷油器堵塞,使实际喷入 1、4 缸的燃油量偏少,从而造成两缸混合气过稀而失火,致使发动机工作失常。

项目三 电控汽油机废气排放系统的检测与故障诊断

巩固与提高

一、填空题

1. 汽油车主要排放的污染物是_____、_____和_____。
2. 机动车尾气检测依据的标准是_____。
3. 对汽油车进行测试时,探头插入深度应为_____。
4. GB18285-2005 适用于装用点燃式发动机的_____和_____汽车。
5. GB18285-2005 规定:轻型汽车的高怠速转速为_____重型车的高怠速转速为_____。
6. 五气分析仪和取样系统的主要组成部件至少应包括_____、_____、_____以及相应的可控电磁阀和可控泵、反吹装置、校准端、检查端、发动机转速传感器端等。

二、判断题

1. 汽油机废气中有 CO、N_2、CO_2、HC、SO_2 和少量的 O_2。（ ）
2. 随着空燃比的逐渐增加,CO 的排放浓度逐渐下降,HC 的排放浓度影响较大,CO_2 的排放浓度影响较大。（ ）
3. 如果单纯是 CO 排放超标,说明混合气偏稀,主要应检查燃油压力是否过高,冷却液温度传感器是否有故障。（ ）
4. 通用法只能在高转速下测量发动机废气排放情况,操作方便,适用于人工读数,人工计算平均值。（ ）
5. 发动机温度上升将使 NO_X 迅速升高,HC、CO 会逐渐降低。（ ）
6. 通过尾气分析仪测量,如果是 HC 化合物超标,首先应该检查三元催化转化器是否工作不正常,若不正常应予修理或更换。（ ）

三、选择题

1. 自 2005 年 7 月 1 日起实施的标准,GB18285-2005《点燃式发动机汽车排气污染物排放限值及测量方法》（双怠速法及简易工况法）,是对下列标准的修订与合并。（ ）
   A. GB14761.5-1993《汽油车怠速污染物排放标准》
   B. GB/T3845-1993《汽油车排放污染物的测量 怠速法》
   C. A + B

2. GB18285-2005《点燃式发动机汽车排气污染物排放限值及测量方法》（双怠速法及简易工况法）,所指排气污染物,包括（ ）。
   A. 一氧化碳（CO） B. 碳氢化合物（HC） C. 氮氧化物（NO_X） D. A + B + C

3. GB18285-2005《点燃式发动机汽车排气污染物排放限值及测量方法》（双怠速法及简易工况法）,规定轻型汽车的高怠速转速为:（ ）
   A. 2500 ± 100r/min   B. 2000 ± 100r/min   C. 1800 ± 100r/min

4. GB18285-2005《点燃式发动机汽车排气污染物排放限值及测量方法》（双怠速法及简易工况法）,规定对"过量空气系数（λ）"测定要求:（ ）

75

A. 使用闭环控制电子燃油喷射系统
B. 三元催化转化器技术
C. A+B

5. GB18285-2005《点燃式发动机汽车排气污染物排放限值及测量方法》（双怠速法及简易工况法），规定被检测车辆发动机正常状态：（　　）

A. 进气系统装有空气滤清器　　　　B. 排气系统装有排气消声器
C. 系统不得泄漏　　　　　　　　　D. A+B+C

6. GB18285-2005《点燃式发动机汽车排气污染物排放限值及测量方法》（双怠速法及简易工况法），规定高怠速排放测试时，发动机从怠速状态加速至70%额定转速，运转（　　）s后降至高怠速状态。

A. 30　　　　　　B. 50　　　　　　C. 60

7. GB18285-2005《点燃式发动机汽车排气污染物排放限值及测量方法》（双怠速法及简易工况法），规定需要测试"过量空气系数（λ）"的车辆，在下列状态下进行：（　　）

A. 高怠速污染物测试时
B. 怠速污染物测试时
C. A或B状态均可

8. GB18285-2005《点燃式发动机汽车排气污染物排放限值及测量方法》（双怠速法及简易工况法），规定进行怠速污染物测量，发动机从高怠速降至怠速状态需要（　　）s后进行。

A. 10　　　　　　B. 15　　　　　　C. 20

9. GB18285-2005《点燃式发动机汽车排气污染物排放限值及测量方法》（双怠速法及简易工况法），规定双怠速法排放气体测试仪器，基本技术要求包括：（　　）

A. 能测量汽车排气污染物 CO、CO_2、HC 和 O_2
B. 能按规定计算"过量空气系数（λ）"
C. A+B

10. GB18285-2005《点燃式发动机汽车排气污染物排放限值及测量方法》（双怠速法及简易工况法），规定双怠速法排放气体测试仪器，调节装置包括：（　　）

A. 零点调节　　B. 气体标定　　C. 内部调节　　D. A+B+C

四、简答题

1. 简述空燃比和点火正时对发动机尾气排放的影响。
2. 简述废气检测中的常用方法分别适用于哪些情况？

项目四
舒适系统的检测与故障诊断

【学习目标】

1. 掌握巡航控制系统、电动车窗、电动座椅的组成及结构。
2. 掌握巡航控制系统、电动车窗、电动座椅的工作原理。
3. 掌握巡航控制系统、电动车窗、电动座椅各电器原件的功能及作用。
4. 能够正确操作巡航控制系统、电动车窗、电动座椅。
5. 能够正确检测和诊断巡航系统、电动车窗、电动座椅的故障并能进行检修。

任务一 自动巡航的检测与故障诊断

【相关知识】

一、巡航控制系统（CCS）的作用

巡航控制系统是利用控制技术，让汽车按照人为设定的速度等速行驶的自动控制系统。

汽车在高速行驶时，为了减轻驾驶人因频繁操作加速踏板导致的疲劳，驾驶人可以接通巡航控制开关，设置行车的速度，系统将根据行驶中受到阻力的大小，自动增加或减小节气门开度，保持汽车按设定的速度行驶。

二、巡航控制系统的结构及各部件的作用

1. 巡航控制系统的结构

巡航控制系统主要由巡航控制开关（主电源开关、功能控制开关、退出开关，见图4-1）、传感器（车速传感器、节气门位置传感器、节气门摇臂位置传感器）、巡航控制 ECU

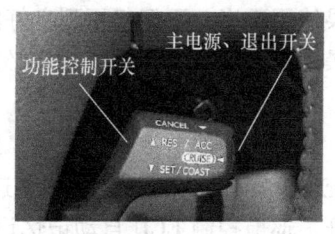

图 4-1 巡航控制开关

和巡航控制执行装置组成。

2. 巡航控制系统各部件的作用

（1）主电源开关　此开关多采用按键方式，每次将其推入完成巡航系统电源的接通或关闭。当点火开关关闭，主电源开关也关闭，再次接通点火开关时，如无人为操作主电源开关将保持关闭状态。

（2）功能控制开关　此开关采用手柄式操作方式，主要的功能有设置（SET）、减速（COAST）、恢复（RES）、加速（ACC）和取消（CANCEL）。设置和减速共用一个开关，恢复和加速共用另一个开关，沿箭头方向操作时为接通状态，松开后自动复位则为断开状态。

（3）退出开关　此开关与主电源开关为同一操作开关。另外，退出控制功能还有制动灯控制开关（当踩下制动踏板时断开）、驻车制动开关和空档开关。

（4）车速传感器　车速传感器信号除用于发动机点火控制和自动变速器控制外，也用于巡航控制系统车速的设置与实际车速的比较，实现对车速的等速控制。

（5）节气门位置传感器　该传感器为线性信号输出传感器，除为发动机点火系统提供加、减速控制信号外，也为巡航系统提供节气门位置信号，实现巡航控制系统执行装置对它的控制。

（6）节气门摇臂位置传感器　该传感器信号主要用于巡航控制系统对节气门位置的判断，实现系统执行装置对节气门开度的控制。

（7）巡航控制 ECU　在主电源开关接通后，根据操作设置自动运算、处理车速信息，发出控制指令，控制执行装置完成车速的等速运行；也能根据设置的行车速度自动恢复和取消巡航控制功能及自动变速功能；并能完成系统的自诊断，及时提醒驾驶人进行维护。

（8）巡航控制执行装置　巡航控制执行装置如图 4-2 所示，该装置主要有两种类型：一种为真空驱动型执行器，另一种为电动机驱动型执行器。

真空驱动型执行器由控制阀、释放阀、电磁线圈、膜片、复位弹簧和空气滤清器等组成。利用大气压力，巡航控制 ECU 通过控制控制阀和释放阀电磁线圈电流的通断，实现对节气门开度的控制。

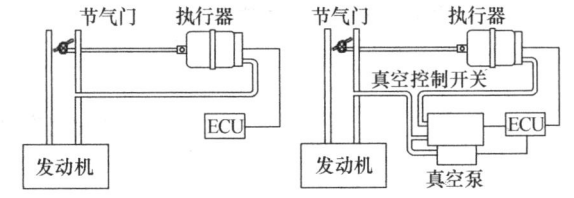

图 4-2　巡航控制执行装置

电动机驱动型执行器由直流电动机、齿轮传动机构、电磁离合器和电位计等组成。巡航控制 ECU 通过控制电磁离合器和电动机的正向和反向旋转，实现对节气门开度的控制。

三、巡航控制系统的使用

巡航控制系统可以减轻操作的疲劳，改善汽车行驶的平稳性，提高汽车使用性能，但如果使用不当，不但起不到良好的控制作用，反而还会危及驾驶人的生命安全。因此，正确的操作是驾驶人员和维修人员必须掌握的基本要求。

1. 设定车速

方法是按下控制主开关，踩下加速踏板使其加速。车速达到想要的车速（巡航控制系统最低车速 40km/h，最高车速 200km/h），将巡航操作手柄推至"设定/减速"位置后放开，巡航控制 ECU 自动记忆设定速度并开始工作，放松加速踏板系统将按设定的速度行驶。

2. 加速的设定

系统工作后，如果要提高行驶的车速，将操作手柄位置拉到"恢复/加速"位置保持不动，使汽车加速到想要的速度上，放开操作手柄即可。如要即时超车或要加速避让，只需踩下加速踏板，当加速完成放开加速板后，系统再次以设定的速度继续行驶。

3. 减速的设定

系统工作后，根据行驶的路况需要降低速度时，将控制手柄推到"设定/减速"位置保持不动，让车速下降到需要的速度后放开，系统将以降低后设定的速度行驶。

4. 点动控制升、降速度

系统工作后，如果要对车速进行微调，只需短时（小于0.6s）推、拉控制手柄，放开手柄即可完成微调加、减车速。

5. 取消控制

第一种方法是可以将取消开关按下后放开；第二种方法是踩下制动踏板后放开；第三种是手动档汽车踏下离合器踏板，自动档汽车将变速杆置于空档。

6. 巡航功能重启

将"恢复/加速"控制手柄重新接通后放开，即可恢复在取消前的巡航速度。但要注意的是，当车速低于40km/h以下时，或实际车速低于设置车速16km/h时，巡航系统将不能恢复取消前的设定。

四、巡航系统使用中要注意的问题

1）在路况不明、路面较差、车辆多、行人多或能见度低的环境不能使用。

2）防止系统误动或误操作，不使用时一定关闭主电源开关。

3）使用中要注意巡航控制系统的工作状态出现工作灯闪烁，应及时排除故障后再使用。

4）保证系统良好的工作环境。

五、维修中要注意的问题

1）保证汽车电源（发电动机、蓄电池）的稳固连接及电压的平稳，避免因电压的不稳定损坏系统。

2）电路在通电状态下不能对系统进行拆装，这样易对系统元件造成严重危害。如要拆装，必须关闭点火开关后再进行。

3）如要进行焊接、做漆操作，必须断开ECU连接电缆，或将其拆下。

4）在安装或检修时，必须将巡航控制系统放在无水、无油污、无振动、无灰尘、无电磁干扰的环境下进行。

5）在固定系统元件时，要做到有效的屏蔽且牢固不松动。

【技能训练】

训练　丰田凯美瑞巡航控制系统的设置

1. 目的

1）掌握巡航控制系统的设置及操作方法。

2）能够对巡航控制系统功能完成情况进行正确的判断。

2. 准备

一汽丰田凯美瑞整车一台，毛巾四条，翼子板布，前格栅布，地板垫，座椅套，方向盘套。

3. 步骤

1）使用举升机将车轮离开地面，保证车辆起动时安全可靠。

2）打开车门进入驾驶室，安装好座椅套、地板垫、方向盘套。

3）打开车门找到发动机罩，开启拉杆并朝外拉至听到"嘭"的声音，发动机罩拉钩弹开，打开发动机罩，按规定安装左右翼子板布、前格栅布。

4）检查发动机机油液位、冷却液液位。

5）检查蓄电池电压，应为12.6V。

6）打开和关闭：在巡航操纵杆的顶端有个开关，按下可打开或关闭巡航系统。

7）设定：在打开开关后，需要设定时将操纵杆向下（SET）推一下，松手即可（注意40km以上时有效），此时可放开加速踏板。

8）加速：向上推（∧）即可加速，松手时将保持此速度。注意此加速非临时加速，而是提高设定的巡航速度，当松手的时候，系统会按当时的速度继续巡航。

9）减速：向下推（∨）即为减速，在想降低巡航速度时使用，当减速到合适的速度时松手即可保持当前速度继续巡航。

10）暂时取消巡航定速：将操纵杆向上抬（CANCEL 就是类似打远光灯的手法），可以临时取消巡航，此时巡航系统停止工作（暂时取消的好处是当初的巡航速度被存储）。

11）恢复巡航：如果是按9）的方法取消的，要想恢复可以做加速的操作，向上推（∧）即可，这时系统按照刚才设定的速度继续巡航，如果此时速度不够会自动加速。

12）紧急解除：踩一下制动踏板，此时巡航控制被解除。

任务二　电动车窗的检测与故障诊断

【相关知识】

电动车窗是以电为动力使车窗玻璃自动升降的装置，由驾驶人或乘员操纵开关接通车窗升降电动机的电路，电动机产生动力通过一系列的机械传动，使车窗玻璃按要求进行升降。

一、电动车窗的组成及功能

电动车窗主要由车窗玻璃、升降器、电动机和车窗控制电路组成，如图4-3所示。

1. 升降器

升降器有油压式和机械式两大类，机械式升降器的结构形式有绳轮式、交臂式和软

项目四 舒适系统的检测与故障诊断

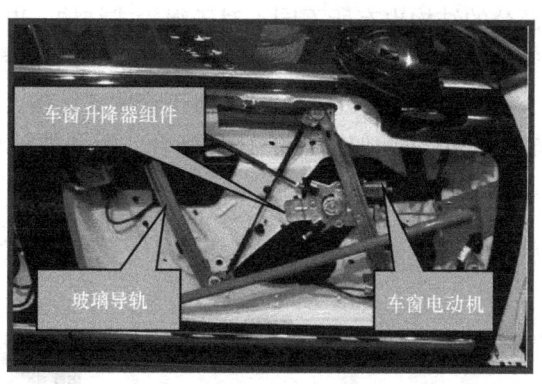

图 4-3 车窗升降器

轴式。

1）电动油压式玻璃升降器。电动油压式玻璃升降器由电动机、连臂机构和控制开关等组成。若想升高某车窗玻璃时，按下该窗上升按钮，电路接通，电流即流入电动机，转动油泵以产生高压油。同时电流流入控制该窗的电磁线圈，将油阀打开，压力油进入油压缸中将活塞推动，经连杆装置，使风窗玻璃上升。

2）绳轮式玻璃升降器。如图 4-4 所示，绳轮式玻璃升降器由滑轮、钢丝绳、张力器和张力滑轮等组成。它通过驱动电动机拉钢丝绳来控制门窗玻璃的升降，电动机的输出部分是一个塑料绳轮，绳轮上绕有钢丝绳，钢丝绳上的滑块带动玻璃，使之沿导轨作上下运动。

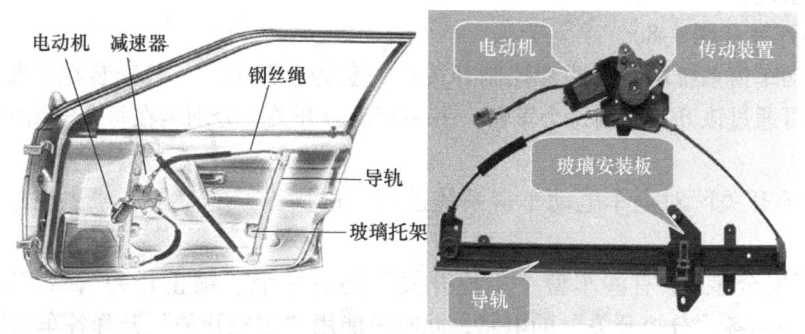

图 4-4 绳轮式玻璃升降器

3）交臂式门窗玻璃升降器。图 4-5 为常见的交臂式门窗玻璃升降器，主要由扇形齿板、玻璃导轨及调节器等组成。它的工作原理是：扇形齿板利用驱动电动机的棘轮进行转动，从而带动 X 臂运动，而使风窗玻璃作上下移动。

2. 车窗电动机

车窗电动机（图 4-6）是一个永磁、两极直流电动机，电动机内部装有减速装置。门窗电动机内部一般都装有抑制无线电干扰的装置，以防止在使用玻璃升降器时对车内无线电的接收形成干扰。电动机内部还装有电流保护装置，电动机运动受阻时能自动切断电源，从而避免电动机的烧毁。门窗电动机一般设计成正反旋转，具有较高的输出转矩、低噪声、小体积、扁平外形和短时工作制，并对尘埃及洗涤剂具有密封防护性能。为了与不同升降机构相匹配，门窗电动机输出部分的结构也有所不同。对于绳轮式结构，电动机的输出部分是一个塑料绳轮，绳轮上绕有钢丝绳，钢丝绳上装有滑块。电动机驱动绳轮，带动钢丝绳卷绕，钢丝绳上的滑块带动玻璃，使之沿导轨作上下运动。对于交臂式结构，电动机的输出部分也是一个小齿轮，通过与软轴上的齿（近似于齿条）相啮合，驱动软轴卷绕，带动玻璃沿导轨作上下运动。

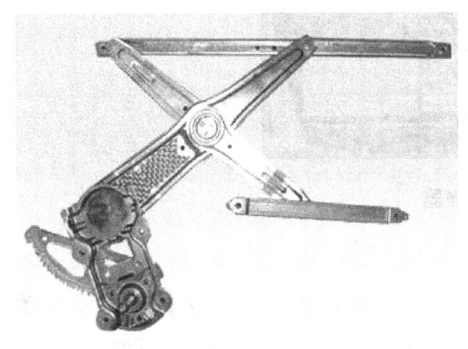

图 4-5　交臂式门窗玻璃升降器

图 4-6　车窗电动机

3. 车身电子控制单元

车身电子控制单元（图 4-7）通常采用遥控技术、单片机通信接口控制技术、传感器技术、功能模块集成技术等，将 CAN 总线上的各电子控制单元连接起来，实现对车身部件的控制（如刮水器、照明系统、中控门锁、电动车窗等），从而提高车辆的视野性、方便性、舒适性和娱乐性。

4. 控制开关（图 4-8）

所有电动车窗系统均装有两套控制开关：一套为总开关，一般安装在驾驶侧车窗的中部，驾驶人可通过该开关控制每个车窗；另一套为分开关，分别装在每个车窗的下中部，由乘员操控。

1）"主控开关"对全车电动车窗系统进行总的操纵，电流是由"主控开关"到各个"分控开关"。

2）为了安全起见，有些车型"主控开关"还有一个"锁止开关"，当开动"锁止开关"时，便切断各"分控开关"的电路，此时只能用"主控开关"升降各车门门窗。

图 4-7　车身电子控制单元

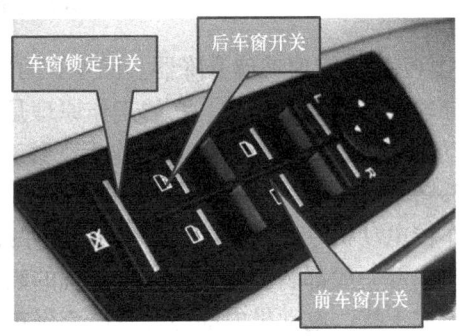

图 4-8　电动车窗控制开关

3)有些车型还增加了其他安全措施,只有当点火开关在 RUN 或 ACC 档时,"分控开关"才能起作用。

5. 控制继电器

图 4-9 继电器

控制继电器(图 4-9)是一种电控制器件,实现车身控制系统对车门电动机的控制。控制继电器实际上是用小电流去控制大电流运作的一种"自动开关",在电路中起着自动调节、安全保护、转换电路等作用。

6. 传动装置

传动装置可分为齿扇式(图 4-10)和齿条式(图 4-11)两种。

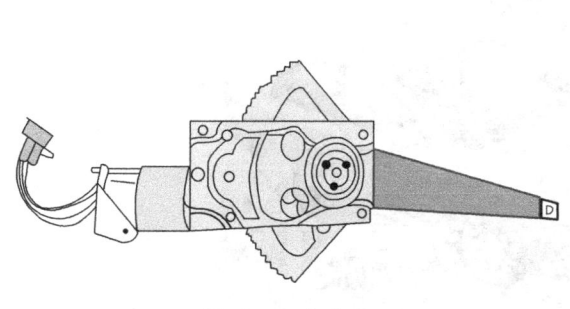

图 4-10 齿扇式

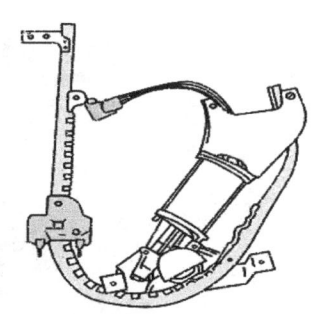

图 4-11 齿条式

二、电动车窗系统的检测

1. 比亚迪 F3 电动车窗控制电路(图 4-12)

比亚迪 F3 型汽车电动车窗控制电路为控制电路搭铁方式,它的工作与前面电路的分析方法相同,这里不进行分析。

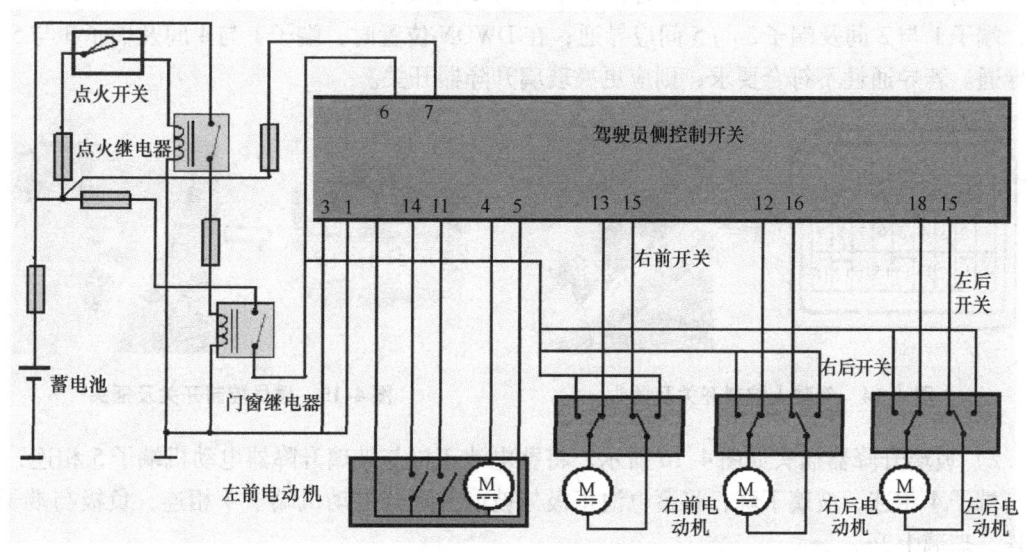

图 4-12 比亚迪 F3 电动车窗控制电路

2. 比亚迪 F3 电动车窗电路特点

比亚迪 F3 电动车窗控制电路分布如图 4-13 所示。比亚迪 F3 电动车窗系统通过操作车门饰板上的开关来使车窗升降，驾驶人座椅位置上通过其前门饰板上的主开关来操作各车窗的开关。电动车窗闭锁开关位于驾驶人侧前门饰板上，它可以使驾驶人禁用所有乘客车窗开关。只有当点火开关置于 ON，电动车窗系统才能工作。自动降窗（AUTO）特性可以使驾驶侧车窗自动降到底，操作时必须向降窗方向按下驾驶侧车窗开关，到另一个定位后，则开始自动降窗，再次沿任意方向按下开关，车窗停止运动，并且取消自动降窗动作。电动车窗系统的某些功能和特性依赖于其电子模块的控制，这些电子模块是集成于左前门玻璃升降器开关组件内的。

图 4-13 比亚迪 F3 电动车窗控制电路分布

3. 部件检查

1）检查玻璃升降器开关插接器各个端子间的导通性。玻璃升降器开关及插头如图 4-14、图 4-15 所示。

玻璃升降器开关处于 UP 位置时，端子 1 与 2 间及端子 3 与 4 间应导通；在 OFF 位置时，端子 1 与 2 间及端子 3 与 5 间应导通；在 DWON 位置时，端子 1 与 4 间及端子 3 与 5 间应导通。若导通性不符合要求，则应更换玻璃升降器开关。

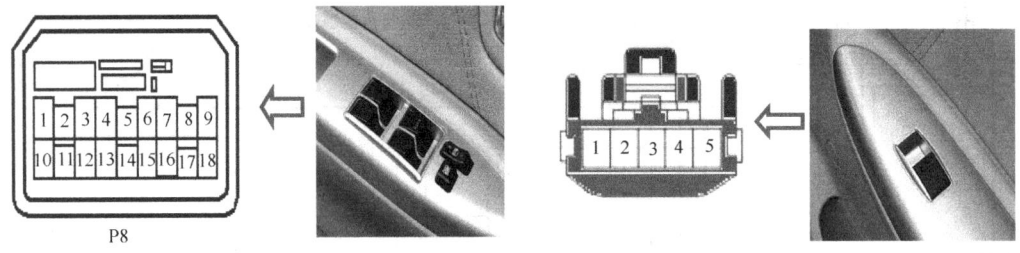

图 4-14 驾驶人控制开关及插头　　　　图 4-15 乘员控制开关及插头

2）玻璃升降器插头如图 4-16 所示。将蓄电池正极与玻璃升降器电动机端子 5 相连，负极与端子 4 相连，玻璃下降；将蓄电池正极与玻璃升降器电动机端子 4 相连，负极与端子 5 相连，玻璃上升。

3）检查门继电器接线如图 4-17 所示，该继电器是常开继电器，测量门窗继电器，继电器端子 1 与 2 间的电阻应为 60~90Ω，端子 3 与 4 间应不导通；将蓄电池电压施加在门窗

项目四　舒适系统的检测与故障诊断

继电器端子1与2间，端子3与4间应导通。

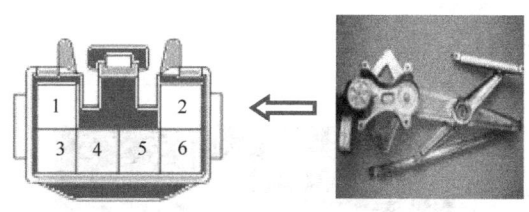

图4-16　升降器插头

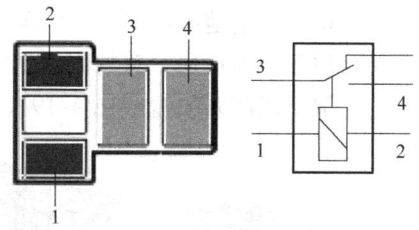

图4-17　继电器接线

4）故障症状。电动车窗的故障症状见表4-1。

表4-1　电动车窗故障症状表

故　障　现　象	故　障　部　位	故　障　现　象	故　障　部　位
所有车窗不工作 （门锁工作不正常）	门窗保险	所有车窗不工作 （门锁工作正常）	点火开关
	车窗主继电器		左前门开关组件
	线束		车窗电动机
单触式车窗不工作	左前门开关组件		线束
	驾驶侧车窗电动机		左前门开关组件
车窗锁止不工作	左前门开关组件	有一个车窗 工作不正常	开关
			车窗电动机
	线束		线束

【技能训练】

训练1　比亚迪F3车窗的拆装

1. 目的

1）掌握车窗的维修操作方法。

2）能够对车窗电路工作情况进行正确的判断。

2. 准备

比亚迪F3整车一台，检修工具一套，毛巾四条，翼子板布，前格栅布，地板垫，座椅套，方向盘套。

3. 步骤

1）使用举升机将车轮离开地面，保证车辆起动时安全可靠。

2）打开车门进入驾驶室，安装好座椅套、地板垫、方向盘套。

3）打开车门找到发动机罩，开启拉杆并朝外拉至听到"嘭"的声音，发动机罩拉钩弹开，打开发动机罩，按规定安装左右翼子板布、前格栅布。

85

4）检查发动机机油液位、冷却液液位。
5）检查蓄电池电压应为 12.6V。
6）取下门窗玻璃开关的固定螺钉（图 4-18）。
7）取下车门开关盒（图 4-19）。

图 4-18

图 4-19

8）取下开关盒线束插头（图 4-20）。
9）取下车门内拉手的螺钉（图 4-21）。

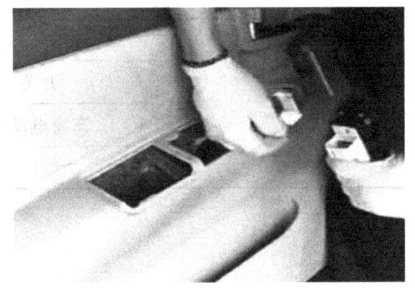

图 4-20

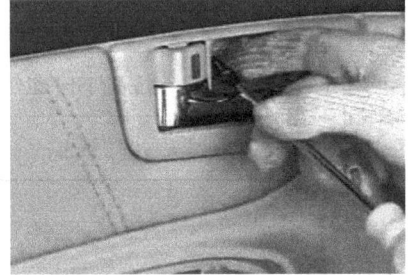

图 4-21

10）取下车门内护板（图 4-22）。
11）取出车门内拉手（图 4-23）。

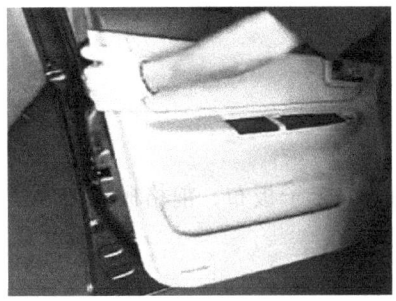

图 4-22

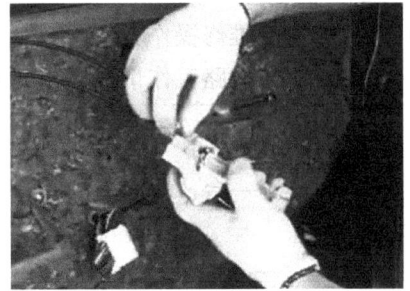

图 4-23

12）取下车门内护板支撑架（图 4-24）。
13）取出车门内保护垫圈（图 4-25）。

图 4-24

图 4-25

14）连接车窗开关盒，并将玻璃调整到适当位置后取下开关（图4-26）。
15）取出车门升降器与玻璃的紧固螺钉并取出玻璃（图4-27）。

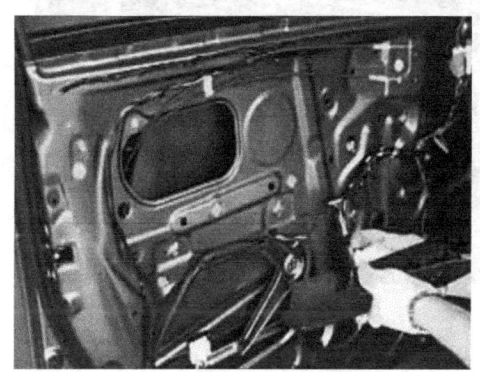

图 4-26

图 4-27

16）断开升降器的连接插头（图4-28）。
17）取出玻璃升降器（图4-29）。

图 4-28

图 4-29

18）拆卸完成（以下安装过程与之相反）。
19）安装玻璃升降器（图4-30）。
20）连接升降器接线插头（图4-31）。

图 4-30

图 4-31

21）安装车窗玻璃并紧固连接螺钉（图4-32）。

22）连接车门开关盒并检查上升下降操作功能是否正常，正常后取开关盒（图4-33）。

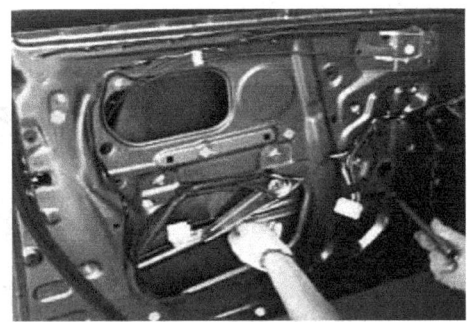

图 4-32

图 4-33

23）安装车门内保护垫并黏合好（图4-34），同时安装车门内护板支撑架。

24）安装车门内拉手，安装车门内护板，安装车门内拉手螺钉（图4-35），连接车门开关插头，安装车门开关盒，紧固车门开关盒固定螺钉。

25）安装完成，并对玻璃上下开关进行检查，以确认功能是否正常或有无卡阻，否则应检查安装各部件是否到位，或有无缺失损坏。

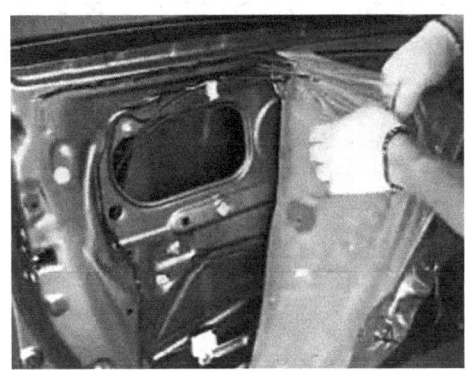

图 4-34

图 4-35

项目四 舒适系统的检测与故障诊断

训练2 丰田佳美车窗电路的检修

1. 目的
1）掌握车窗的维修操作方法。
2）能够对车窗电路工作情况进行正确的判断。

2. 准备
丰田佳美整车一台，检修工具一套，毛巾四条，翼子板布，前格栅布，地板垫，座椅套，方向盘套。

3. 步骤
1）使用举升机将车轮离开地面，保证车辆起动时安全可靠。
2）打开车门进入驾驶室，安装好座椅套、地板垫、方向盘套。
3）打开车门找到发动机罩，开启拉杆并朝外拉至听到"嘭"的声音，发动机罩拉钩弹开，打开发动机罩，按规定安装左右翼子板布、前格栅布。
4）检查发动机机油液位、冷却液液位。
5）检查蓄电池电压应为12.6V。
6）取下驾驶人侧车门内护板及车门内保护垫，露出车窗电路（图4-36）。
7）拆下电路插头，测量车窗电动机电阻，正常为 $0.4 \sim 0.6\Omega$，否则为损坏（图4-37）。

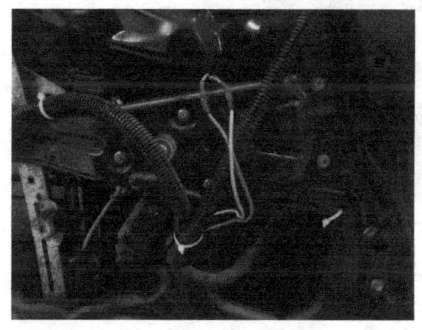

图 4-36

图 4-37

8）测量车窗电路线束电阻应小于 0.2Ω，否则线束或控制继电器损坏（图4-38）。
9）操作控制开关，测量线束电压，正常为蓄电池或发电机电压（图4-39）。

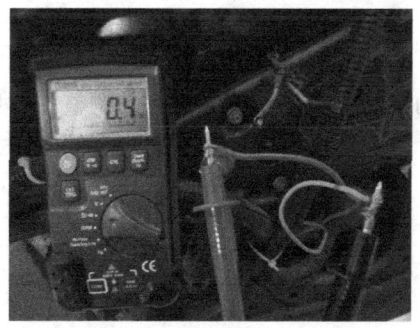

图 4-38

图 4-39

10）拆下控制开关盒线束，测量各接线电压（图4-40）。

11）拆下控制开关盒（图4-41）。

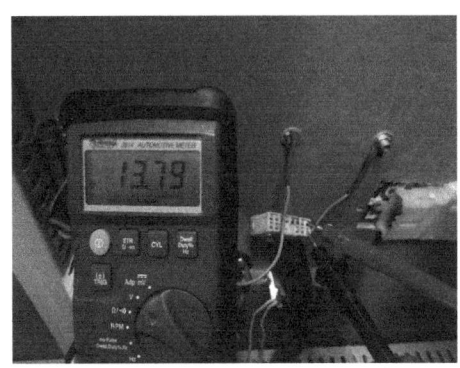 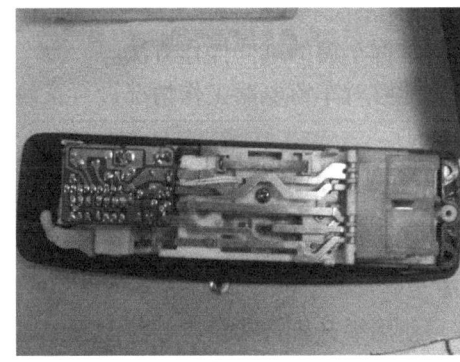

图 4-40　　　　　　　　　　　图 4-41

12）测量开关盒内各开关控制触点的通断情况，控制开关接触电阻大于0.3Ω时应检修或更换（图4-42）。

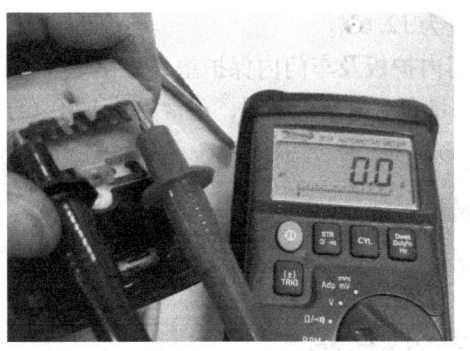

图 4-42

任务三　电动座椅的检测与故障诊断

【相关知识】

在中高级轿车中，座椅控制系统可以依靠电动机实现座椅滑行、倾斜的调整；而且还可以实现前垂直、后垂直、头枕和腰垫位置的调整。高级轿车有的还带有位置存储功能，实现制动控制功能，使驾驶人和乘员更舒适。

一、电动座椅的分类

电动座椅的分类如图4-43所示。

1. 根据电动座椅使用电动机的数量

（1）单电动机式　只能对电动座椅的前后两个方向进行调整。

项目四 舒适系统的检测与故障诊断

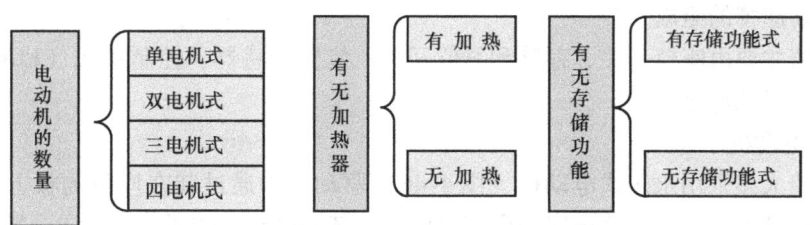

图 4-43 电动座椅的分类

（2）双电动机式　可以对电动座椅的 4 个方向进行调整，即不仅前后两个方向的位置可以移动，其高低也可以进行自动调整如图 4-44、图 4-45 所示。

图 4-44　电动座椅调节（1）

1—座椅前后移动调节　2—靠背倾斜度调节　3—靠背上部调节　4—靠枕前后调节　5—靠枕上下调节　6—侧背支撑调节　7—腰椎支撑气垫调节　8—座椅前部支撑调节　9—座椅高度调节

图 4-45　电动座椅调节（2）

1—座椅前后调节　2—靠背倾斜调节　3—座椅上下调节　4—靠枕上下、前后调节　5—座椅前部支撑调节　6—侧背支撑调节　7—腰椎支撑气垫调节

（3）三电动机式　可以对电动座椅的六个方向进行调整，即不仅能向前后两个方向移动，还可分别对座椅的前部和后部的高低进行调整。

（4）四电动机式　除了具有以上三电动机式的调整功能以外，还可对靠背的倾斜度进行调整。

部分高级轿车的电动座椅装用的电动机多达 8 个，除了保证上述基本运动外，还可对头枕高度、座椅长度和扶手的位置进行调整。

2. 根据有无加热器

电动座椅可分为无加热器式与有加热器式两种。有加热器式电动座椅可以在冬季寒冷的时候对座椅的坐垫进行加热，以使驾驶人或乘客乘坐更舒适。

3. 根据有无存储功能

电动座椅可分为无存储功能与有存储功能两种。有存储功能的电动座椅，可以将每次驾驶人或乘客调整电动座椅后的数据存储下来，在后面进行操作时只需简单地按存储按钮即可调整好座椅位置。

二、电动座椅的组成

电动座椅主要由座椅开关、存储和复位开关、位置传感器、控制单元（ECU）、执行机构的驱动电动机几部分组成。

1. 驱动电动机

电动座椅大多采用永磁式电动机（图4-46）驱动，并通过装在座位侧板上或门扶手上的肘节式控制开关来控制电路通路和电流方向，使某一电动机按所需的方向运转，以达到调整座椅的目的。为了防止电动机过载，大多数永磁式电动机内装有热过载保护断路器。电动座椅如图4-47所示。

图4-46 永磁式电动机

图4-47 电动座椅

2. 座椅开关

座椅开关主要是用来调整座椅的各种位置。当按下此开关后，电控单元就会控制相应电动机运转，按照驾驶人的要求调整座椅的位置。

3. 存储和复位开关

存储和复位开关主要是用来存储或恢复驾驶人已经调整好的座椅位置。按下此开关，就能按存储的各个座椅位置的要求调整座椅的位置。

4. 位置传感器

电动座椅位置传感器（图4-48）主要是用来检测座椅的各种位置，它主要由齿轮、滑块和螺旋杆（可变电阻器）组成，其工作原理和一般电位计相似。螺旋杆由电动机通过齿轮驱动旋转，并带动滑块在电阻器上滑动，从而使输出电压信号发生变化。电控单元根据此电压信号决定座椅的位置。只要座椅位置调定后，驾驶人按下存储和复位开关，电控单元就把这些电压信号存储起来，作为重新调整位置基准。

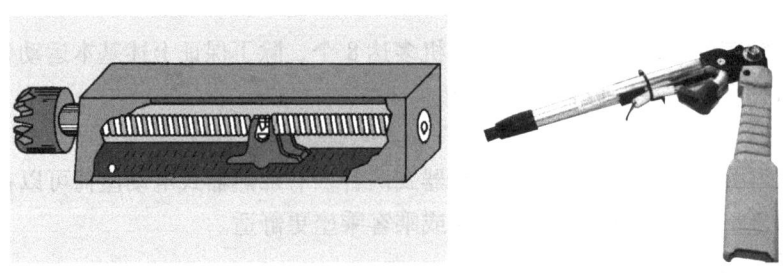
图4-48 电动座椅位置传感器

5. 控制单元（ECU）

控制单元（ECU）主要用来控制靠手动调节开关进行调节的座椅，也能根据从转向柱倾斜与伸缩 ECU、位置传感器等送来的信号存储座椅位置。考虑到驾驶人的不同体型和喜好的驾驶姿势，自动调节系统能在该 ECU 中存储两种不同的座椅位置（供选择），靠一"单独"开关的点动，电动座椅控制单元即可将座椅调整到驾驶人所期望的位置。

座椅进行调整时，由手动调节开关通过电控单元控制调整量，然后利用存储和复位开关控制某一位置的数据存储；座椅位置信号取自变阻器上的电压降。根据每个自由度上的电动机驱动座椅，从而使变阻器随动。根据变阻器的电压降，控制单元识别座椅的运动机构是否到达"死点"，如果到达"死点"位置时，电控单元及时切断供电电源，保护电动机和座椅驱动机构。电动座椅控制单元通常集成在车身控制模块中。电动座椅控制电路如图 4-49 所示。

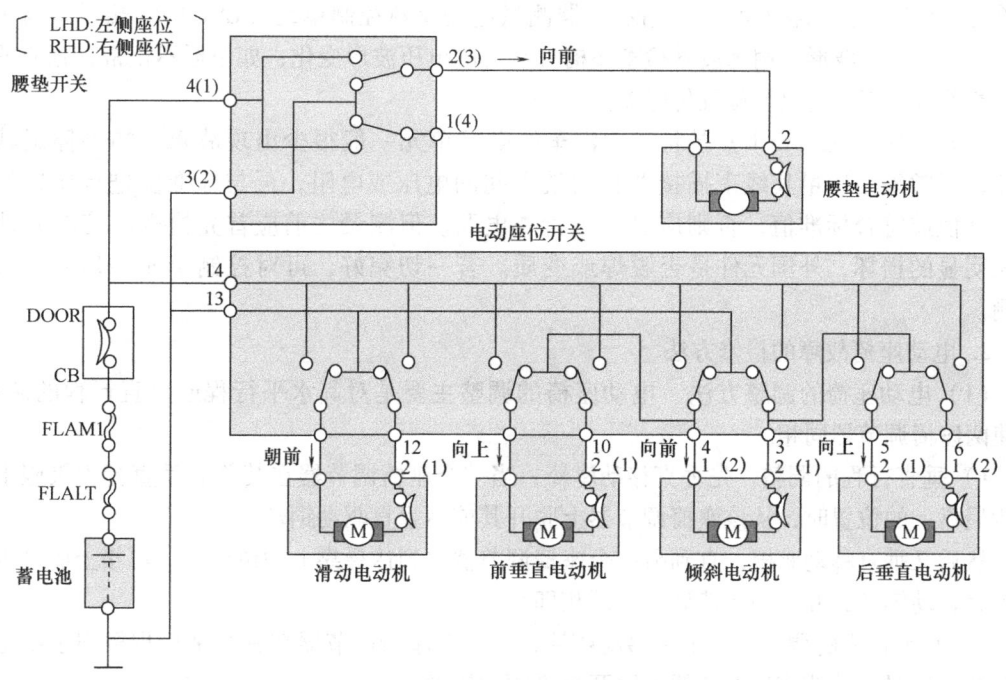

图 4-49　电动座椅控制电路

三、部件的检测与故障诊断

1. 座椅部件的检测

（1）调节电动机的检测　对电动座椅调节电动机的检测应先将其从座椅上拆下来才能进行，其检测方法如下：

1）当将电动座椅调节电动机处于某一种调节状态时，检测各端子与电源之间的连接情况应符合要求。

分别用导线将电动机插接器的相应两个端子与蓄电池的正、负极相连接，检查电动机工作情况。必须注意的是，当电动机通电后不转，或有异常响声，均应立即停止检测。

2）如检测到某个调节电动机不运转或运转不平稳，则拔下该电动机上的两芯插接器，直接将蓄电池正、负极用导线与该电动机连接，进行通电检测。如此时电动机运转无问题，则为调节电动机两芯插座之间的导线可能有断路、接地或接触不良现象。

3）如单独对电动机通电后仍不运转或运转不正常，说明该电动机有故障，则应更换新件。

(2) 电动机调节开关的检测　对电动机调节开关的检测，也应将其从驾驶人座椅处拆下。用万用表检测插接器各端子之间的导通状态，即可判断调节开关的好坏。

(3) 位置传感器的检测

1) 拆下电动座椅控制单元（ECU）。首先拆下驾驶人座椅，然后拆下前垂直调节器上的螺栓并将坐垫略微抬高（一定要注意，不能将坐垫抬得过高，否则线束会被拉出，夹箍可能会松动）。坐垫抬高后，可以从坐垫下面的固定处随插接器一起拆下电动座椅控制单元（ECU）。

2) 传感器检查。将电动座椅控制单元（ECU）的端子 CHK 连接到车身（接地），使控制单元（ECU）进入检查状态。用示波器测量电动座椅控制单元（ECU）的端子 S 与车身接地之间的电压波形。用示波器检查座椅移动时的电压波形变化，如波形不正常，相应的位置传感器有故障，应更换位置传感器。

(4) 控制单元（ECU）的检测　汽车的电控单元一般很少出现故障。如果怀疑其有故障，通常采用测量其线束插接器相关端子间的电压或电阻，再与标准值进行比较的方法。其值应符合标准值，否则应进一步检查电路。但测量之前应首先检查电控单元外观有无明显的损坏，外围元件是否脱焊或变质。若一切完好，可对控制单元（ECU）进行检测。

2. 电动座椅故障的检修方法

(1) 电动座椅的调整方法　电动座椅的调整主要是对其水平行程或垂直行程的调整，以使两座椅调节器同相。

1) 垂直行程的调整。先垂直移动座椅，当一个座椅调节器在其前后垂直行程极限上均到达最靠上的位置时，从该座椅调节器上脱开其前后垂直驱动钢丝。

然后又垂直移动座椅，直到另一个座椅调节器也到达最靠上的位置后，再接上脱开的前后垂直驱动钢丝，并使两座椅调节器同相即可。

2) 水平行程的调整。先水平移动座椅，当一个座椅调节器在其水平行程极限上到达最靠前的位置时，从该座椅调节器上脱开水平驱动钢丝。

然后又水平移动座椅，直到另一个座椅调节器也到达最靠前的位置后，再接上脱开的水平驱动钢丝，并使两座椅调节器同相即可。

(2) 电动座椅故障的初步检查　对电动座椅故障的初步检查，通常应检查易损件、导线，以及通过进行操作以确认故障的可能部位等。

1) 对易损件的检查。首先检查仪表板熔丝与熔丝盒内电动座椅的熔丝是否熔断。如果熔断，应检查电路是否有短路处。排除短路点以后，才可更换新的熔丝，否则又会熔断熔丝。

2) 对配线的检查。应检查电动座椅各部件之间的连接配线有无断路处、有无绝缘层破损现象。发现异常后，应及时进行处理。

3) 通过操作判断故障产生的可能原因。通过操作电动座椅，根据常见故障的现象判断故障产生的可能原因，具体如下：

① 如果一个座椅调节器比另一个座椅调节器先到达最大水平位置或最大垂直位置，则可能为两座椅调节器不同相，应对其进行适当的调整。

② 如果电动座椅不能水平或垂直移动，或水平和垂直两个方向均不能移动，则可能为座椅调节器电动机损坏，或控制电路有故障。

③ 如果电动座椅垂直移动迟缓或卡滞，则可能为垂直执行器与齿条之间配合不良或污垢过多，也可能为顶板总成有松动现象。

④ 如果一个座椅调节器不能垂直移动，则可能为垂直驱动钢丝脱开或折断，也可能是垂直执行器未工作所致。

⑤ 如果电动座椅水平移动迟缓或卡滞，则可能为水平执行器与齿条间配合不良或污垢过多，也可能是顶板总成有松动现象。

⑥ 如果一个座椅调节器不能水平移动，则可能为水平驱动钢丝脱开或折断，也可能是水平执行器未工作。

⑦ 如果电动座椅水平移动不平稳，则可能为水平执行器工作不良。

4）电动开关的检查。电动座椅的开关接触不良，会造成电动座椅调整失效或不灵。利用维修手册上的电动座椅连通性图表来检测开关的连通性。如果开关损坏，则应更换同型号的电动座椅开关。

5）控制电路的检查。电动座椅的控制电路，若有断路或短路现象，均会造成电流不能通过电动机，使电动座椅调整失效。可按断路或短路的故障，仔细检查并排除故障。

6）电动机的检查。电动座椅的电动机失灵，如电刷磨损，转子与定子断路、短路等故障，均可能使电动机不能正常工作。

【技能训练】

训练　电动座椅常见故障诊断

1. 电动座椅不动作、调节失效。

（1）故障现象　电动座椅不动作、调节失效。

（2）故障分析　电动座椅出现不动作、各功能调节失效，可能原因有座椅电路熔断器损坏（FLAM1）、座椅断路器损坏（DOOR）、电路线束损坏、座椅搭铁线断路或接触不良等。

（3）故障诊断

1）检查控制盒电源电路。用万用表测量 DOOR 输出端（正极）与车身搭铁点的电压，正常值应为 12V（蓄电池电压），否则应检查蓄电池电压。

2）检测座椅电路搭铁线端子与车身或蓄电池（负极）是否断路或接触不良，否则应检修线束或更换。

3）检查电源接线盒座椅熔断器（FLAM1）及线束接口是否正常，否则更换熔断器或检修接口。

4）检查座椅断路器（DOOR）是否正常，正常情况时应导通，否则应更换。

2. 电动座椅不能向前或向后移动。

（1）故障现象　电动座椅不能向前或向后移动。

（2）故障分析　电动座椅不能向前或向后移动，可能原因为前后滑动控制开关损坏。

（3）故障诊断

1）检查控制开关盒输出线（11脚），操作开关向前时电压（12V），对车身电阻（0.4Ω），否则开关损坏。

2）检查控制开关盒输出线（12脚），操作开关向后时电压（12V），对车身电阻（0.4Ω），否则开关损坏，更换开关。

3. 电动座椅前端不垂直升降

（1）故障现象　电动座椅前端不垂直升降。

（2）故障分析　电动座椅不能垂直移动，可能原因有垂直升降控制开关损坏、垂直控制电动机损坏、控制线束损坏。

（3）故障诊断

1）检测垂直电动机线束两端电压，正常时为12V，两电阻约为0.4Ω，若电阻较大，则电动机损坏应更换。

2）检查控制开关盒输出线（9脚），操作开关向上时电压（12V），对车身电阻（0.4Ω），否则开关损坏或线束断路。

3）检查控制开关盒输出线（10脚），操作开关向下时电压（12V），对车身电阻（0.4Ω）。否则更换开关或线束断路。

4. 电动座椅后端不垂直升降

（1）故障现象　电动座椅后端不垂直升降。

（2）故障分析　电动座椅后端不能垂直移动，可能原因有后垂直升降控制开关损坏、后垂直控制电动机损坏、控制线束损坏。

（3）故障诊断

1）检测后端垂直电动机线束两端的电压，正常时为12V，两电阻约为0.4Ω，若电阻较大，则电动机损坏应更换。

2）检查控制开关盒输出线（5脚），操作开关向上时电压（12V），对车身电阻（0.4Ω），否则开关损坏或线束断路。

3）检查控制开关盒输出线（6脚），操作开关向下时电压（12V），对车身电阻（0.4Ω），否则更换开关或线束断路。

5. 电动座椅靠背倾斜电动机不能转动。

（1）故障现象　电动座椅靠背倾斜电动机不能转动。

（2）故障分析　电动座椅靠背倾斜电动机不能转动，可能原因有靠背倾斜电动机控制开关损坏、靠背倾斜电动机损坏、控制线束损坏。

（3）故障诊断

1）检测靠背倾斜电动机线束两端电压，正常时为12V，两电阻约为0.4Ω，若电阻较大，则电动机损坏应更换。

2) 检查控制开关盒输出线（4脚），操作开关向上时电压（12V），对车身电阻（0.4Ω），否则开关损坏或线束断路。

3) 检查控制开关盒输出线（3脚），操作开关向下时电压（12V），对车身电阻（0.4Ω），否则更换开关或线束断路。

巩固与提高

一、填空题

1. 巡航系统的主要组成有_____、_____、_____、_____和_____。
2. 巡航系统的好处有_____、_____、_____和_____。
3. 电动车窗的组成包括_____、_____、_____、_____和_____。
4. 电动座椅的分类方式有_____、_____和_____。
5. 电动座椅大多采用_____电动机驱动，并通过装在座位侧板上或门扶手上的_____式控制开关来控制电路_____和电流_____。
6. 电动座椅的调整主要是对其_____或_____的调整，以使两座椅调节器同相。

二、判断题

1. 当点火开关关闭，主开关也关闭，再次接通点火开关时，如果无人为操作，巡航控制主电源开关将保持开启状态。（ ）
2. 系统工作后，如果要提高行驶的车速，将操作手柄位置拉到恢复/加速位置保持不动，使汽车加速到想要的速度上放开操作手柄即可。（ ）
3. "紧急解除"就是踩一下制动踏板，此时巡航控制被解除。（ ）
4. 为了安全起见，有些车型"主控开关"还有一个"锁止开关"，当开动"锁止开关"时，便切断各"分控开关"的电路，此时只能用"主控开关"升降各车门门窗。（ ）
5. 存储和复位开关按下此按钮，不能完全按存储的各个座椅位置的要求调整座椅的位置。（ ）
6. 如果电动座椅垂直移动迟缓或卡滞，则可能为垂直执行器与齿条之间配合不良或污垢过多，也可能为顶板总成有松动现象。（ ）

三、选择题

1. 巡航控制系统各部件作用不包括（　　）。
   A. 加速　　　B. 超速　　　C. 减速　　　D. 取消
2. 安装或检修时，必须将巡航控制系统放在（　　）、无震动、无灰尘的环境下进行。
   A. 无灰尘　　B. 无油污　　C. 无电磁干扰　　D. 有水
3. 门窗电动机一般设计成正反旋转，其不具有哪些性能（　　）。
   A. 较高输出转矩
   B. 小体积
   C. 对尘埃及洗涤剂具密封防护性能

D. 较高的噪声

4. 电路中起着自动调节、安全保护、转换电路等作用的是以下哪个零件（　　）。

A. 控制开关　　　　B. 车身电脑　　　　C. 车窗电动机　　　D. 控制继电器

5. 电动座椅的分类包括（　　）。

A. 电动机的数量　　B. 有无加热器　　　C. 有无存储功能　　D. 是否通风

四、简答题

1. 请简述巡航控制系统（CCS）的作用。
2. 请简述电动座椅的调整方法。

项目五
电控动力转向系统的检测与故障诊断

【学习目标】

1. 理解四轮定位的意义与作用。
2. 能正确使用 Beissbarth 四轮定位仪进行四轮定位。
3. 掌握电控动力转向系统的结构与工作原理。
4. 能对电控动力转向系统进行检测与故障诊断。
5. 掌握液压动力转向系统的结构与工作原理。
6. 能对液压动力转向系统进行检测与故障诊断。

任务一 四轮定位的检测

【相关知识】

一、四轮定位

随着道路条件的改善，现代轿车的行驶速度越来越高，为防止高速行驶时汽车出现的"急转"及自动转向现象，在结构设计上应要求汽车具有稳定转向特性。为此许多高档轿车设置四轮定位，即不仅要求前轮定位，还要求后轮定位。当汽车后轮具有一定程度的外倾角和前束时，可使后轮获得合适的侧偏角，提高汽车高速行驶的操纵稳定性，减小轮胎与机件间的磨损。

1. 汽车何时需做四轮定位
1）直行时需紧握方向盘，否则汽车会跑偏。
2）轮胎出现异常磨损，如轮胎单侧磨损或出现凹凸状、羽毛状磨损。

3）转向时方向盘太重、太轻以及快速行驶时方向盘发抖。

4）车辆更换轮胎、车辆转向节以及减振器等悬架系统配件后。

5）车辆发生碰撞事故后。

6）根据汽车制造厂商的要求，当新车行驶一定里程后。

2. 四轮定位的步骤

技术人员进行四轮定位的步骤如下：

1）从车主那里收集信息，询问有关不正确定位所造成驾驶性能的问题。询问车辆是否碰撞过，或最近是否更换过零件。

2）试驾核实车主反映的情况，设法重现该问题。如果不能重现，请车主进一步解释或一同驾驶。

3）将车辆放置于定位举升机上，将车辆置于举升机和转盘上。将提升装置升到一位置并安全锁定。

4）检查轮胎是否有异常磨损的迹象，轮胎常能反映任何定位不良的状况。

5）彻底检查组件。进行定位前，更换缺陷零件。必须检查轮胎压力和车身高度。

6）在车轮上安装测量传感器。如果附着失效，使用安全带。

7）选择车辆的向导程序。

8）进行后轮补偿，其目的是消除由于车轮偏心和夹子安装错误引起的测量错误。该程序建立一个车辆的真实"模型"。

9）测量主销后倾、前轮外倾和车轮前束。

10）确定需要做的工作，检查车辆和参考材料，确定角度纠正的程序。确定纠正问题所需要的物品（即成套配件、特殊工具等）。

11）进行任何需要的角度纠正，提示时，仔细地将方向盘置于中心。使用该调节的次序：后轮外倾、后轮前束、前轮主销后倾、前轮外倾、前轮前束。

12）再次使方向盘处于中央，如需要，调整前束。因为处于正中的方向盘可能导致客户对车轮定位不满意。

13）打印结果。打印结果用于向客户显示四轮定位结果前后的比较。

14）进行试驾，核实四轮定位的正确性。

3. 四轮定位参数

（1）前轮前束

1）定义：汽车两个前轮安装后，俯视车轮，两个前轮的旋转平面并不完全平行，而是稍微带一些角度，这种现象称为前轮前束。在通过两前轮中心的水平面内（胎压符合要求），两前轮的前端距离 B，小于两前轮后端距离 A，其差值为 $A-B$，称其前轮前束值，如图5-1所示。前端小、后端大，像内八字一样的称其为正前束，而后端小、前端大，像外八字一样的称其为负前束。

2）功用：前轮前束的功用是为了消除由于车轮外倾而引起的前轮"滚锥效应"，保证车轮不向外滚动，防止车轮侧滑和减轻轮胎的异常磨损。

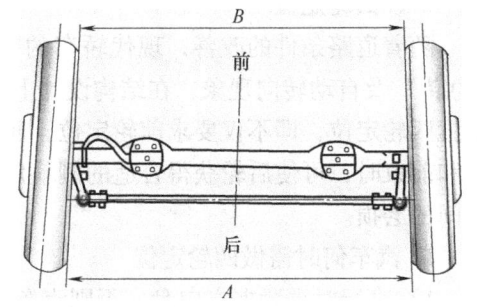

图5-1 前轮前束

图 5-2 所示为车轮外倾与车轮前束产生的车轮运动轨迹示意图。

前轮前束值可通过改变转向横拉杆的长度来调整,一般前束值为 0~12mm。有的汽车为与负前轮外倾角相配合,其前束值也有为负值的,称其为负前束(如上海桑塔纳轿车前束为 -3 ~ -1mm)。

(2) 车轮外倾

1) 定义:转向轮安装在转向节上,其旋转平面的上端向外倾斜,这种现象称为转向车轮的外倾。车轮旋转平面与垂直于车辆支承面的纵向平面之间的夹角 α,称为车轮外倾角,如图 5-3 所示。

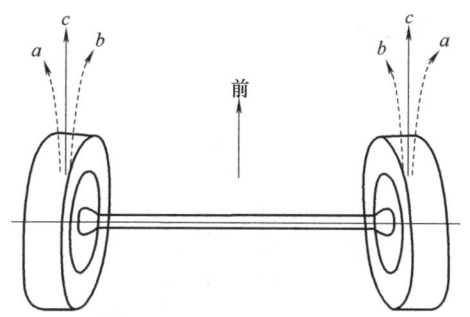

图 5-2 车轮外倾与车轮前束产生的车轮运动轨迹示意图

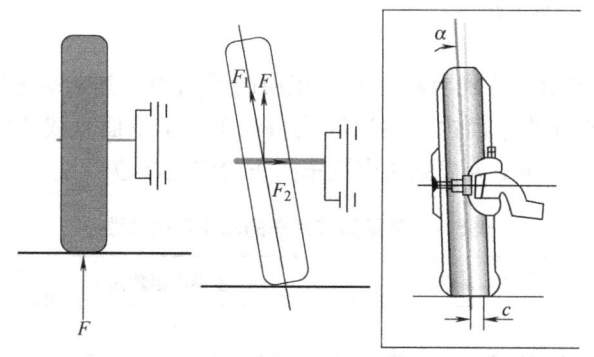

图 5-3 车轮外倾角

2) 功用:车轮外倾的功用是保证车轮与地面有最大的接触面积,防止轮胎偏磨,提高转向操纵的轻便性。

由于主销与衬套之间、轮毂与轴承等处都存在着装配间隙,若空车时车轮的安装正好垂直于路面,则满载时上述间隙发生变化,车桥因承载而变形,从而引起车轮向内倾斜。车轮外倾(α)与主销内倾(β)相配合可进一步缩短距离 c,如图 5-4 所示,这样可使汽车转向轻便。但是,车轮外倾角不能太大,否则会使轮胎产生严重的偏磨现象,一般前轮外倾角为 1°左右。

3) 前轮外倾角的形成:前轮外倾角是由转向节的结构确定的。当转向节安装到前轴上后,其转向节轴颈相对于水平面向下倾斜,从而使前轮安装后出现前轮外倾。

(3) 主销后倾

1) 定义:主轴装在前轴上后,在纵向平面内,其上端略向后端倾斜,这种现象称为主销后倾。在纵向平面内,主销轴线与汽车支撑面垂线之间的夹角 γ 称为主销后倾,如图 5-5 所示。

2) 功用:主销后倾的功用是形成回正力矩,保证汽车直线行驶的稳定性,并使汽车转向后回正操纵轻便。

3) 主销后倾的形成:主销后倾角一般是将前轴连同悬架安装在车架上时,使前轴向后倾斜而形成的。

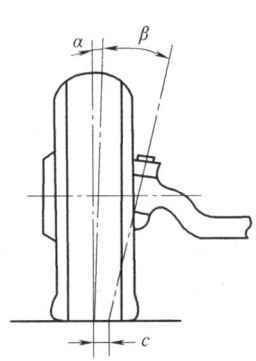

图 5-4 车轮外倾角 α 与主销内倾角 β

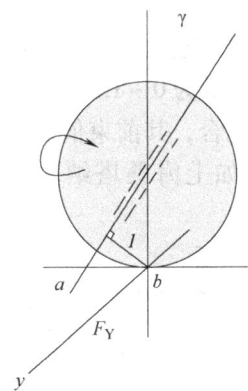

图 5-5 主销后倾角

（4）主销内倾　主销安装到前轴上后，在横向平面内，其上端略向内倾斜，这种现象称为主销内倾。在横向垂直平面内，主销轴线与汽车支承平面垂线之间的夹角 β 叫主销内倾角，如图 5-4 所示。表 5-1 为常见国产汽车的车轮定位参数。

表 5-1　常见国产汽车的车轮定位参数

车　　型	主销后倾角 γ	主销内倾角 β	前轮外倾角 α
CA1091	1°30′	8°	1°
EQ1090	2°30′	6°	1°
奥迪 100	1.16°	14.2°	0°30′±30′
上海桑塔纳			−0°30′±20′
南京依维柯	0°30′~1°	0°	1°
北京切诺基	7.5°		0°
天津夏利	2°55′	12°	0°

二、Beissbarth 四轮定位仪

Beissbarth 四轮定位仪（图 5-6），采用高分辨率进口 CCD、高精度进口倾角传感器及精密光学成像系统研制而成。该仪器主要用于检测汽车车轮定位参数，了解汽车底盘状况，指导技术操作人员对车轮定位参数进行相应调整，从而达到理想的行车和驾驭效果。

Beissbarth 四轮定位仪含有上百款车型的四轮定位数据。同时用户还可自己输入新车型的四轮定位标准数据，对标准定位数据库进行扩充，目前已获得宝马、奔驰、奥迪等汽车厂商的认可，并在世界范围内的维修站广泛使用。该系统综合了计算机、CCD 测量传感器（图 5-7）和射频数据传输等技术。Beissbarth 四轮定位仪的电气工作原理框架图如图 5-8 所示。

项目五 电控动力转向系统的检测与故障诊断

Beissbarth 四轮定位仪配有四个 CCD 测量传感器：分别为左前传感器（1号）、左后传感器（3号）、右前传感器（2号）、右后传感器（4号），如图 5-9 所示。四个传感器不能交叉互换。

图 5-6　Beissbarth 四轮定位仪

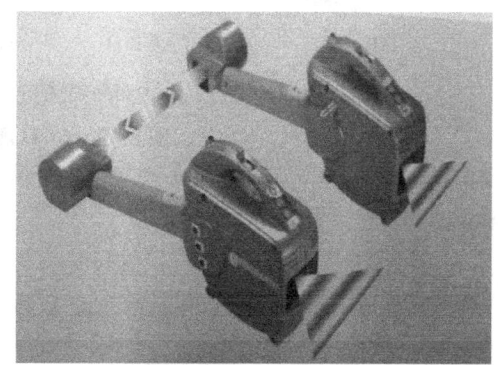

图 5-7　CCD 测量传感器

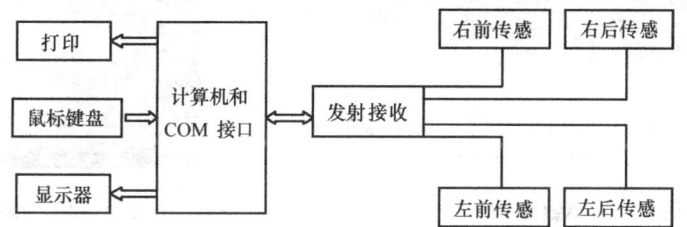

图 5-8　Beissbarth 四轮定位仪的电气工作原理框架图

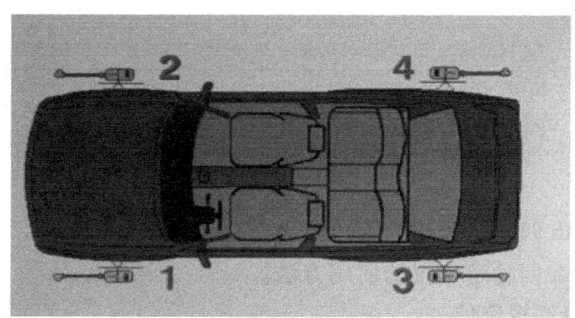

图 5-9　CCD 测量传感器的安装位置

每个传感器的两端各装一个 CCD 镜头，中部装有一个发射接收天线，如图 5-10 所示。CCD 传感器把获取的光点坐标无线传输给计算机系统，由计算机系统进行处理。

每个传感器的中部有一个小键盘，如图 5-11、图 5-12 所示，它分为传感器水平气泡区域和按键操作区域。

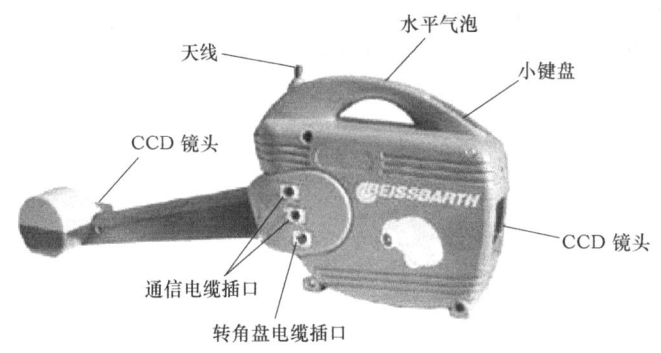

图 5-10 CCD 测量传感器

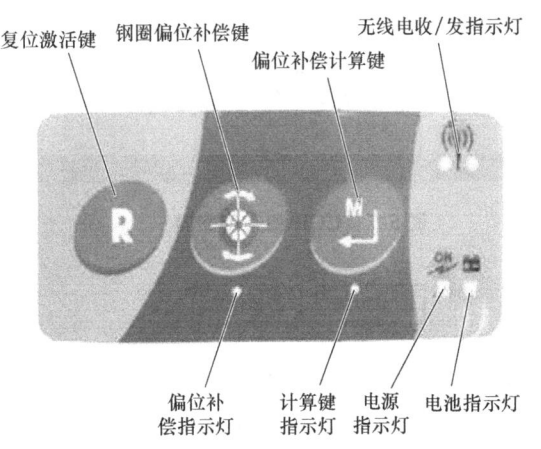

图 5-11 小键盘

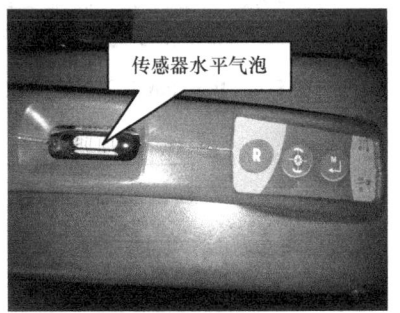

图 5-12 传感器水平气泡

【技能训练】

训练　Beissbarth 四轮定位仪定位检测

1. 目的
1）了解 Beissbarth 四轮定位仪的工作原理。
2）学会 Beissbarth 四轮定位仪的使用方法。
3）能正确地进行四轮定位。

2. 准备
汽车常用工具（呆扳手、扭力扳手、套筒等）。

3. 步骤
1）询问车主关于车辆有关行驶方面的问题和出现的现象，过去四轮定位的检测情况，并了解汽车的生产国家、生产厂家、车型及出厂年份等有关情况。

2）将汽车驶到举升机上，使前轮正好位于转角盘中心；后轮中心处于后滑板中心。车停稳后，拉紧驻车制动器以确保车辆不移动和人员安全。车辆驶入前，用锁销将转角盘锁紧，防止其转动。

3）检查底盘各零部件，包括胶套、轴承、摆臂、下控制臂球头、减振器、拉杆球头和方向盘是否有松动及磨损，检查轮胎气压和轮胎规格以及两前轮花纹是否相同，两后轮花纹深浅是否一致，如图 5-13 所示。

4）将四轮定位仪的电源插头插入标准的三相电源插座中，并打开机柜电源，起动电脑和打印机。

5）根据车轮轮辋尺寸调整卡具（图 5-14），然后将卡具安装在四个车轮上，并旋转手柄以锁紧轮夹。根据实际情况将卡爪固定在轮辋外圈，卡爪深浅应一致，并尽量避免卡在变形比较大的区域。

图 5-13

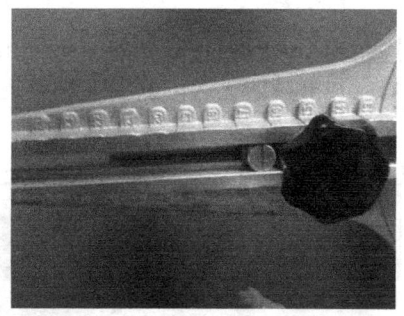

图 5-14

6）安装卡具时，卡具上的塑料接触头要与轮辋外缘完全接触，两侧横臂上的卡抓卡在同一道胎纹槽内，用同样的方法安装其他三个车轮的卡具，如图 5-15 所示（图示为左后轮的连接方法）。

7）调节传感器，使水平仪气泡处于中间位置，以保证传感器处于水平状态，用同样的方法安装其他三个车轮的传感器，如图 5-16 所示。

图 5-15

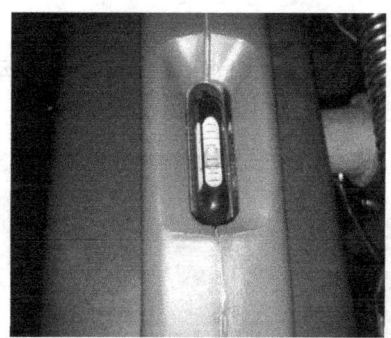

图 5-16

8）将四根通信电缆分别安装在传感器和机柜内的接收器的插座上，并起动传感器，然后安装左、右两侧后轮的车轮挡块，将变速器变速杆置于空档，释放驻车制动器，如图 5-17 所示。

9）放置二次举升右侧支撑垫块，升起举升机小剪，使车轮离开举升机 10cm 左右，充分悬空，以便进行轮毂补偿，如图 5-18、图 5-19 所示。

图 5-17

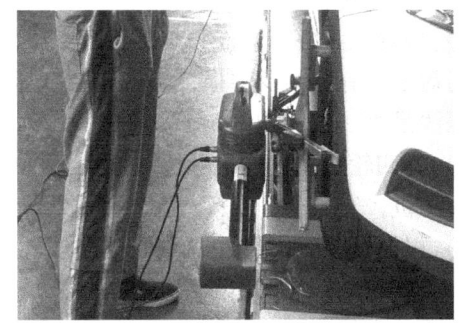

图 5-18

10）拔出两侧转角盘锁销、两侧滑板锁销，并降下车辆，同时检查四个车轮是否落在转角盘和滑板的正确位置上（两前轮落在转角盘中心，两后轮落在滑板的中间位置），如图 5-20、图 5-21 所示。

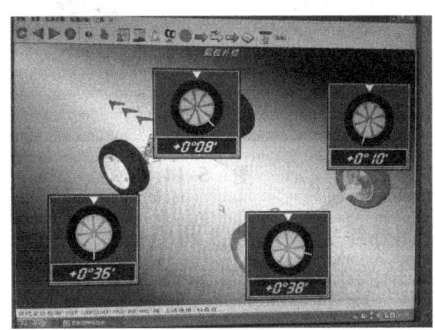

图 5-19

图 5-20

11）拉紧驻车制动器，用双手按压车辆前后部位，进行车辆前部、后部的减振器复位，如图 5-22 所示。

12）将制动锁固定架下端顶在制动踏板上，上端卡在座椅上撑紧，以使车辆固定，如图 5-23 所示。

图 5-21

图 5-22

13）转动方向盘，使车轮方向对中，电脑显示器上的屏幕箭头达到中心区域即可，然后按照屏幕提示调节传感器水平，使传感器上的水平气泡处于绿色区域即可，如图 5-24、图 5-25 所示。

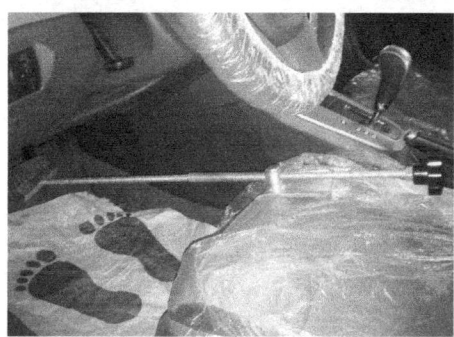

图 5-23

图 5-24

14）根据屏幕显示按照程序引导，分别向左、右 20°转向操作（图 5-26、图 5-27），然后转动方向盘，使车轮方向对中后（图 5-28），将方向盘锁放在驾驶座座椅上，压下手把使之顶住方向盘以锁定方向盘（图 5-29）。

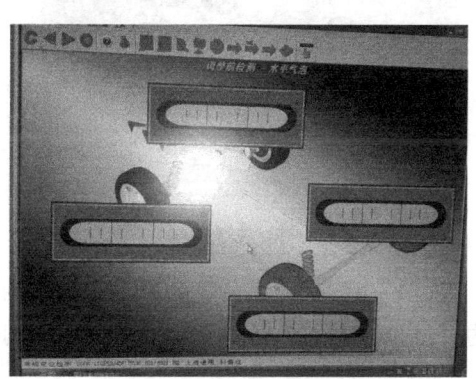

图 5-25

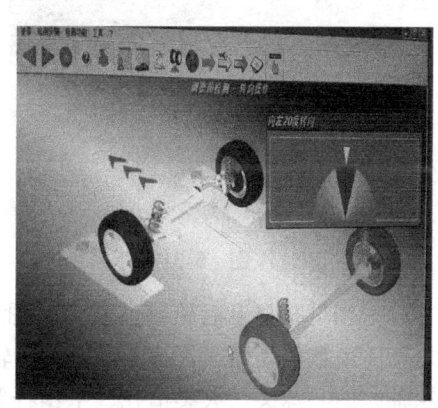

图 5-26

图 5-27

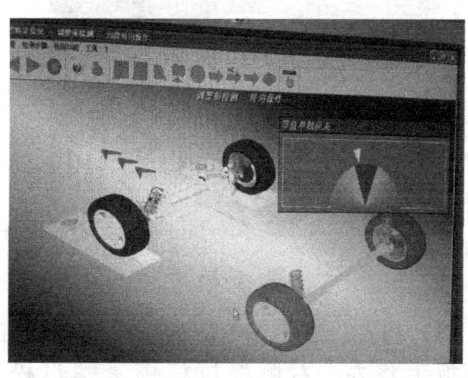

图 5-28

15）当屏幕显示后轮数据时，后退一步程序查看方向盘是否按照屏幕对中，如偏出需要再次调整方向盘，重新对中锁住方向盘，如图5-30、图5-31所示。

图 5-29

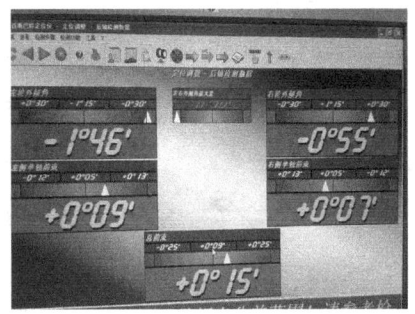

图 5-30

16）如果需要按照屏幕提示调节传感器水平，气泡、屏幕显示都在绿色水平区域即可，如图5-32、图5-33所示。

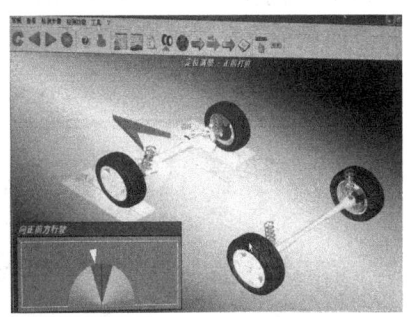

图 5-31

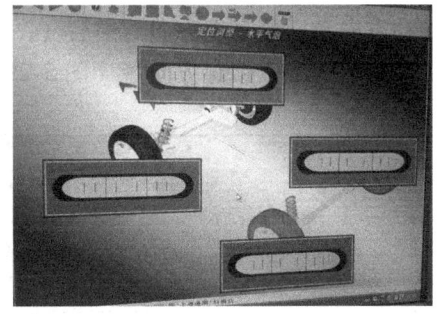

图 5-32

17）当屏幕显示后轮前束值后（图5-34），按"F3前进图标"，直到屏幕显示前轴外倾角和前束数值画面（图5-35），若后轮数据为红色，均为不合格，需调整垫片、不同心凸轮轴、偏心球头、大梁槽孔、平衡杆等。

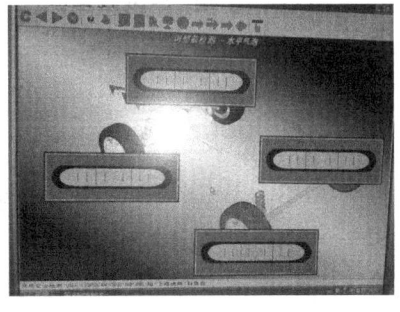

图 5-33

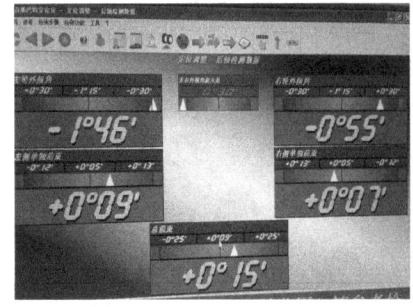

图 5-34

18）将左、右侧单轮前束按照屏幕标准数据调整到公差范围之内，调整方法：正确使用扳手将左、右侧横拉杆锁紧螺母松开（图5-36），根据电脑屏幕显示的数据（图5-37）进行调整。

项目五 电控动力转向系统的检测与故障诊断

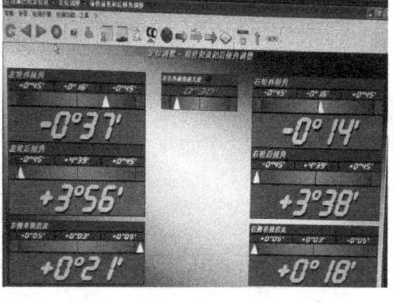

图 5-35

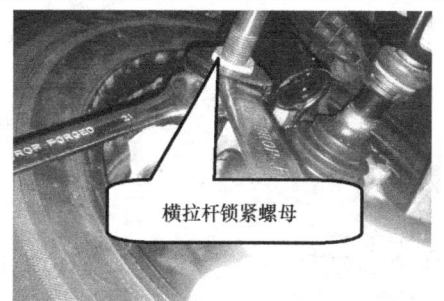

图 5-36

19）降低大剪举升平台到最低落锁位置落锁，取下方向盘锁，转动方向盘，车轮方向对中（图5-38），屏幕指示箭头到达中心区域即可，检查制动锁是否顶住制动踏板，如果制动锁松开或脱离，重新锁牢（图5-39）。如果需要按照屏幕提示调节传感器水平，气泡、屏幕显示都在绿色水平区域即可（图5-40）。

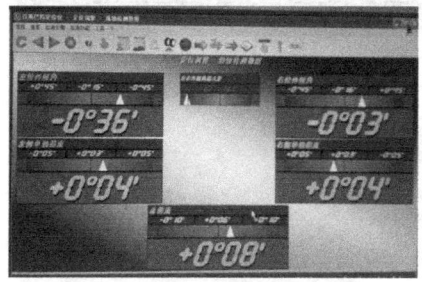

图 5-37

图 5-38

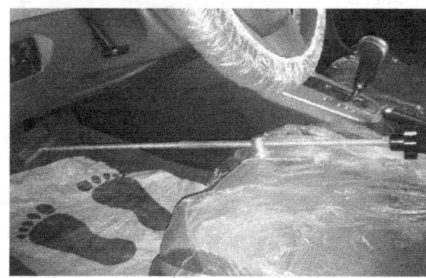

图 5-39

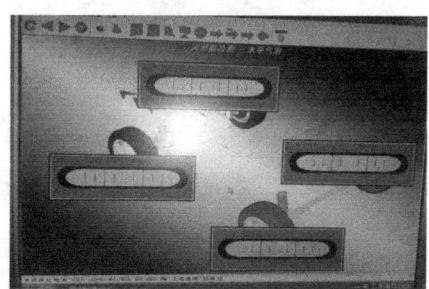

图 5-40

20）按"F3前进图标"进入检测流程。按照程序引导，分别向左、右20°转向操作，当屏幕显示前轮前束值时（图5-41），按"F3前进图标"，屏幕显示检测报告（图5-42）。

21）打印车辆状况表（图5-43）和检测的报表（图5-44）。

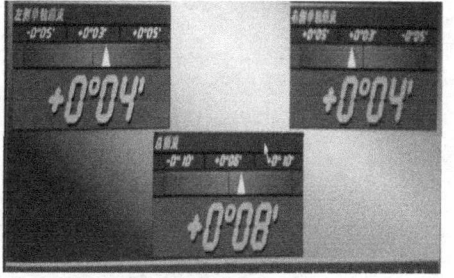

图 5-41

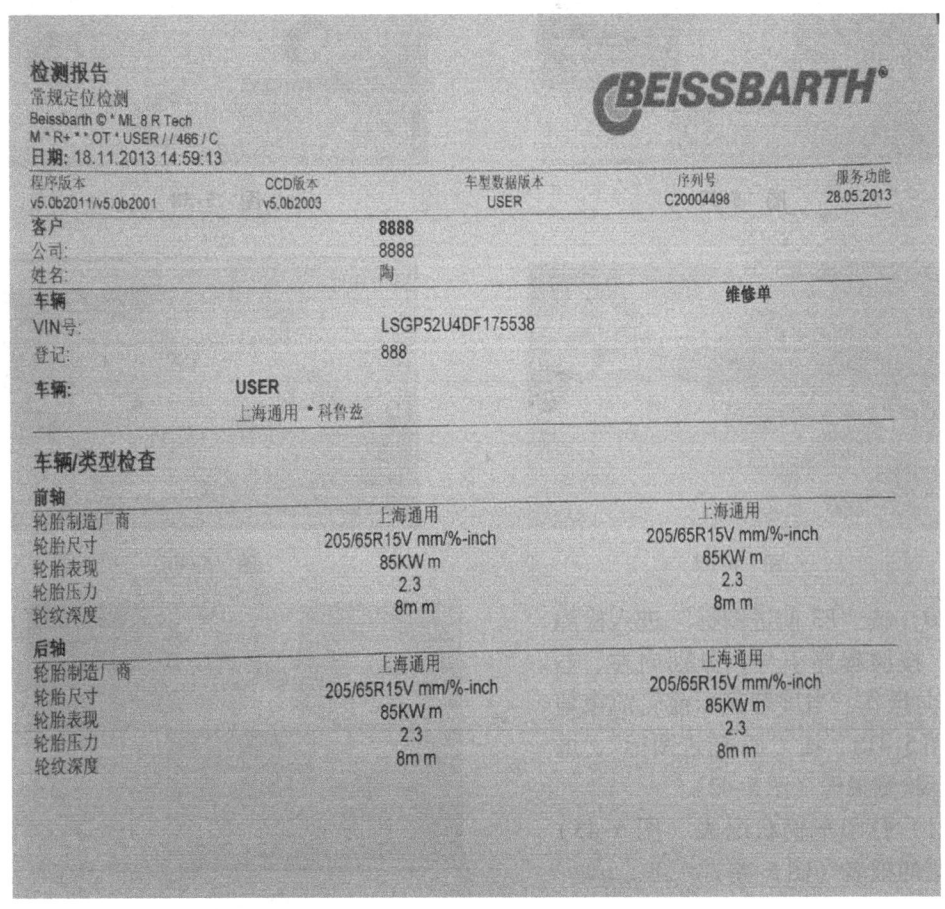

图 5-42

图 5-43

项目五 电控动力转向系统的检测与故障诊断

图 5-44

22) 测量、调整完毕,将车辆放下,关闭电源,取探杆。

任务二 电控动力转向系统的检测

【相关知识】

一、电控动力转向系统(EPS)
1. 电控动力转向系统概述

电控动力转向系统(图5-45),通过用于转向操作的电动机产生辅助转矩并减小转向用力。液压动力转向系统利用发动机的动力产生液压并且获得辅助转矩,而电控动力转向系统使用电动机,它不需要发动机的动力,因此可以提高燃油经济性。

图 5-45 电控动力转向系统

111

2. 电控动力转向系统组成与作用

电控动力转向系统主要由转矩传感器、EPS 电动机总成、EPS 控制模块和 EPS 警告灯等组成，其作用见表 5-2。

表 5-2 电控动力转向系统的组成与作用

部 件	作 用
转矩传感器	根据两个主副传感器检测到的转向和转矩输出电压至 EPS 控制模块。
EPS 电动机总成	提供与 EPS 控制模块输出电流相对应的辅助转向力矩
EPS 控制模块	根据转矩传感器输出电压和 ECM 传输的车速信号决定电动机电流值和转动方向 根据 ECM 传输的车速信号检测发动机状态（运转/停止）
EPS 警告灯	系统异常时点亮

（1）转矩传感器 转矩传感器也称转向传感器，其作用是通过测定转向盘与转向器之间的相对转矩，作为电动助力的依据之一。

转矩传感器的结构图和原理图，如图 5-46 所示。

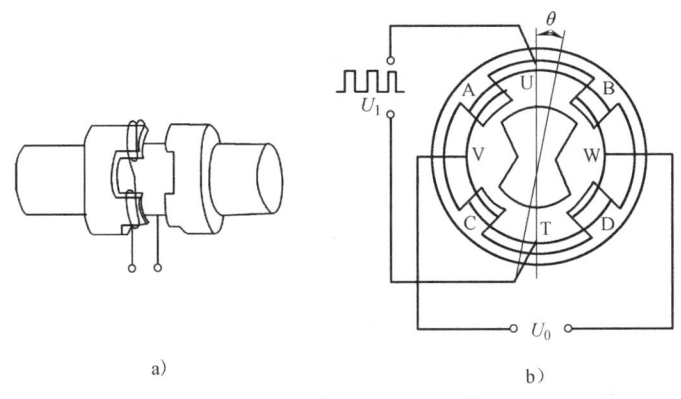

图 5-46
a）结构图 b）原理图

用磁性材料制成的定子和转子可以形成闭合的磁路，A、B、C、D 各极靴上绕有线圈，形成一个桥式回路。转向轴上扭杆扭转变形的扭转角与转矩成正比，所以只要测定扭杆的扭转角，就可间接地知道转向力的大小。

在线圈的 U、T 两端施加连续的脉冲电压信号 U_1，当转向轴上的转矩为零时，定子与转子的相对转角也为零。这时转子的纵向对称面处于定子 AC、BD 的对称平面上，每个极靴上的磁通是相同的。电桥平衡，V、W 两端的电位差 $U_0=0$。

如果转向轴上存在转矩时，定子与转子的相对转角不为零，此时转子与定子间产生角位移。极靴 A、D 间的磁阻增加，B、C 间的磁阻减小，各个极靴的磁阻产生差别，电桥失去平衡，在 V、W 两端产生电位差。这个电位差与轴的扭转角 θ 和输入电压 U 成比例，从而可知道转向轴的转矩。

一种实际应用的转矩传感器结构示意图，如图 5-47 所示，其工作原理与上面所述基本相同，优点是便于安装。

项目五　电控动力转向系统的检测与故障诊断

（2）EPS 电动机总成、电磁离合器和减速机构　电动机、电磁离合器和减速机构组成的整体称为 EPS 电动机总成，其结构示意图如图 5-48 所示。

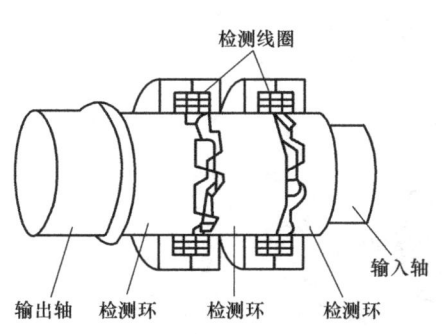

图 5-47　转矩传感器结构示意图

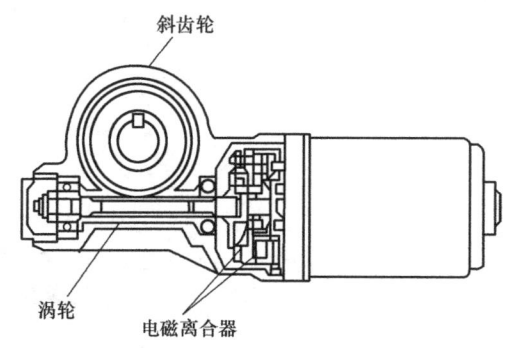

图 5-48　EPS 电动机总成结构示意图

1）电动机。转向助力电动机就是一般的永磁电动机，电动机输出转矩的控制是通过控制其输入电流来实现的，而电动机的正转和反转则是由电子控制单元输出的正、反转触发脉冲控制的。如图 5-49 所示为一种比较简单实用的正、反转控制电路。

2）离合器。一般使用干式单片电磁离合器，其结构如图 5-50 所示。工作电压为 12V，额定转速时传递的转矩为 15N·m，线圈电阻（20℃时）为 19.5Ω。

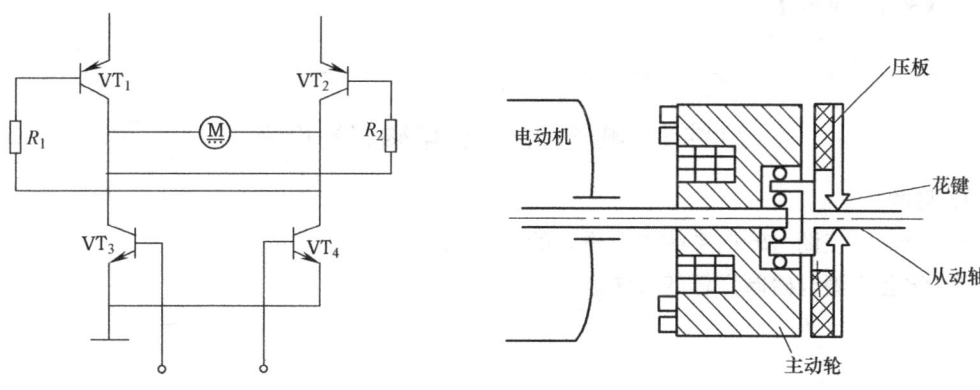

图 5-49　正、反转控制电路　　　　　图 5-50　干式单片电磁离合器

其工作原理是：当电流通过滑环进入离合器线圈时，主动轮产生电磁吸力，带花键的压板被吸引与主动轮压紧，电动机的动力经过轴、主动轮、压板、花键、从动轴传给执行机构。

由于转向助力的工作范围限定在一个速度区域内，所以离合器一般设定一个速度范围，如当车速超过 30km/h 时，离合器便分离，电动机也停止工作，这时就没有转向助力的作用。当电动机停止工作时，为了不使电动机及离合器的惯性影响转向系统的工作，离合器也应及时分离，以切断辅助动力。当系统中电动机等发生故障时，离合器会自动分离，这时仍可恢复手动控制转向。

三、电子液压动力转向系统统（EHPS）

有些车型上还装配有电子液压动力转向系统（EHPS），如图 5-51 所示。电子液压动力

113

转向系统包括多速度变量控制电动机、转向角传感器、控制电脑、车速信号、液压流体液面传感器等。

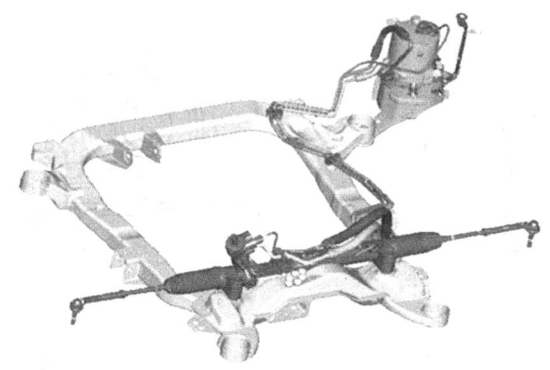

图 5-51 电子液压动力转向系统

电子液压动力转向系统使用地图控制系统，车辆速度和转向速度（°/s）为输入变量。根据这些变量确定所需的液压泵的转数（r/min），并以此确定液压泵压力。这样，动力转向支持就可以适应不同的驾驶条件。

【技能训练】

训练 1　电子控制部件电磁阀的检测

1. 目的
1）知道电控助力转向系统中电磁阀的工作原理。
2）学会检测电磁阀好坏的方法。

2. 准备
丰田轿车电动转向总成，汽车万用表，常用拆装工具，维修手册。

3. 步骤
1）拆下电磁阀插接器。
2）测量电磁阀端子 SOL + 与 SOL - 之间的电阻，电阻值为 6~10Ω。
3）接上电磁阀插接器。
4）从齿轮座上拆下电磁阀。
5）将蓄电池正极接电磁阀端子 SOL +，将蓄电池负极接电磁阀端子 SOL -，电磁阀的针阀应缩进大约 2mm；否则，更换电磁阀。
6）安装电磁阀。
7）进行动力转向管路放气操作。

项目五 电控动力转向系统的检测与故障诊断

训练 2　EPS 电动机检测

1. 目的
1) 知道 EPS 电控转向系统中电动机的工作原理。
2) 学会检测 EPS 电动机好坏的方法。

2. 准备
长安 Mini 奔奔轿车电动转向总成，汽车万用表，常用拆装工具，维修手册。

3. 步骤
1) 正确拆下汽车装饰件，找到 EPS 电动机。
2) 测量电动机线束端子到 EPS 电脑板端子的导通性。
3) 让方向盘保持直行位置，测量 EPS 电动机的电流，应为 0A。
4) 让方向盘向右或向左满转，测量 EPS 电动机的电流，应为 38A。

训练 3　动力转向 ECU 的检测

1. 目的
1) 知道电控动力转向 ECU 的作用。
2) 学会电控动力转向 ECU 的一般检测。

2. 准备
丰田轿车电动转向总成，汽车万用表，常用拆装工具，维修手册。

3. 步骤
1) 支起汽车。
2) 拆下杂物箱（注意不要拔出 ECU 的插接器）。
3) 起动发动机。
4) 发动机怠速运转，用万用表测量 ECU 的端子 SOL - 与 GND 之间的电压。使车速达到 60km/h，再测量 ECU 的端子 GND 和 SOL - 之间的电压。标准电压为 0.07 ~ 0.22V；否则，更换 ECU。
5) 装回杂物箱。
6) 放下汽车。

任务三　电控动力转向系统的故障诊断

【相关知识】

最常见的转向系统故障是转动方向盘感觉非常沉重，同时也是电控动力转向系统所存在的主要故障。方向盘感觉重，通常是助力不足导致的。电控动力转向系统在实际使用过程中，还会出现很多其他故障症状，这些症状有些是电控、电子部件导致，有些是机械原件所导致。常见的故障原因与处理办法见表5-3。

表5-3　电控动力转向系统常见的故障原因与处理办法

情　况	可能的起因	修正/参考项
方向盘很沉（低速）	轮胎充气压力过低	给轮胎充气
	前端定位混乱	检查并调整前端定位
	方向盘安装不正确（扭转）	正确安装方向盘
	转向横拉杆或转向横拉杆球头移动受阻	更换故障零件
	EPS电动机性能不良	按"电动机总成检查"检查EPS电动机
	转矩传感器性能不良	按"转矩传感器检查"检查转矩传感器
	转向齿轮箱总成故障	更换转向齿轮箱总成
向左或右转时方向盘瞬间很沉	转向齿轮箱总成故障	更换转向齿轮箱总成
转弯后回位困难	转向柱安装错误	正确安装转向柱
	前端定位混乱	检查并调整前端定位
	球头移动受阻	更换故障零件
	转矩传感器性能不良	按"转矩传感器检查"检查转矩传感器
	转向齿轮箱总成故障	更换转向齿轮箱总成
在直行时，车辆往一侧偏	轮胎不匹配或不均匀	更换轮胎
	轮胎充气压力低或不均匀	给轮胎充气到正确的压力，或调整右轮胎和左轮胎的充气压力
	制动器在一个车轮拖滞	修理
	前端定位混乱	检查并调整前端定位
	后端定位混乱	检查并调整后端定位
	转矩传感器性能不好	参照"转矩传感器检查："检查转矩传感器
	转向齿轮箱总成故障	更换转向齿轮箱总成
杂音	EPS电动机（置于转向齿轮箱总成内）故障	更换转向齿轮箱总成
急速不能增加	EPS控制模块故障	按"EPS控制模块及其线路的检查"检查EPS控制模块

项目五 电控动力转向系统的检测与故障诊断

【技能训练】

训练 电控动力转向系统的故障诊断——怠速或低速转向困难

1. 目的
1) 知道电控动力转向系统的故障现象及原因。
2) 掌握电控动力转向系统的故障诊断基本流程。
3) 能正确使用解码仪对电控动力转向系统进行故障分析。

2. 准备
长安 Mini 轿车,汽车万用表,解码仪,常用拆装工具,维修手册。

3. 步骤
利用解码仪器或者用导线跨接相应诊断端子读取故障码。

① 将诊断端子 B2 与电源(蓄电池)负极端子用维修导线连接(图 5-52)。

② 用木楔抵住左右车轮(轮胎),拉起驻车制动器。

③ 起动发动机(发动机未起动,将显示 DTC22)。

④ EPS 指示灯开始显示所有故障码,故障码 (DTC) 总是从最小的代码号开始依次显示,每种代码显示 3 次(图 5-53)。

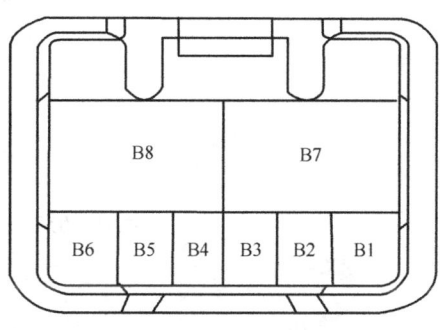

图 5-52

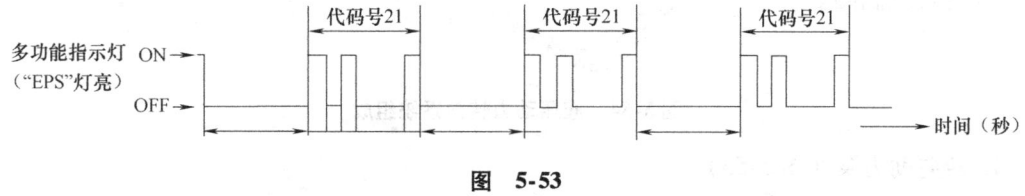

图 5-53

如系统有故障码按故障码的相关信息,根据电控动力转向系统的工作原理图进行相关的线路以及元器件的检测;如系统正常,无故障码,进行如下检查:
① 检查轮胎气压。
② 检查悬架与转向连接件之间的润滑。
③ 检查前轮定位。
④ 检查转向系统接头及悬架臂球头。
⑤ 检查转向柱管是否弯曲。
⑥ 检查是否所有插头均牢固可靠。

任务四　液压动力转向系统的检测

【相关知识】

液压动力转向系统由方向盘、动力转向机、转向助力泵、转向流量控制阀、安全阀、储油罐和油管等，如图 5-54 所示。

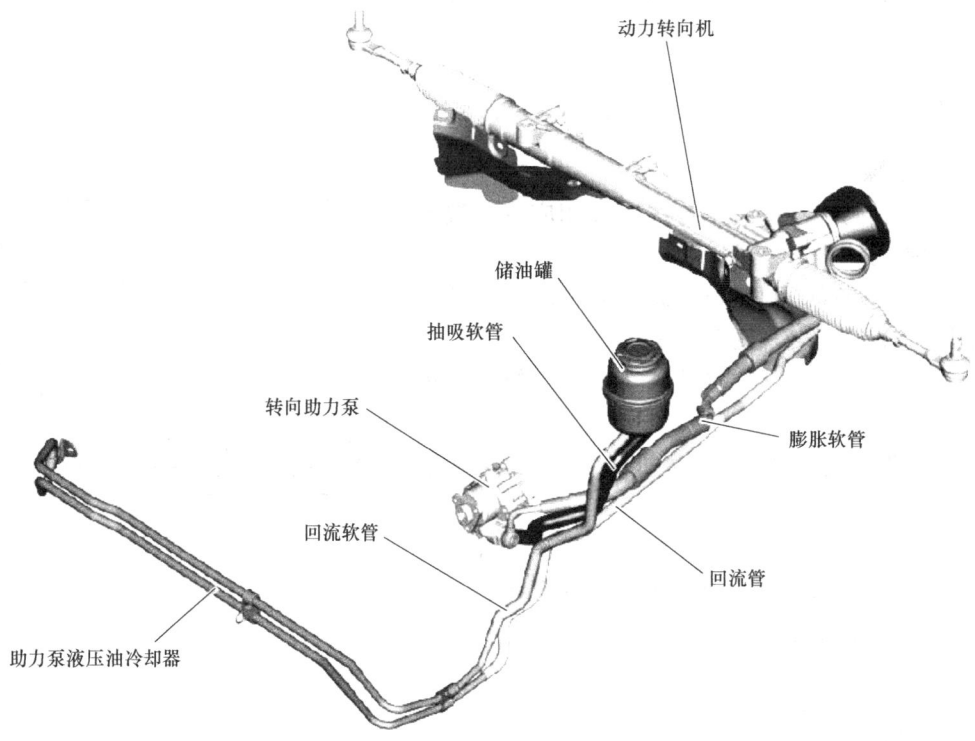

图 5-54　液压动力转向系统组成

1. 转向助力泵（图 5-55）

转向助力泵安装在发动机一侧，由发动机驱动并产生转向动力油压，使其转向器正常工作。

2. 转向流量控制阀（图 5-56）

转向流量控制阀控制转向助力泵的最大输油量，而且还能将油量控制在规定的范围内，确保转向动力的需要。

3. 安全阀

安全阀用来控制最高油压，当转向助力泵输出的油压过高时，安全阀自动打开，将出油口、进油口接通，使液压油产生回流，从而降低输出油压，确保了转向系

图 5-55　转向助力泵

统的安全正常工作。

4. 储油罐（图 5-57）

储油罐储存一定量的油液，保证供给充足的油量，并有散热冷却油液的作用。

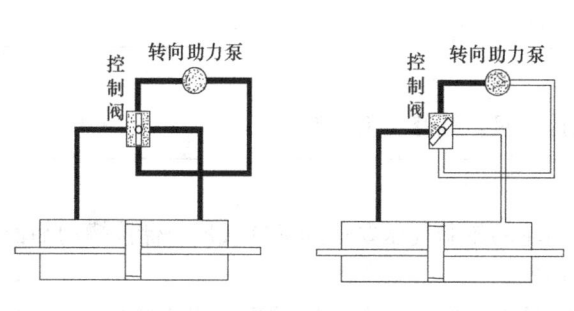

图 5-56　转向流量控制阀

图 5-57　储油罐

【技能训练】

训练 1　液压动力转向系统油压的检测

1. 目的
1) 知道液压动力转向系统的工作原理。
2) 学会液压动力转向系统油压的检测方法。

2. 准备
液压动力转向轿车一部，油压表一只，维修资料一套。

3. 步骤
1) 起动发动机前，应先检查传动带的松紧度、带轮和转向轮胎气压的情况。
2) 使用专用工具开启截流阀，然后排出系统中的空气。
3) 然后起动发动机并怠速运转，使转向储液罐的油温上升到 60～80℃。此时，截流阀处于完全打开状态。如果截流阀处于关闭状态，转向油泵中油压将会异常上升。
4) 怠速时，将方向盘向右、向左转到极限位置后检测油压，转向油泵的最高压力为 7500～8238kPa。
5) 检测截流阀关闭时，关闭压力表的阀门并读取压力表上的数值，最小压力为 765kPa。
6) 完全开启截流阀，检测记录发动机在 1000r/min 和 3000r/min 运转状态下压力值差不大于 500kPa。
7) 检测方向盘转到完全锁定位置时的压力值为 7654kPa。注意：在锁定位置的保留时间不要超过 15s，不要使液压油温度上升得太高。
8) 检测结束后，拆卸专用工具，添加转向油液并完全排除系统中的空气。

训练 2　液压助力工作状态的检测

1. 目的
1）知道液压动力转向系统的工作原理。
2）学会液压助力工作状态的检测方法。

2. 准备
液压动力转向轿车一部，弹簧测力计一只，维修资料一套。

3. 步骤
首先将汽车停放在水平地面上，转向轮的轮胎气压要达到标准气压、储液罐的油面高度正常以及油泵的传动带张紧力应符合标准。
1）起动发动机并保持怠速运转，同时连续向左、向右转动方向盘至极限位置数次，使其油温升高。
2）然后使转向轮朝向直线行驶方向。
3）把弹簧测力计挂到方向盘的轮缘上，如图 5-58 所示。

图 5-58

4）起动发动机并保持怠速运转，然后拉弹簧测力计，一旦转向轮开始转动时，记录弹簧测力计上的读数。
5）弹簧测力计上的读数应小于 40N·m，如果读数过大，说明车轮开始转向所需的操纵力过大，动力转向系统工作不正常，则检查转向助力泵和转向器；如果转向助力泵压力正常，而转向操纵力过大，则应检查控制阀、动力液压缸以及转向器。

任务五　液压动力转向系统的故障诊断

【相关知识】

液压动力转向系统存在的主要问题也是转动方向盘感觉非常沉重。液压动力转向系统在实际使用过程中，还会出现很多其他的故障症状，这些症状有些是电子部件、油泵、油压过

项目五 电控动力转向系统的检测与故障诊断

低等导致,有些是机械原件所导致,具体详见表5-4。

表 5-4 液压动力转向系统的故障原因与处理方法

情　况	故障原因	处理方法
方向盘很沉 （低速）	轮胎充气压力过低	给轮胎充气
	前端定位混乱	检查并调整前端定位
	方向盘安装不正确（扭转）	正确安装方向盘
	转向横拉杆或转向横拉杆球头移动受阻	更换故障零件
	转向齿轮箱总成故障	更换转向齿轮箱总成
向左或右转时方向盘瞬间很沉	转向齿轮箱总成故障	更换转向齿轮箱总成
转弯后回位困难	转向柱安装错误	正确安装转向柱
	前端定位混乱	检查并调整前端定位
	球头移动受阻	更换故障零件
	转向齿轮箱总成故障	更换转向齿轮箱总成
直行时,车辆往一侧偏	轮胎不匹配或不均匀	更换轮胎
	轮胎充气压力低或不均匀	给轮胎充气到正确的压力,或调整右轮胎和左轮胎的充气压力
	制动器在一个车轮拖滞	修理
	前端定位混乱	检查并调整前端定位
	后端定位混乱	检查并调整后端定位
	转向齿轮箱总成故障	更换转向齿轮箱总成

【技能训练】

训练1　排除动力转向沉重或助力不足故障

1. 目的
1）知道液压动力转向系统的工作原理。
2）学会液压动力转向系统的故障诊断与排除的方法。

2. 准备
液压动力转向轿车一部,油压表一只,维修资料一套。

3. 步骤
1）现象:操作方向盘时感觉沉重,转向助力不足或方向盘转不动。
2）原因:常见原因有油泵传动带松动、储油罐油面低、转向器与转向柱没有对正、各连接处松动、轮胎充气不当、流量控制阀卡住、油泵输出压力不够、油泵内油液泄漏过大、转向器油液内泄漏过大。

121

3）诊断：按规定调整油泵传动带张力；加油至规定油面高度，如油面过低，检查所有管路和接头，拧紧松动的接头；对正转向器和转向柱，松开夹紧螺栓，正确地装配；按规定压力给轮胎充气；进行油压试验，或对整个动力转向系统进行测试。转向沉重、助力不足故障诊断框图如图 5-59 所示。

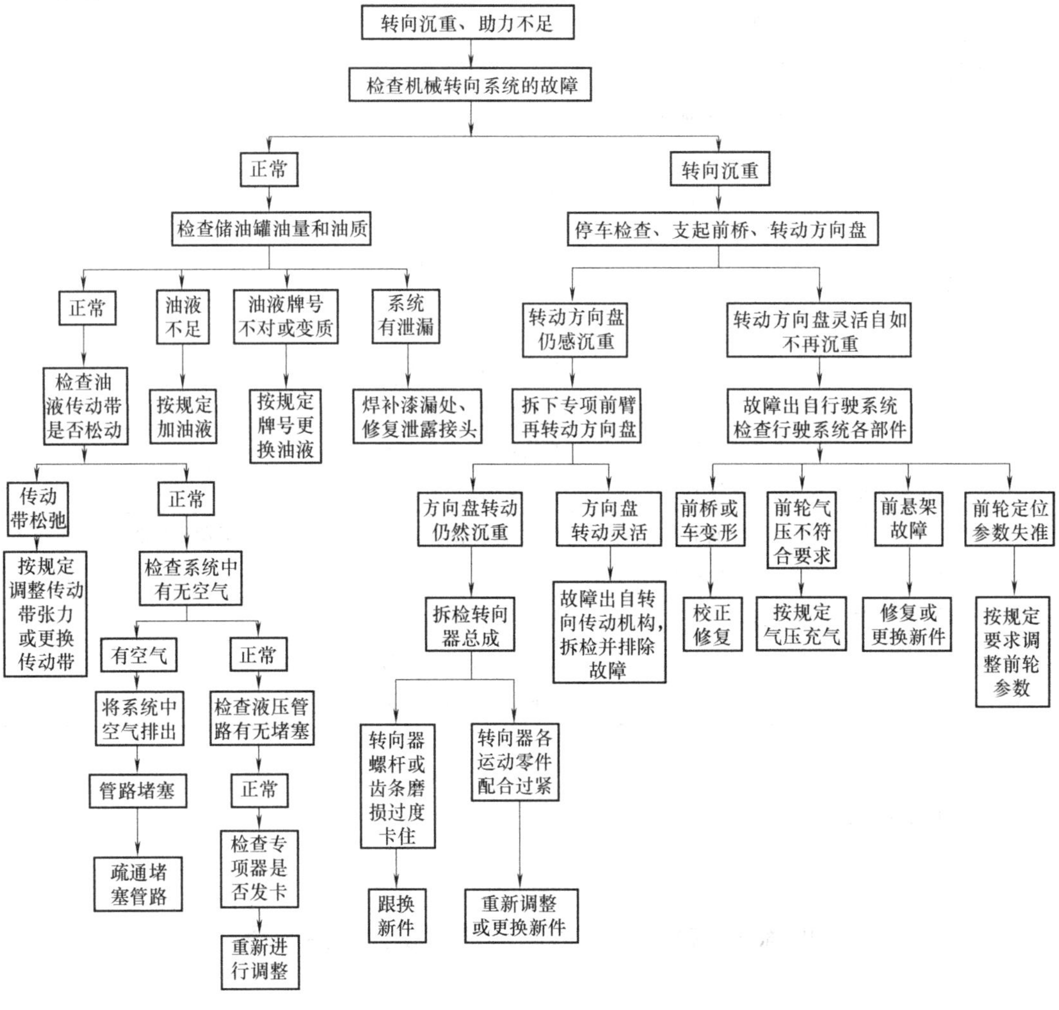

图 5-59

训练 2 排除动力转向系统有噪声故障

1. 目的
1）知道液压动力转向系统的工作原理。
2）学会液压动力转向系统的故障诊断与排除的方法。

2. 准备
液压动力转向轿车一部，油压表一只，维修资料一套。

3. 步骤

1）现象：汽车行驶中动力转向系统发出噪声，转向操作比较费力。

2）原因：动力转向助力泵驱动传动带松弛；动力转向助力泵轴承损坏；油泵配油盘、转子磨损或进入异物；泵密封环过度磨损；储油罐油量不足；液压油中混入空气，油管接头松动；动力转向器的动力缸装配不当或传动件啮合间隙过大；控制阀有故障。

3）诊断：检查动力转向装置各部分，若是动力转向助力泵有响声，一般是储油罐油量不足、驱动传动带过松、系统中混入空气、滤网堵塞或安装不当所致，若不是动力转向助力泵响而是其他部分有冲击声，则可能是动力缸装配不当、控制阀故障、传动件啮合间隙过大等原因，均应及时排除。动力转向系统噪声的故障诊断框图如图 5-60 所示。

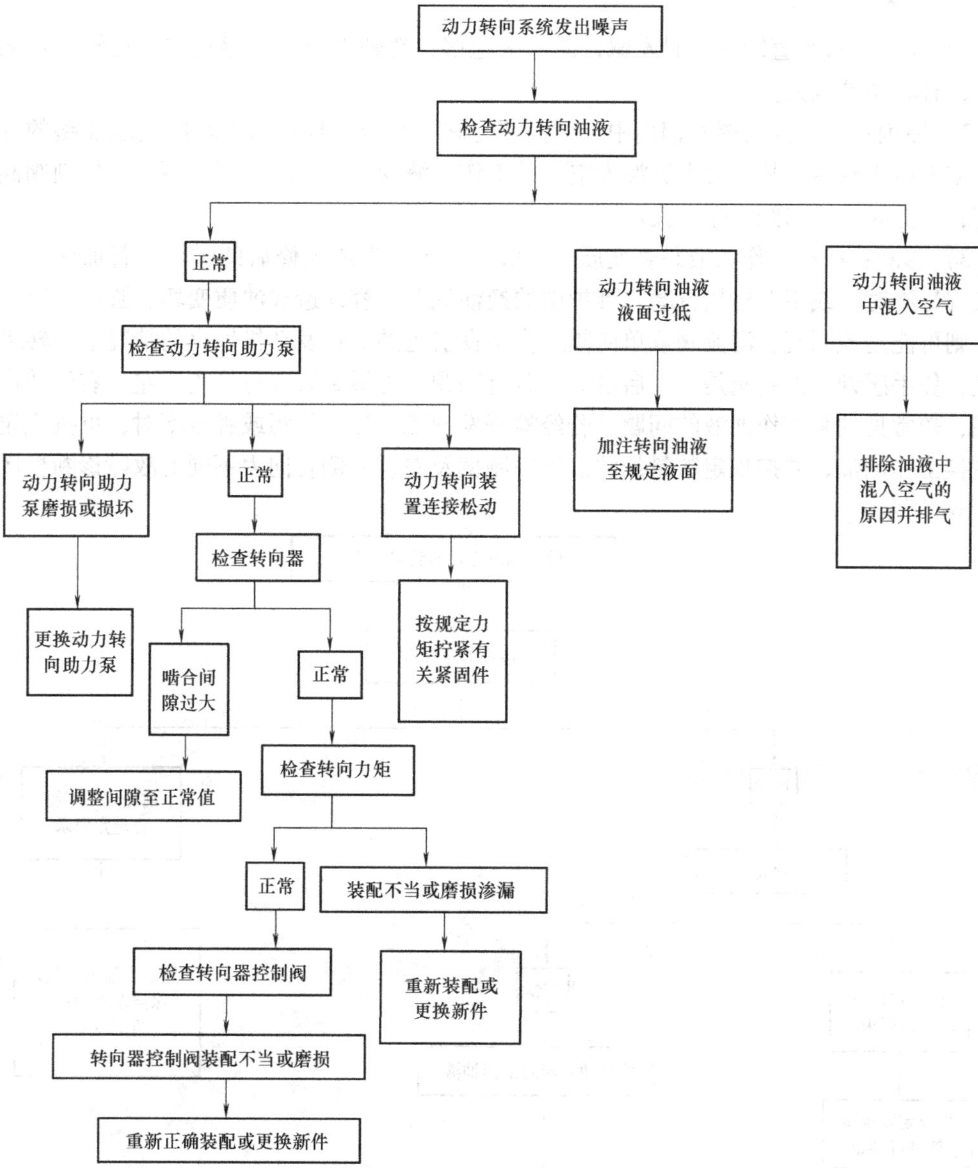

图 5-60

训练3 排除行驶跑偏及左、右侧转向力不同故障

1. 目的
1) 知道液压动力转向系统的工作原理。
2) 学会液压动力转向系统的故障诊断与排除的方法。

2. 准备
液压动力转向轿车一部,油压表一只,维修资料一套。

3. 步骤
1) 现象:汽车直线行驶时发飘,向一侧跑偏,驾驶人转向时感觉左、右侧的转向力不同,有时相差很大。

2) 原因:控制阀的阀芯偏离中位,阀芯与阀体配合不良;动力转向液压油路的油管破损或管接头漏油;某一动力缸混入空气;工作油液变质、过脏或牌号不对;控制阀阀孔堵塞;溢流阀或单向阀工作不良。

3) 诊断:检查工作油液是否变质、过脏。对于新车或大修后的车辆,若加注的工作油液牌号不对,或不严格执行磨合维护中的换油规定,容易造成油质变坏、脏污;对于旧车,则可能是控制阀、溢流阀或单向阀工作不良引起的。在发动机熄火的情况下,转动方向盘,凭手感判断控制阀是否开启自如;若有问题,可拆卸后进行检查。左、右侧转向力不同,较常见的是工作油液的问题。若经检查发现工作油液脏污或牌号不对,可按规定牌号更换工作油液,并按规定数量加注。行驶跑偏及左、右侧转向力不同的故障诊断框图如图5-61所示。

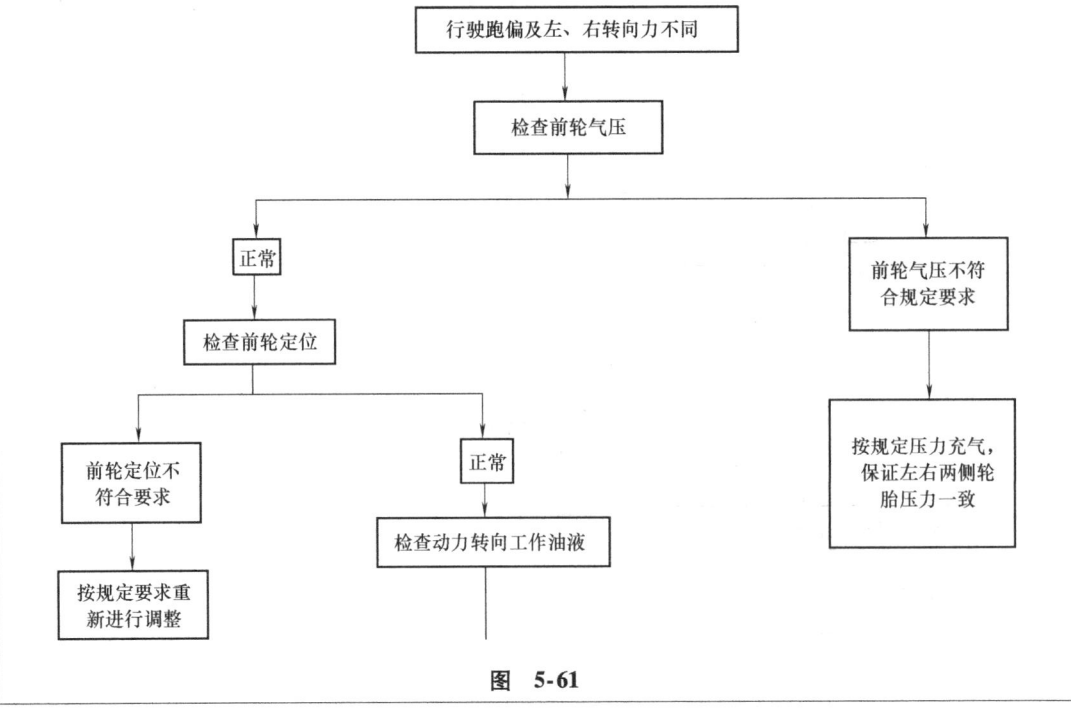

图 5-61

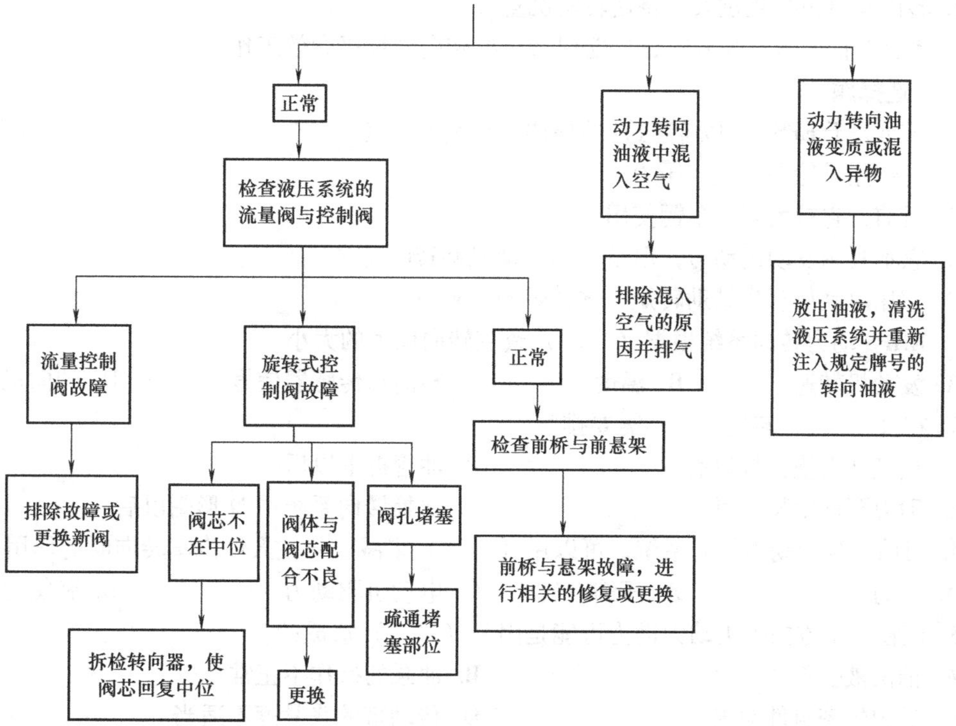

项目五 电控动力转向系统的检测与故障诊断

图 5-61（续）

一、填空题

1. 使用四轮定位仪 X-531 时，打开电源，起动电脑，直接进入测量程序主界面。主界面显示有七项功能：_____、_____、附加检测、系统管理、报表打印、_____、退出系统。

2. 转向系统中_____决定流向左右动力油缸油液的方向。

3. 在转向助力泵中，如果液体流量过大，流量控制阀会改变位置并打开_____将过量的油液送回储液罐。

4. EHPS 系统包括：多速度变量控制电动机、_____、控制电脑、车速信号、液压流体液面传感器等。

5. EPS（电动动力转向）通过用于转向操作的_____产生辅助转矩并减小转向用力。

6. 液压式动力转向系统中，转向加力装置由_____、_____、_____和_____组成。

7. 液压转向动力装置有_____和_____两种。

8. 在转向传动机构中，为了防止运动干涉，各个横纵拉杆均采用_____进行连接。

9. 动力转向器由_____、_____和_____等三部分组成。

二、判断题

1. 常流式动力转向器中的反作用柱塞是用来使驾驶人对道路有"路感"作用。（   ）

2. 转向盘自由行程过大,将使转向沉重。   (   )
3. 动力转向装置在失效时,应能保持机械转向系统仍有效工作。   (   )

三、选择题

1. 下面关于 EPS(动力转向)的描述,正确的是(   )。
   A. 它使用叶轮泵产生液压力
   B. 目前,它被大多数车辆使用
   C. 它不利用发动机动力,但是,用电动机旋转叶轮泵
   D. 它用电动机产生辅助转矩,这样燃料消耗少
2. EHPS 动力转向系统根据(   )改变转向助力的大小。
   A. 发动机转速   B. 温度   C. 转向角传感器信号   D. 转向机类型
3. 在(   ),转向系统不需要排气。
   A. 更换转向横拉杆以后   B. 油管拆下以后
   C. 助力泵产生噪音时   D. 更换转向系统中 O 形圈以后
4. 目前见到的动力转向系统,可以用(   )来减轻驾驶人使汽车转向时的作用力。
   A. 磁力   B. 压缩空气   C. 电动机驱动力   D. 弹簧力
5. 仅在一个方向失去动力助力可能是因为(   )造成的。
   A. 油液液位低   B. 油泵的操作不正常
   C. 滑阀的密封件磨损   D. 传动带的张紧度不适当
6. 在动力转向系统中,转向所需的能源来源于(   )。
   A. 驾驶人的体能   B. 发动机动力
   C. A、B 均有   D. A、B 均没有
7. 桑塔纳轿车采用的安全转向操纵机构为(   )。
   A. 缓冲吸能式   B. 网状管柱变形式
   C. 钢球滚压变形式   D. 可分离式
8. 在桑塔纳 2000 型轿车的动力转向系统中,转向油泵采用(   )。
   A. 叶片式   B. 齿轮式   C. 转子式   D. 柱塞式
9. 转向盘自由间隙大,路面传递的力(   )。
   A. 越明显   B. 越不明显   C. 变化不大
10. 转向盘出现"打手"现象,主要是(   )。
    A. 转向盘自由行程小   B. 转向盘自由行程大
    C. 车速太高   D. 转向器缺油
11. 动力转向装置工作时,转向轮偏角增大时,动力缸内的油压(   )。
    A. 增大   B. 减小   C. 不变
12. 导致动力转向沉重的原因有(   )。
    A. 油箱缺油   B. 滤清器堵塞
    C. 油管弯曲   D. 油泵驱动带打滑

四、简答题

1. 在什么情况需要进行四轮定位?
2. 前轮前速的定义和功用是什么?

项目六
电控空调系统的检测与故障诊断

【学习目标】

1. 掌握电控空调系统的基本结构及工作原理。
2. 能够对电控空调系统的各元件进行检测。
3. 熟练掌握电控空调系统常见故障的诊断与排除方法。

任务一 AC350C 加注机的使用

【相关知识】

一、AC350C 加注机（图 6-1）

AC350C 加注机能够完成车辆空调制冷剂的回收、再生、充注和检漏操作，具有强大的功能。该设备还有一个强大的数据库，覆盖了市场上绝大多数车型的所有服务信息。AC350C 用于对 R-134a 或者 R-12 其中一种制冷剂的回收、再生和充注，一旦选用了 R-134a 或者 R-12，系统就只能使用这一种制冷剂。

1. AC350C 加注机术语

AC350C 加注机术语及含义详见表 6-1。

2. AC350C 加注机操作面板

AC350C 加注机操作面板实物如图 6-2 所示，各功能键的作用详见表 6-2。

图 6-1 AC350C 加注机

表 6-1 AC350C 加注机相关术语及含义

序 号	术 语	含 义
1	空调系统	被本设备服务的汽车空调系统
2	工作罐	位于设备内部,用于存储、充注制冷剂的存储容器
3	控制面板阀门	在控制面板上的高/低压阀门,统称控制面板阀门
4	快速接头	装在空调管道上,用于连接管道到空调系统或液罐的接头
5	空调软管	用于连接设备和空调系统的红色和蓝色软管
6	液罐	用于补充工作罐制冷剂的制冷剂存储容器
7	设备	制冷剂回收、再生、充注设备

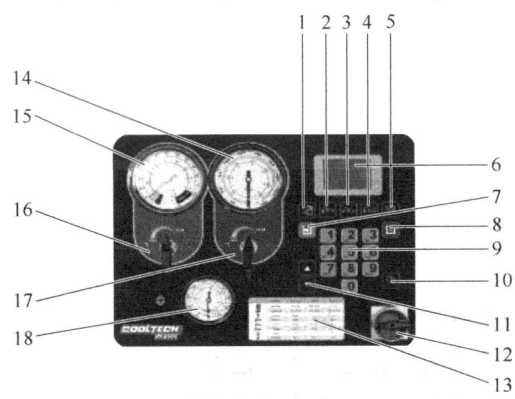

图 6-2 AC350C 加注机操作面板

表 6-2 AC350C 加注机功能键作用对照表

序号	功能键	作 用	序号	功能键	作 用
1	排气	运行排气功能的快捷键	10	数据库*	进入数据库的快捷键
2	回收	回收空调系统的制冷剂	11	上下键	上下选择键
3	抽真空	将空调系统进行抽真空	12	电源开关	开机或关机
4	充注	向空调系统充注制冷剂	13	多语言对照表	多种语言表达对照表
5	菜单	进入菜单程序的快捷键	14	高压表	显示空调系统高压端压力表
6	显示屏	显示操作信息	15	低压表	显示空调系统低压端压力表
7	开始/确认	开始/确认程序的进行	16	低压阀	控制空调系统低压端与设备的通断
8	停止/取消	停止/取消程序的进行	17	高压阀	控制空调系统高压端与设备的通断
9	键盘	输入数据键	18	工作罐压力	显示工作罐的压力的压力表

3. 注意事项

1)当确定使用了一种制冷剂后就不能使用另外的制冷剂,否则会严重损坏设备和汽车空调。

2)使用前必须认真检查真空泵油位,如低于最低位时应及时添加。

3)不可随意加连接线,否则容易导致设备过热或着火。

4)启动设备前检查是否有冷冻油,若无,请加入适量的冷冻油。

5）设备只能在 10～50℃ 环境下使用，如果温度超过 40℃ 要在两次回收之间等待 10min。

6）在真空状态下不能超时使用压缩机，否则会损坏压缩机。

7）在使用设备时要佩戴护眼罩。

8）不能在内置存储罐内充注过多制冷剂，过多可能导致爆炸、严重的人身伤害或导致死亡。

9）在抽真空前必须检查压力表，只有低压小于 0kPa 时才可进行操作。

10）R-134a 与 R-12 有特殊的接头不可混用。

11）对进行抽真空操作的空调系统要补充必要的冷冻油。

12）不得随意拆开设备外部防护件，在打开设备外盖时必须断电。

二、设备初始设置

1. 添加真空泵油

1）打开注油口盖。

2）从注油口向真空泵中加入润滑油，直到油面线达到液位标尺中部。

3）盖上注油口盖。

注意：真空泵出厂时未加润滑油，在使用前要进行添加。正常使用情况下每工作 10h 真空泵油更换一次。

2. 添加注油瓶油

1）拧下注油瓶。

2）向注油瓶加入适量的冷冻油。

3）冷冻油加注完成后，将注油瓶拧上。

注意：设备出厂时注油瓶内无冷冻油，在启动设备前先加入冷冻油。

3. 工作罐初始化

1）断开系统与空调的连接。

2）选择"▦"键（图 6-3），输入密码，默认为 1234（图 6-4）。

3）进入"3. 维护"选项（图 6-5），再选择"4、工作罐初始化"功能（图 6-6），按"⮐"键。

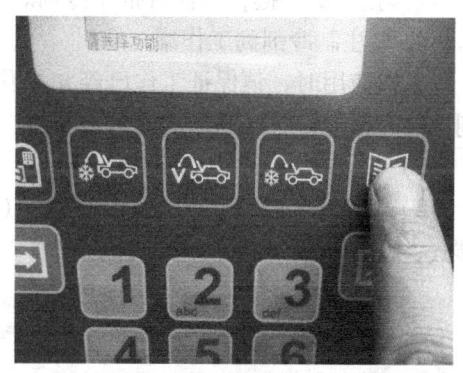

图 6-3 选择"▦"键

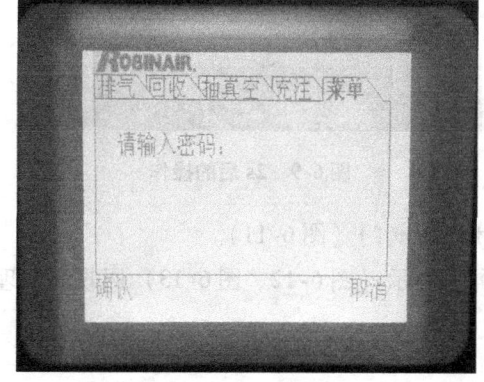

图 6-4 输入密码

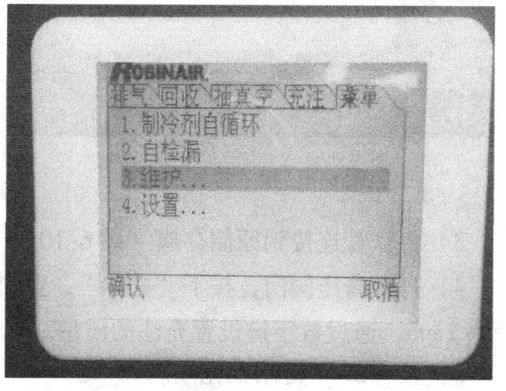

图 6-5 进入"3. 维护"选项

4）显示如界面（图6-7）通过数字键设置初始化时间，当光标在"10：00"处闪动时，选择数字键，程序将切换到时间设置界面。

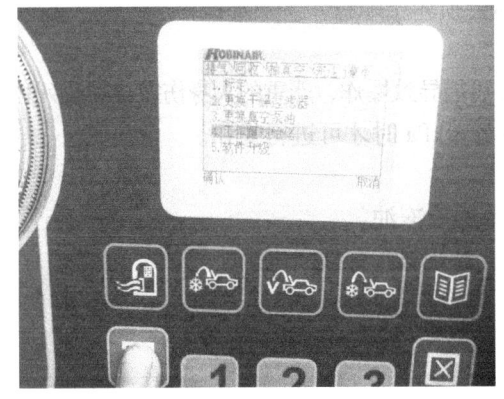

图6-6　选择"4.工作罐初始化"功能

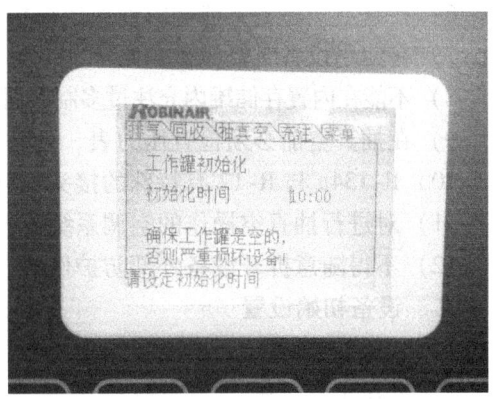

图6-7　设置初始化时间

5）按"⇄"键进入工作罐抽真空状态。

6）当初始化时间到了设置的时间，系统自动停止显示。

7）按"⇄"键，加注首批制冷剂。

4. 充注制冷剂到工作罐

首次使用时，请保证工作已经初始化完成，然后将高压管（或低压管）通过接头连接到原储存罐上，打开高压阀运行"排气"和"回收"功能。

1）接入电源，并开启设备。

2）按"排气"键，即开始排气2s（图6-8）。2s完成后（图6-9），按"确认"键继续排气，按"取消"键退出排气操作。

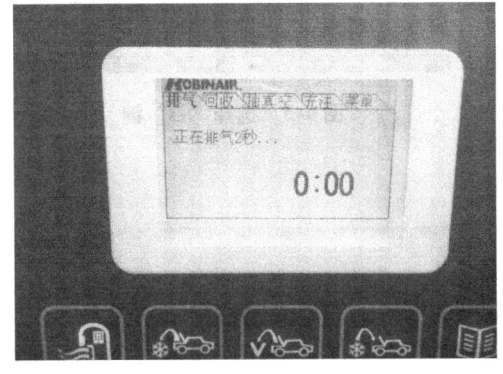

图6-8　按"排气"键

图6-9　2s后的操作

3）将软管连接到原储存罐（图6-10），并关闭高压阀门（图6-11）。

4）打开高压阀门，按下"🚗"，直到显示屏上显示（图6-12、图6-13）回收前清理管路1min，通过数字键设置充注的质量。

5）按"✕"键结束充注。

项目六　电控空调系统的检测与故障诊断

图 6-10　连接软管

图 6-11　关闭高压阀门

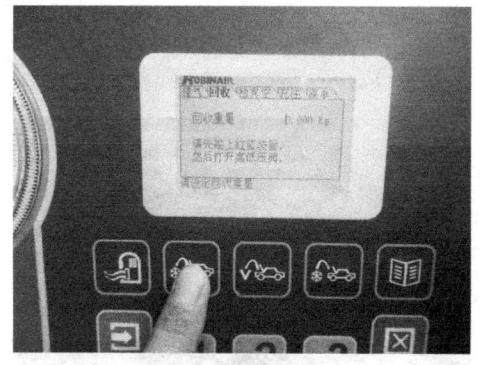

图 6-12　设置回收重量

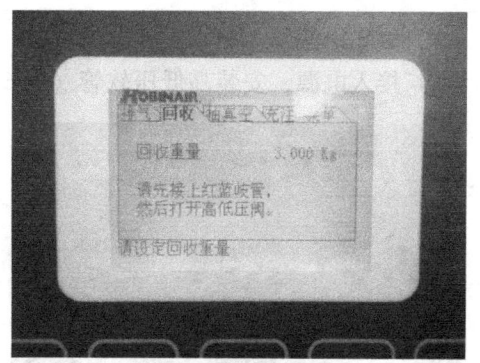

图 6-13　确认回收

三、设备提示信息

在操作过程中，以下信息可能出现在显示屏上。如果出现这些提示信息，请立即采取适当措施，详见表 6-3。

表 6-3　提示信息相应的含义

序号	提示信息	含　义
1	更换干燥过滤器	这个信息出现在当制冷剂已经被回收了 68% 的时候，表示干燥过滤器需要更换
2	更换真空泵油	这个信息出现在真空泵已使用了 10h 之后
3	下一步，排油	这个信息出现在空调系统回收完成以后
4	下一步，注油	这个信息出现在空调系统抽真空完成以后
5	工作罐高压	这个信息出现在内置存储罐压强超过 25bar 或更高的时候（此时应该关闭设备，让其冷却 30min，重新开机后观察是否清除"高压"报警信息。如果信息不能成功清除，请联系制造商。）
6	工作罐过载	这个信息出现在内置存储罐里的制冷剂过多时，此时应该根据设备提示执行"充注"功能排出过多制冷剂
7	充注缓慢	这个信息出现在充注的过程中 1min 内充注量少于 50g 时
8	制冷剂自循环保护	这个信息出现在内置存储罐制冷剂重量小于 1kg 或者大于 8kg 进行自循环时
9	真空泵保护	这个信息出现在空调系统压力大于 10psi 时进行抽真空程序时
10	回收已超过 30min，请检查！	这个信息出现在"回收"超过 30min 时

【技能训练】

训练 1　回收制冷剂

1. 目的

1）掌握 AC350C 的操作方法。

2）熟练使用 AC350C 对汽车制冷系统制冷剂进行回收操作。

2. 准备

丰田卡罗拉汽车一辆，AC350C 加注机一台，常用拆装工具。

3. 步骤

1）接入电源，安装高低压软管（图 6-14、图 6-15）。

图　6-14

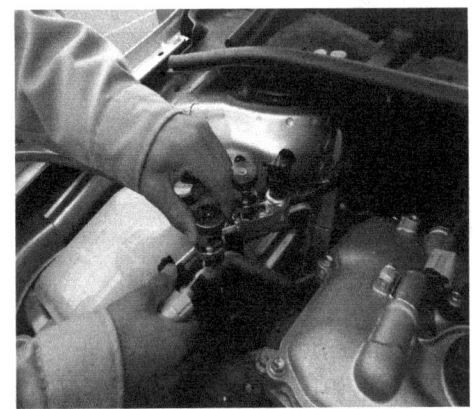
图　6-15

2）打开高低压阀并开启电源（图 6-16、图 6-17）。

图　6-16

图　6-17

3）按"排气"键，即开始排气 2s（图 6-18、图 6-19）。

项目六　电控空调系统的检测与故障诊断

图　6-18

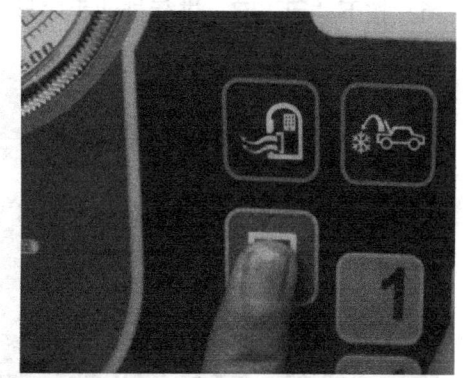

图　6-19

4）按"🚗"键直到显示屏上显示"回收重量"（图 6-20、图 6-21），可以通过数字键盘设置回收的重量，回收前清理管路 1min。

图　6-20

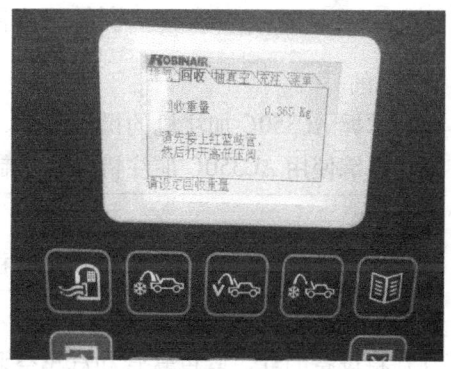

图　6-21

5）按下"⮐"键，压缩机启动，系统将进行清理管路，时间为 1min（在此过程中按"⊠"系统将退回主界面）。清理管路完成后，开始回收，显示如图 6-22 所示，回收完成后显示如图 6-23 所示。

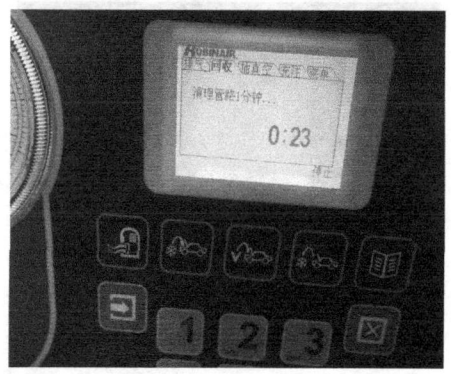

图　6-22

图　6-23

6）按下"⊒"键，进行排油程序显示（图6-24、图6-25）。

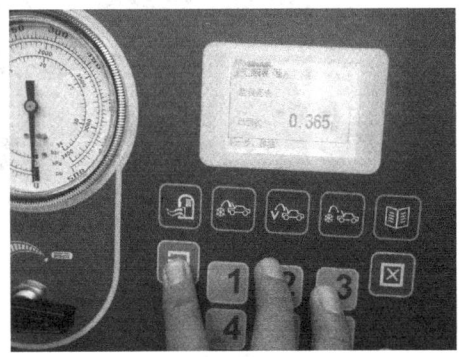

图 6-24

图 6-25

7）按下"⊠"返回主界面，回收制冷剂操作完成。

训练2　制冷系统抽真空

1. 目的

1）掌握AC350C加注机的操作方法。

2）熟练使用AC350C加注机对汽车制冷系统制进行抽真空操作。

2. 准备

丰田卡罗拉汽车一辆，AC350C加注机一台，常用拆装工具。

3. 步骤

1）将设备的红、蓝色软管和汽车空调系统的高低压接口连接。

2）在控制面板上打开设备电源开关，打开红、蓝两个阀门。

3）按下"🚗"键，直到屏幕上出现抽真空状态（图6-26）。

可以通过数字键盘设定抽真空时间：当光标在"15:00"字符处闪动时，选择数字键程序将切换到抽真空时间设置界面。当抽真空完成后，屏幕显示（图6-27）。

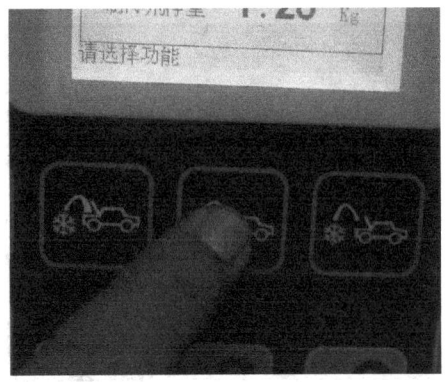

图 6-26

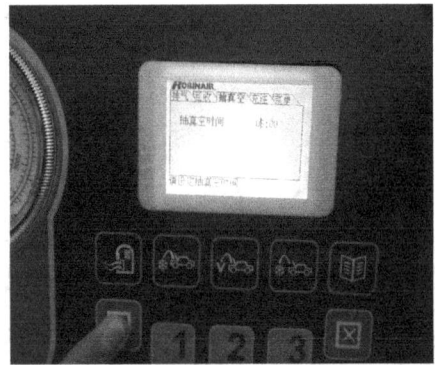

图 6-27

4)按下"➡"键,开始抽真空操作。显示屏上原显示的 MM:SS 值开始计时。

注意:在抽真空前,必须检查压力表。只有在低压小于 0kPa 时才可进行抽真空操作,否则将会损坏真空泵。如果压力大于 0kPa,请先进行回收操作(图 6-28、图 6-29)。

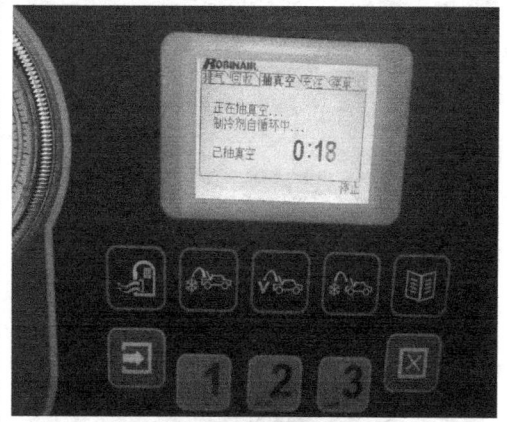

图 6-28

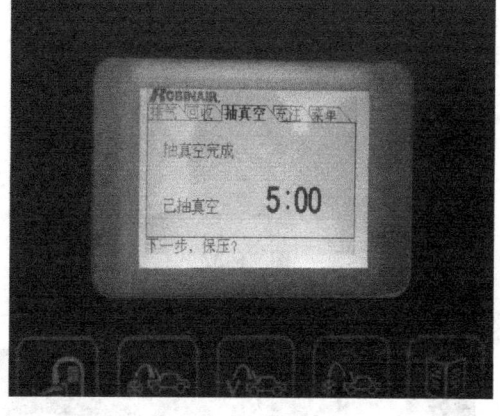

图 6-29

5)关闭高低压阀,按"➡",保压显示如图 6-30、图 6-31 所示。

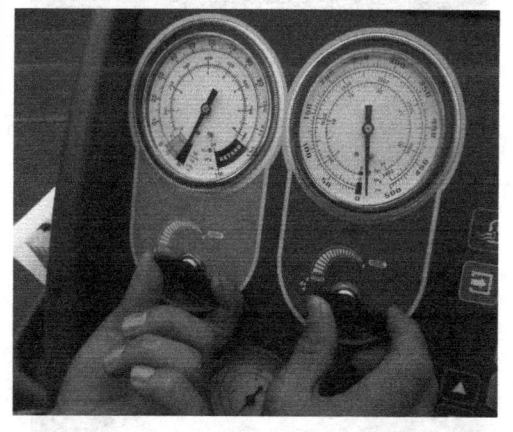

图 6-30

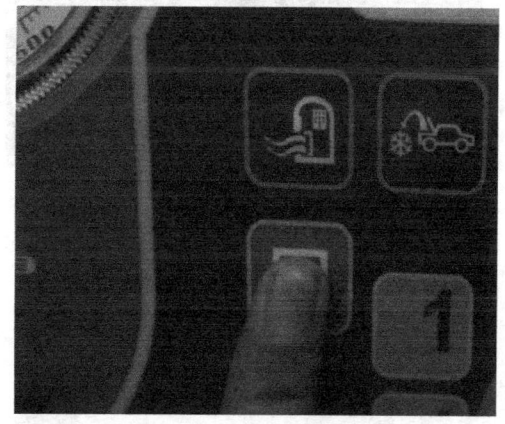

图 6-31

6)3min 保压完成后,观察压力表的变化以确认是否有泄漏,如果存在泄漏要查明原因并进行处理,直至不再泄漏才进行下一步的操作(图 6-32、图 6-33)。

7)保压完成后压力表显示不存在泄漏情况后,打开高压阀,关闭低压阀,按下"➡",显示如图 6-34、图 6-35 所示。

8)按下"➡"键显示屏显示如图 6-36 所示。

9)按下"➡"系统进入注油程序,显示如图 6-37 所示,按下"✕"键退出,或按"➡"注油完成后,进入下一步充注制冷剂操作流程。

图 6-32

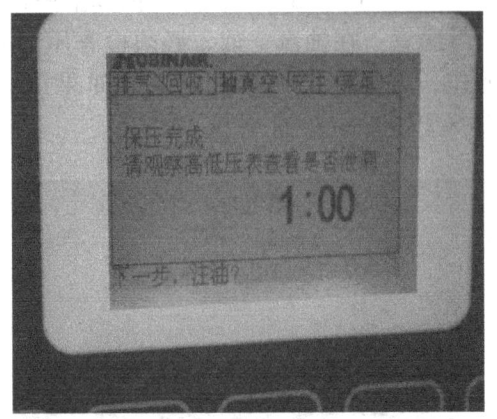

图 6-33

图 6-34

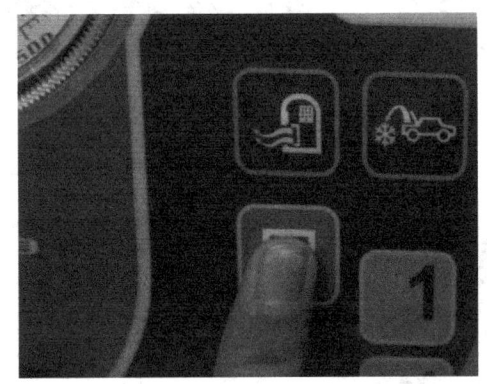

图 6-35

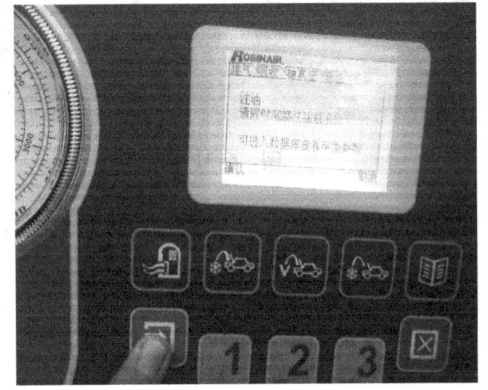

图 6-36

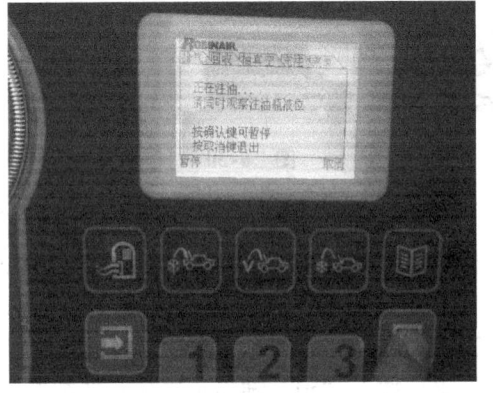

图 6-37

训练 3　制冷剂净化

1. 目的

1）掌握 AC350C 加注机的操作方法。

2）熟练使用 AC350C 加注机对制冷剂进行净化操作。

2. 准备

丰田卡罗拉汽车一辆，AC350C 加注机一台，常用拆装工具，制冷剂。

3. 步骤

1）进入菜单，选择"1. 制冷剂自循环"功能，显示屏显示如图 6-38、图 6-39 所示，注意在程序默认的制冷剂自循环时间是 10min，可以用数字键进行设置时间。

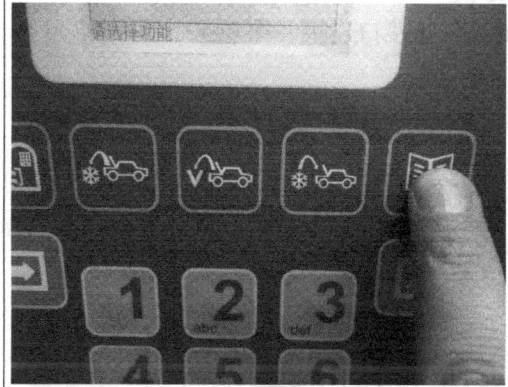

图 6-38

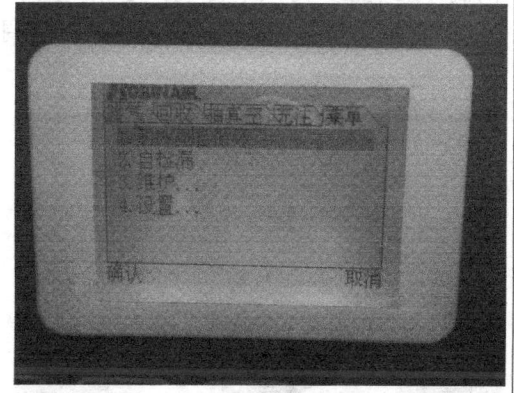

图 6-39

2）按照屏幕上的提示操作，打开高低压阀（图 6-40、图 6-41）。

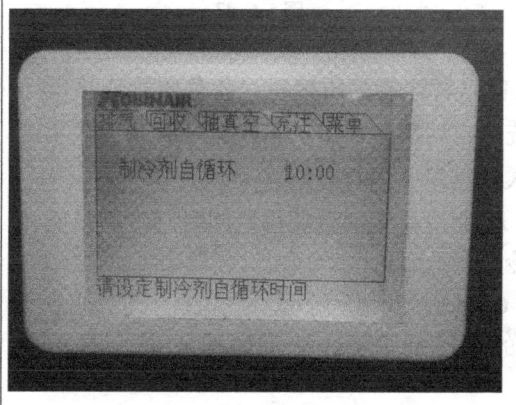

图 6-40

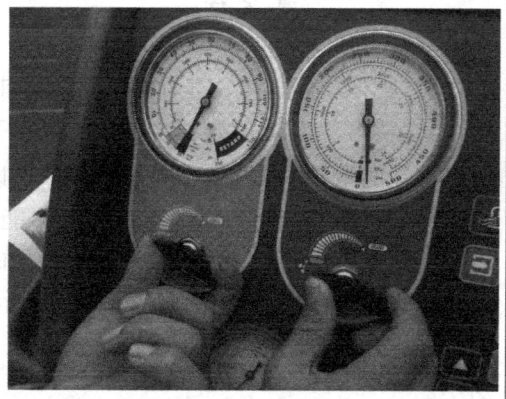

图 6-41

3）按"∃"键，当系统按照设置的时间进行运行后，系统会自动停止自循环功能，完成净化操作。

训练 4　充注制冷剂

1. 目的
1）掌握 AC350C 加注机的操作方法。
2）熟练使用 AC350C 加注机对汽车制冷系统进行制冷剂的充注操作。

2. 准备
丰田卡罗拉汽车一辆，AC350C 加注机一台，常用拆装工具，制冷剂。

3. 步骤
提示：为了最大限度地提高 AC350C 加注机在充注过程中的性能，要确认加注系统中的制冷剂量至少为汽车制冷系统加注量的 3 倍以上。

1）将设备的红、蓝色软管和汽车空调系统的高低压接口连接（图 6-42、图 6-43）。

图　6-42

图　6-43

2）把低压阀关闭，进行单管充注（注：红色软管连接高压接口，蓝色软管连接低压接口）。按下"❄🚗"键，在默认的状态下系统会自动判断工作状态，也可以通过数字键设置充注的重量。如果不清楚加注量，可以进入数据库中进行查询。

注意：R-134a 系统有特殊的接头不能与 R-12 制冷系统混合使用，同时制冷剂只能在一种制冷系统中使用，不可加注不同种类的制冷剂。

3）打开控制面板上的对应阀门，显示如图 6-44、图 6-45 所示。
4）按下"⮕"充注开始，并显示已充注的制冷剂重量，显示如图 6-46、图 6-47 所示。
5）按下"⮕"系统进行自动管路清理（图 6-48、图 6-49）。
6）从汽车上断开高低压快速接头（图 6-50、图 6-51、图 6-52）。
7）程序结束后按下"⮕"键退出（图 6-53）。

项目六 电控空调系统的检测与故障诊断

图 6-44

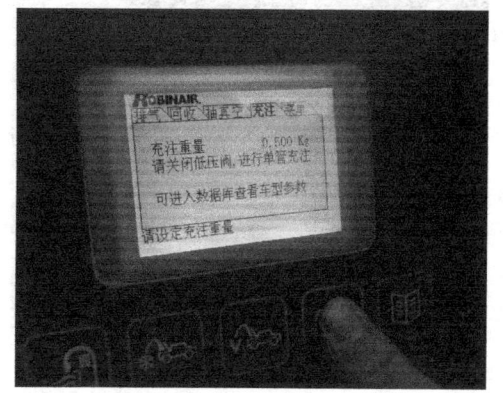

图 6-45

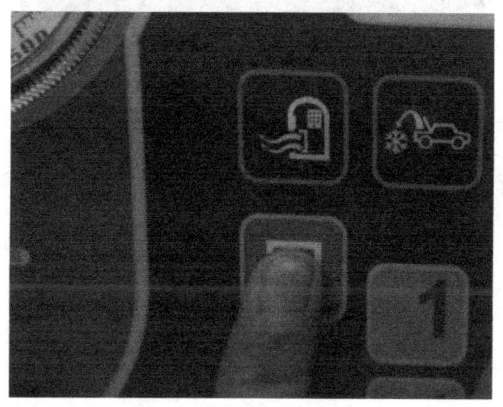

图 6-46

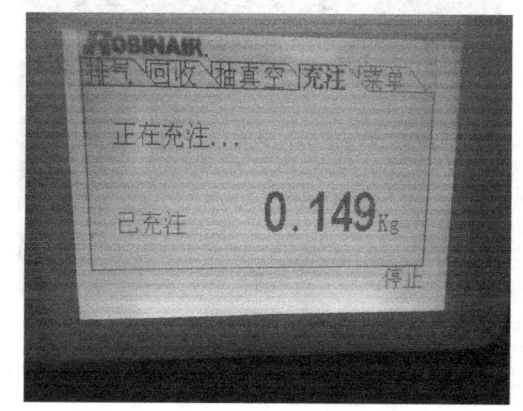

图 6-47

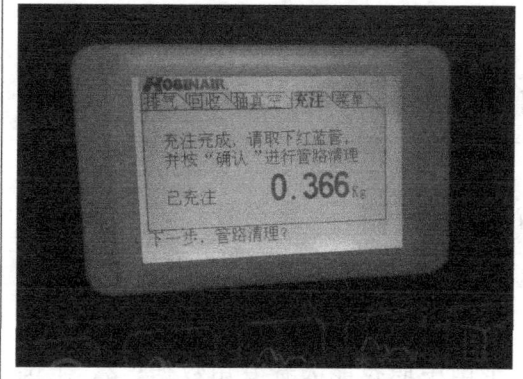

图 6-48

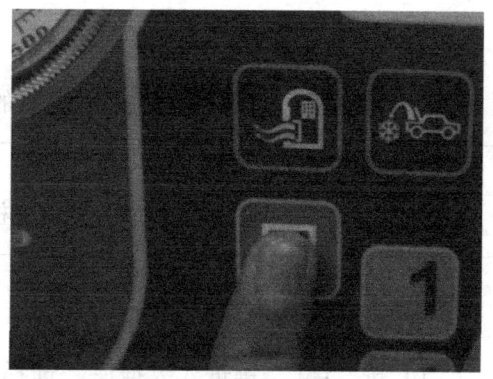

图 6-49

图 6-50

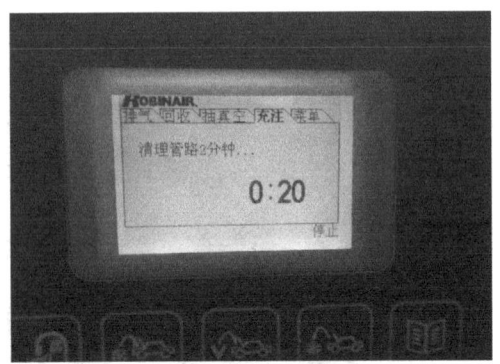

图 6-51

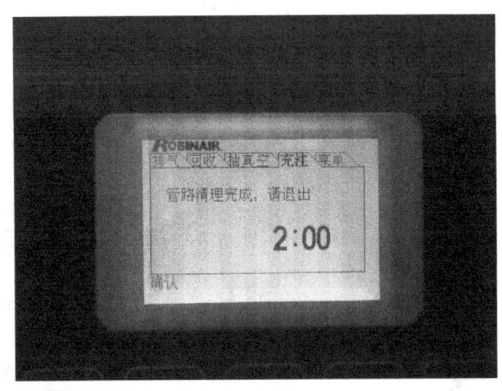

图 6-52

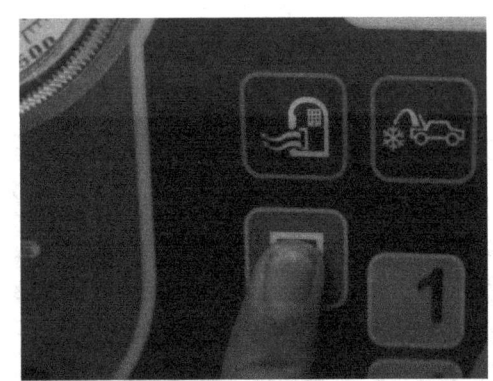

图 6-53

训练 5 数据库的调用与修改

1. 目的
1）掌握 AC350C 加注机的操作方法。
2）熟练使用 AC350C 加注机数据库的调用与修改操作。

2. 准备
丰田卡罗拉汽车一辆，AC350C 加注机一台，常用拆装工具，制冷剂。

3. 步骤
（1）调用查询
1）按"📖"键进入数据库，选择"1、全国中职技能大赛专用数据；2、全国职业技能竞赛专用数据；3、SPX 数据库"或者"4、Motor Info 数据库"（图 6-54、图 6-55）。

图 6-54

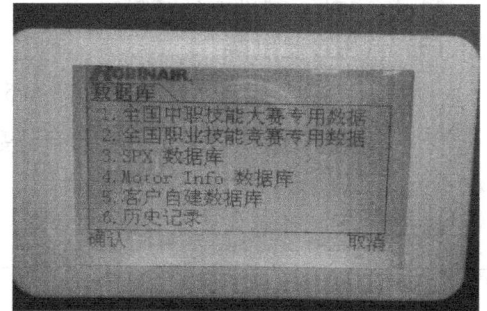
图 6-55

2）数字输入"1"进入"全国中职技能大赛专用数据"（图6-56）。

3）按"♦"选择发动机型号，按"➡"键进入车的空调的维修数据（图6-57）。

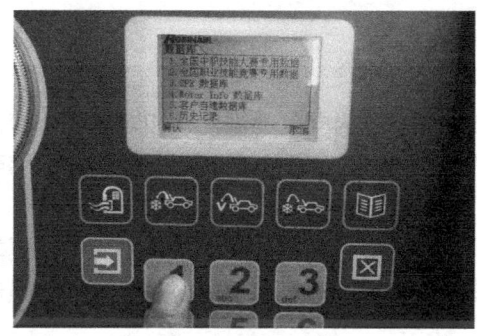
图 6-56

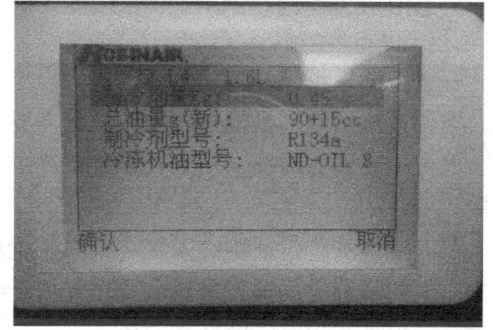
图 6-57

（2）添加数据

1）按"📖"键进入数据库（图6-54）。

2）从键盘上选择"5"进入客户自建数据库。从此处客户可以根据自己常用的车型自建常用的数据库。根据以下流程自建常用的数据库（图6-58）。

3）按"2"选择添加新数据库，按"♦"键进入。屏幕显示如图6-59所示，在编辑状态下，按"♦"键可以进格或退格进行修改，通过数字键盘输入选项数据。

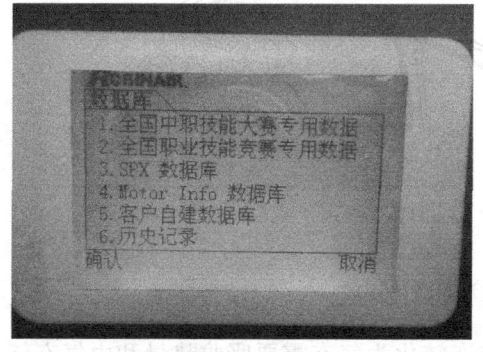
图 6-58

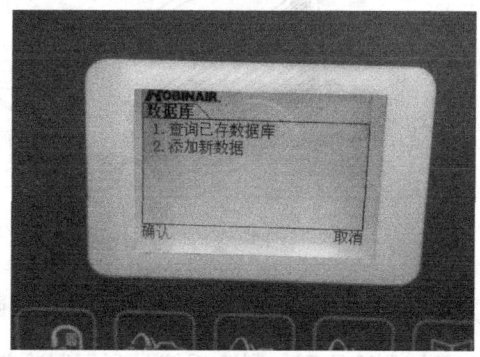
图 6-59

4）按"⊇"键进入存储数据。

（3）调用自建数据

① 按下""键进入数据库（图6-54）。

② 从键盘上选择"5"进入客户自建数据库。

③ 按"1"选择查询已存数据库，按"⊇"键进入。屏幕显示如图6-59所示。

④ 按"⊇"键进入读取数据。

任务二　电控空调系统的检测

【相关知识】

一、空调系统简介

空调系统的作用是根据驾乘人员的需要，调节汽车车厢内空气的温度、相对湿度、清洁度、气流速度和方向等，从而使汽车车厢内的空气处于比较理想的状态，让驾乘人员感到舒服。

汽车空调系统包括制冷系统、采暖装置和通风换气装置三部分。制冷系统主要用于夏季车内空气的降温与除湿；采暖装置主要用于冬季车内的供暖；通风装置主要对车内进行强制性换气，保证车内空气清洁和对流。

1. 制冷系统

（1）组成　汽车制冷系统一般采用以R134a（早期采用氟利昂R12）为制冷剂的蒸汽压缩式封闭循环系统。它主要由压缩机、冷凝器、集液器、节流孔管和蒸发器等组成的循环部分和电控部分等组成，如图6-60所示。

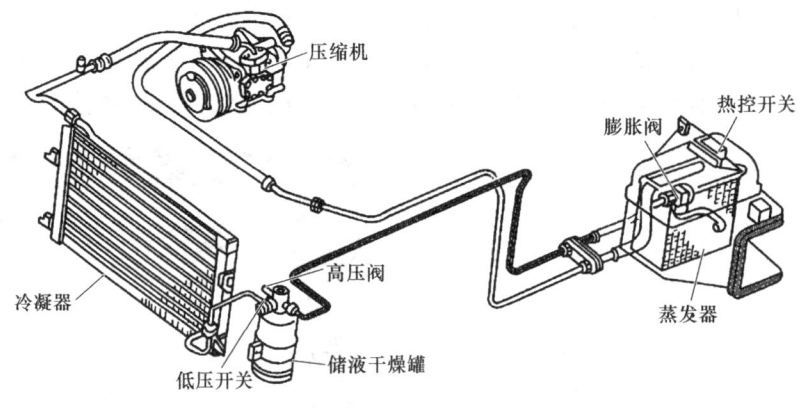

图6-60　空调制冷循环系统的组成

（2）制冷原理　制冷系统是利用制冷剂由液态转化为气态需要吸收热量和由气态转化为液态对外放出热量的原理来降低车厢内的温度的。压缩机的作用是维持制冷剂在系统中循环，并提高气态制冷剂的压力和温度，便于气态制冷剂在冷凝器中凝结成液态、对外放出热量；膨胀阀的作用是通过节流作用降低液态制冷剂的压力，便于液态制冷剂在蒸发器中蒸发成气态、吸收热量；蒸发器是通过液态制冷剂的蒸发吸收车厢内气体的热量；冷凝器是通过气态制冷剂凝结将制冷系统的热量放出到车厢外的空气中，如图6-61所示。

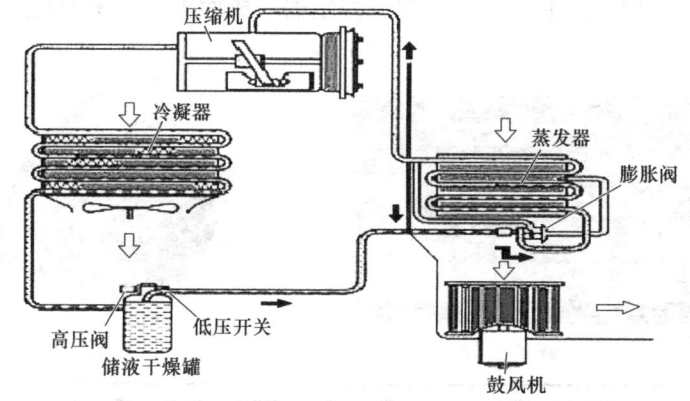

图 6-61　制冷循环原理图

2. 采暖装置

一般汽车采用的是由发动机采热式采暖装置，它是以发动机工作时的冷却液为热源，通过一个热交换器和电动机组成的暖风机，加热流经暖风机的空气，使车厢内的温度上升。

二、电控空调系统的组成

本任务以长城哈佛汽车的电控空调系统为例来介绍。电控空调系统是驾驶人通过操作控制器总成上的按键来选择空调系统的工作模式、风速和设定室内温度。一般电控空调系统由控制器总成、执行元件和传感器组合而成。控制器收到指令后，控制相应的执行机构来完成指令动作。如图6-62所示，为哈佛汽车电控空调系统的组成。

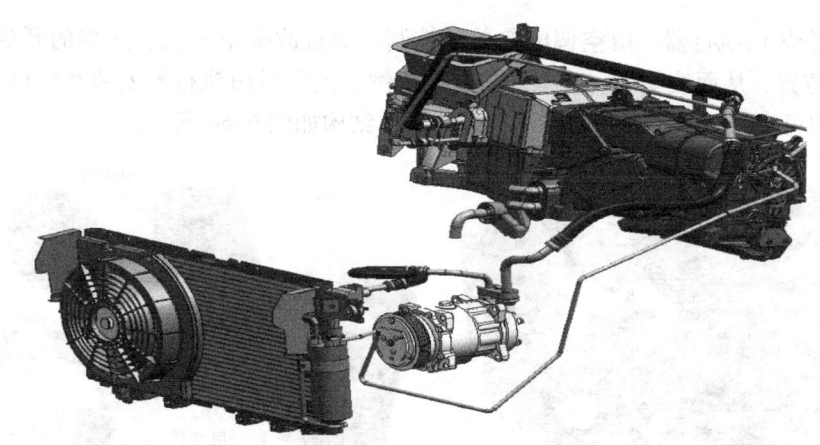

图 6-62　哈佛汽车电控空调系统的组成

1. 控制器总成

控制器总成是空调控制系统的核心部件,控制整个电控空调系统的运行。控制器总成上的键是控制器的输入装置,控制器支配空气流至各风道的风门(气流混合门除外,它一般由伺服电动机操纵)。控制器总成接收车内温度和外界温度传感器的输入信号,根据来自传感器和控制器总成上各键的输入,输出信号以控制压缩机电磁离合器的工作、暖风加热器热水阀的工作等。图6-63为哈佛汽车电控空调控制器总成面板及端子形状,表6-4为各端子的定义。

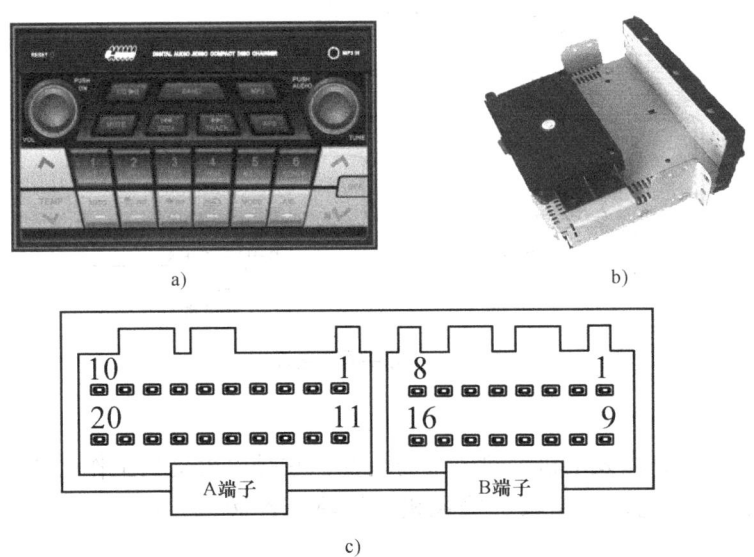

图6-63 哈佛汽车电控空调控制器总成面板及端子形状
a) 空调和CD控制面板外形　b) 控制器总成　c) 控制器端子形状

2. 执行元件

执行元件一般包括混合风门执行器、模式风门执行器、内外循环风门执行器和鼓风机调速模块组成。

(1) 混合风门执行器　由空调电控单元控制,通过改变空气混合风档的开启角度,调整温度分门位置,从而改变冷、暖空气的混合比例。混合风门执行器安装在暖风机总成上,拆下CD机即可看到。混合风门执行器安装位置及结构如图6-64所示。

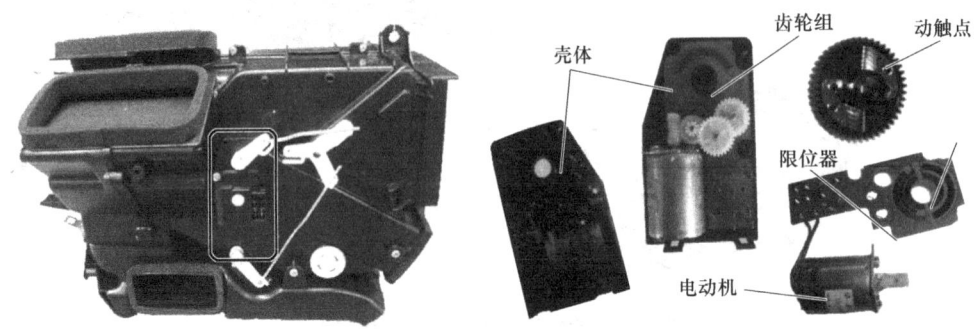

图6-64 混合风门执行器安装位置及结构

表 6-4 哈佛汽车电控空调控制器总成各端子定义

A 处端子接口				B 处端子接口			
1	温度执行器 −	11	温度执行器 +	1	搭铁	11	
2	温度执行器	12	温度执行器	2	电源 12V	12	
3	模式执行器 −	13	模式执行器 +	3		13	蓄电池正极
4	内循环驱动	14	外循环驱动	4		14	备用
5		15		5		15	调整控制
6		16	5V	6	后除霜请求	16	风机电压反馈
7		17	蒸发器温度传感器	7	压缩机请求	17	
8	通信	18	室外温度传感器	8	鼓风机高速	18	
9	通信	19	室内温度传感器	9	搭铁	19	
10	搭铁	20	传感器搭铁	10	电源 12V	20	

混合风门执行器主要由电动机和滑动电阻组成。电动机带动风门运转，滑动电阻向空调 ECU 反馈风门的位置信号。图 6-65 为混合风门执行器的端子及其含义。

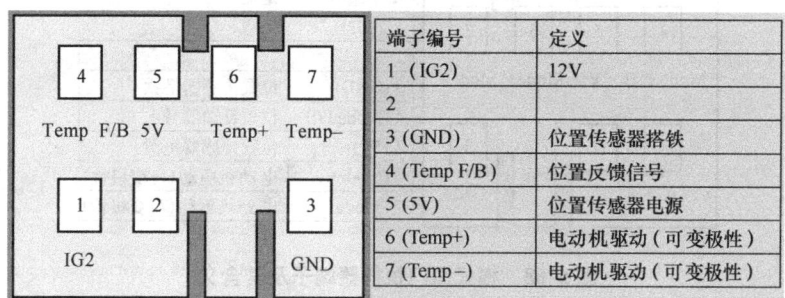

图 6-65 混合风门执行器端子及其含义

混合风门执行器通过带动风道中的风门挡板改变冷风和暖风的混合比，以改变出风口的温度。图 6-66 为混合风门执行器工作原理图。

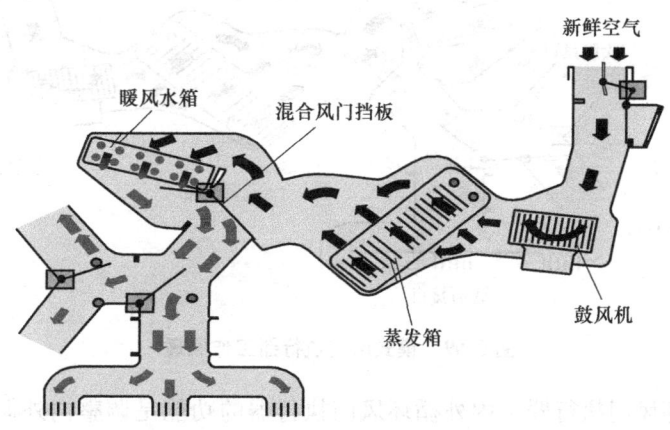

图 6-66 混合风门执行器工作原理

（2）模式风门执行器　模式分门执行器的功能是调整模式风门位置，改变出风方向，哈佛汽车电控空调系统共有五个出风口位置，分别为吹脸、吹脸/吹脚、吹脚、吹脚/除霜、除霜，安装在暖风机总成右侧。如图 6-67 所示，为模式风门安装位置图。

模式风门执行器主要由电动机和滑动电阻组成。电动机带动风门运转，滑动电阻向空调 ECU 反馈风门的位置信号。模式风门执行器的结构和工作原理与混合风门执行器相同，它的端子及其含义如图 6-68 所示。

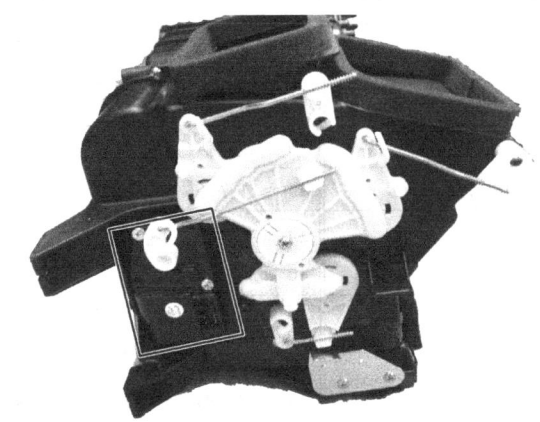

图 6-67　模式风门安装位置图

模式风门执行器通过带动风道中的风门挡板改变混合风的风向，通过不同的出风口吹出，其工作原理如图 6-69 所示。

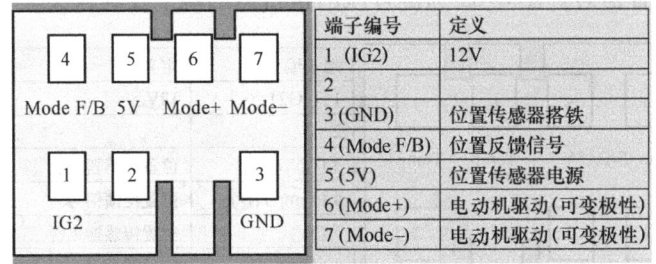

图 6-68　模式风门执行器端子及其含义

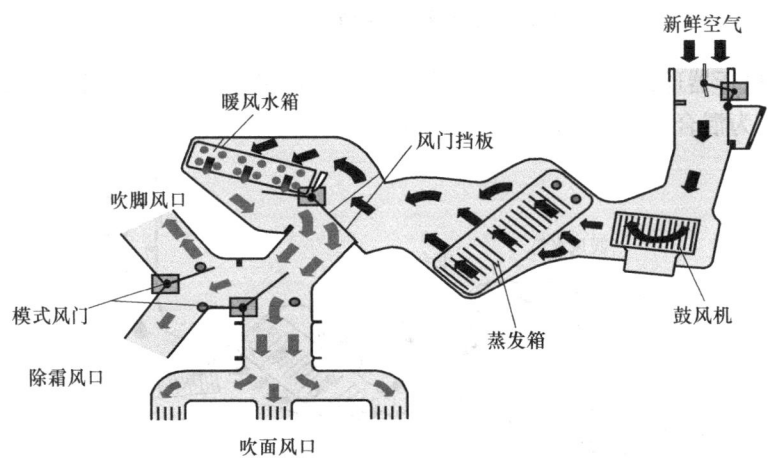

图 6-69　模式风门执行器工作原理

（3）内外循环风门执行器　内外循环风门执行器的功能是调整内外循环风门位置，控制空调系统进行内循环或外循环。内外循环风门执行器安装在鼓风机总成右侧，如图 6-70 所示。

图 6-70 内外循环风门执行器安装位置

内外循环风门执行器与混合风门执行器结构大体相同，只是没有滑动电阻，它只向空调 ECU 提供内循环和外循环两个位置信号。如图 6-71 所示，为内外循环风门执行器端子及其含义。

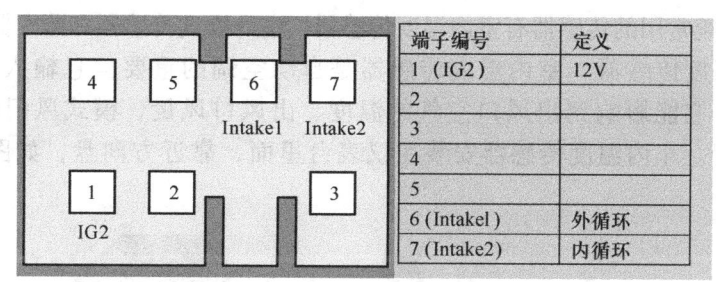

端子编号	定义
1（IG2）	12V
2	
3	
4	
5	
6（Intake1）	外循环
7（Intake2）	内循环

图 6-71 内外循环风门执行器端子及其含义

内外循环风门执行器通过带动进气风道中的风门挡板改变新鲜空气进入的方向，外循环时空气由车外进入；内循环时空气由车厢内进入。内外循环风门执行器的工作原理如图 6-72 所示。

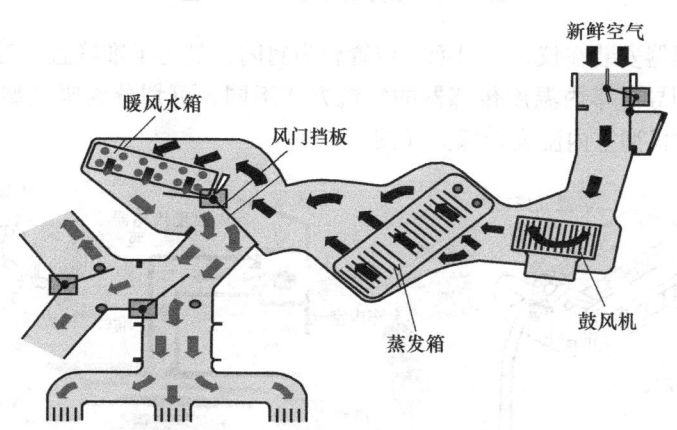

图 6-72 内外循环风门执行器的工作原理

（4）鼓风机调速模块　鼓风机调速模块起到调节风量的作用，设有十个不同的转速档位，第 1~9 档由调速模块控制，第 10 档由高速继电器控制，调速模块安装在蒸发器下壳体右部分。鼓风机调速模块内部主要由一个功率晶体管和混合电路组成，其组成及电路图如图 6-73 所示。

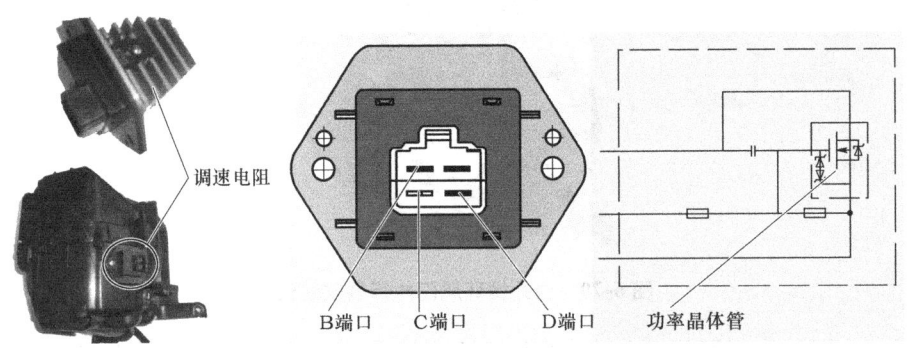

图 6-73 鼓风机调速模块组成及电路图

3. 传感器

电控空调系统常用的传感器有室内温度传感器、室外温度传感器和蒸发器温度传感器。

（1）室内温度传感器 室内温度传感器是自动空调的重要信息输入部件，用来检测车内的温度。它能影响到出风口空气的温度、出风口风量、模式风门的位置和内外循环风门的位置。车内温度传感器安装在仪表台里面，靠近方向盘，如图 6-74 所示的栅格处。

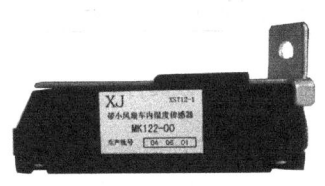 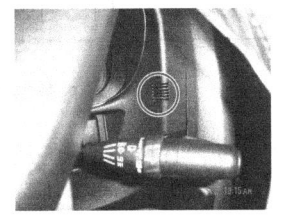

图 6-74 室内温度传感器的位置

室内温度传感器安装在仪表台里面，位置较为封闭，是为了准确且及时地测量当前车内平均温度。按强制导向车内温度传感器的气流方式不同，可划分为吸气型室内温度传感器（图 6-75）和电动机型室内温度传感器（图 6-76）。

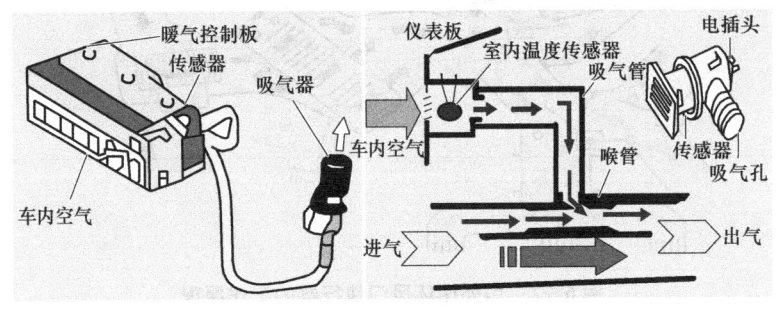

图 6-75 吸气型室内温度传感器示意图

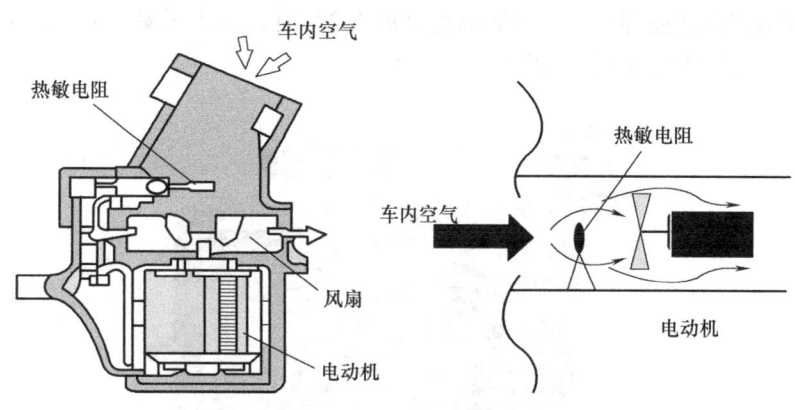

图6-76　电动机型室内温度传感器示意图

（2）室外温度传感器　室外温度传感器是汽车电控空调系统的重要信息输入部件，用来检测环境温度。自动控制时，它能影响到出风口空气的温度、出风口风量、模式风门的位置和进气风门的位置。室外温度传感器安装在冷凝器的左侧，如图6-77所示。

图6-77　室外温度传感器的安装位置

室外温度传感器为一个负温度系数的热敏电阻，R-T特性与室内温度传感器一样。室外温度传感器一般都安装在前保险杠内或散热器前面，室外温度传感器包在一个塑料树脂壳内，以免受到环境温度的突然变化的影响。因此，室外温度传感器能准确地检测车外平均温度，其机构特性如图6-78所示。

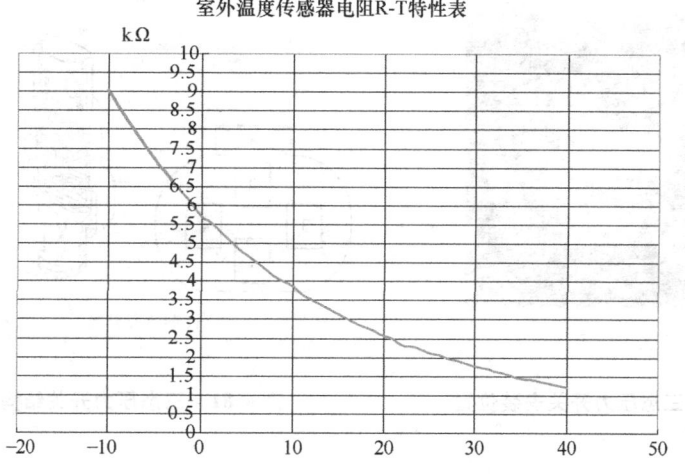

图6-78　室外温度传感器特性表

(3) 蒸发器温度传感器 蒸发器表面温度低于2℃时，停止压缩机工作，防止蒸发箱表面结霜。安装在蒸发器的表面，如图6-79所示。

图6-79 蒸发器温度传感器安装位置图

蒸发器温度传感器为负温度系数热敏电阻，温度越高，阻值越低；温度越低，阻值越高。它是重金属氧化物和氧化的混合晶体的半导体电阻。R-T参数与车内温度传感器一样，检测点阻值 $R_{25} = 2.1\text{k}\Omega$。

(4) 三态压力开关 三态压力开关的功能是当空调系统内压力过高时，防止系统过压损坏。根据保护的种类，压力开关分为两态压力开关（高压、低压）和三态压力开关（高压、低压、中压）。哈佛汽车使用的是三态压力开关，压力开关一般都安装在系统高压侧储液干燥罐上，如图6-80所示。

哈佛汽车三态压力开关内有两对触点，一对是中压触点，一对是高低压触点。高低压开关串联在一起。三态压力开关的结构如图6-81所示，1号端子接发动机ECU，2号端子接空调ECU，3号端子接发动机ECU，4号端子接地。

图6-80 三态压力开关安装位置

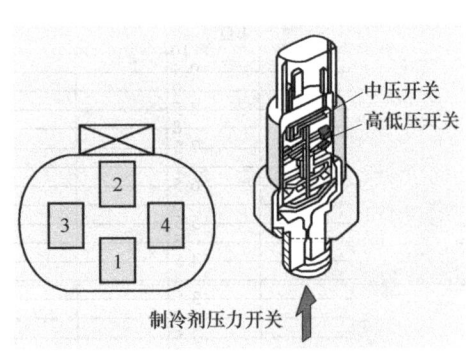

图6-81 三态压力开关结构图

三、电控空调的控制功能

1. 鼓风机控制

（1）鼓风机自动控制　根据环境工况和用户设定温度的不同，设定当前的鼓风机转速，在手动风速上进行细分，并显示相接近的风速档位。室内温度与设定温度之差越大，鼓风机转速就越高。

（2）鼓风机时滞控制　当室外温度低于 5 ℃时，打开点火开关后的 1min 内鼓风机转速为最低转速，1min 后按规定速度运转。

（3）极速控制　在设定温度为 17℃时，系统进入最大制冷运行功能（Max Cooling），此时鼓风机高速运转；在设定温度为 32℃时，系统进入最大制热运行功能（Max Heating），此时鼓风机高速运转。

2. 压缩机控制

（1）自动控制　当温度风门进风温度高于要求出风温度 3℃时，开启压缩机；当温度风门进风温度低于要求出风温度 5℃时，关闭压缩机；当蒸发器温度低于 2℃时，禁止压缩机启动；当蒸发器温度高于 4℃时，允许压缩机启动。

（2）高低压保护控制　系统压力低于 0.196MPa 时压缩机停机，以防止压缩机在没有制冷剂的条件下工作，使压缩机损坏。系统压力高于 3.14MPa 时压缩机停机，防止系统压力过高，损坏空调系统。

（3）高温控制　当发动机冷却液温度高于 106℃时，关闭压缩机。

3. 出风模式控制

（1）手动控制　在手动模式中有四个位置：吹面、双吹（吹面和吹脚）、吹脚、吹脚/除霜四个吹风模式。

（2）自动控制　当要求出风温度低于 29 ℃时，模式风门处于吹头位置；当要求出风温度高于 31 ℃时，模式风门处于吹脚位置。

4. 温度控制

空调温度由混合风门执行器控制。混合风门除最大制冷和最大制热状态外，都处于自动控制状态下。根据温度风门进风温度和当前要求出风温度，计算出当前温度风门位置。

5. 进气控制

在手动模式下，风门定位于用户操作确定的位置。在自动模式下，按照如下逻辑进行控制：制热模式，外循环；降温模式，内循环。

【技能训练】

训练 1　控制器总成的检测

1. 目的

1）掌握控制器的检测方法。

2）熟练汽车万用表的使用。

2. 准备

哈佛汽车一辆，汽车万用表，常用拆装工具。

3. 步骤

1) 断开控制器连接线。

2) 测量控制器各引脚的正常电压（参照图6-64和表6-4进行操作）。

① A端子部分：

1、11—温度执行器电动机驱动，电动机转动时为12V左右（可变极性）。

3、13—模式执行器电动机驱动，电动机转动时为12V左右（可变极性）。

4—内循环电动机驱动；

2—温度执行器反馈，0～5V。

3—模式执行器反馈，0～5V。

14—外循环执行器电动机驱动。

16—+5V，提供执行器、传感器+5V电压。

8、9、10—通信线。

17、18、19与20间为0～5V。

② B端子部分：

1、9—控制器地线，搭铁。

2、10—控制器总电源，12V。

6—后除霜申请，开后除霜时为低电压，0V。

7—开压缩机申请，A/C指示灯点亮后，为12V。

8—鼓风机高速继电器控制端，低电压有效，鼓风机转速为10档时，为0V。

13—接蓄电池正极，12V正常。

15—鼓风机调速控制端，0～12V，风速越高，控制电压越大。

16—鼓风机电压反馈，0～12V。

训练2　室内温度传感器的检测

1. 目的

1) 掌握室内温度传感器的检测方法。

2) 熟练汽车万用表的使用。

2. 准备

哈佛汽车一辆，汽车万用表，常用拆装工具。

3. 步骤

1) 断开室内温度传感器连接线。

2) 找出室内温度传感器的电路图（图6-82）

项目六 电控空调系统的检测与故障诊断

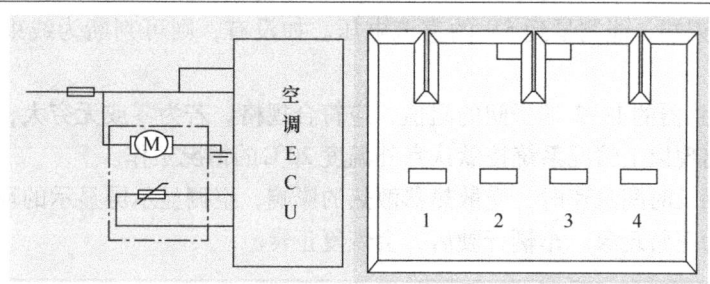

图 6-82

3)测量与传感器1、2端子对应的线束端,能测量到5V的直流电压。如没有,则可判断为线束接触不良或空调控制器损坏。

4)检测传感器的1~2端子间的阻值,应符合规格。若为零或无穷大,则分别对应为短路和断路。出现以上情况系统按默认室内温度25℃的情况工作。

5)当空调系统工作或点火开关调到"ON"档时,传感器内的吸风电动机就运转。如不运转,则检测与端子3、4对应的线束,应能测量到12V的直流电压,否则为线束接触不良;如电压正常,则为传感器损坏。

训练3 室外温度传感器的检测

1. 目的

1)掌握室外温度传感器的检测方法。
2)熟练汽车万用表的使用。

2. 准备

哈佛汽车一辆,汽车万用表,常用拆装工具。

3. 步骤

1)断开车外温度传感器连接线。
2)找出室外温度传感器的电路图(图6-83)。

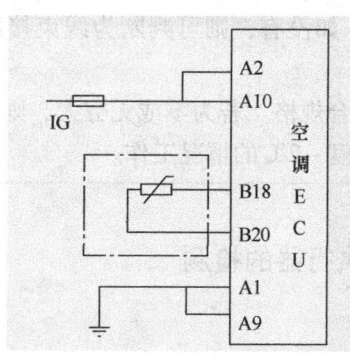 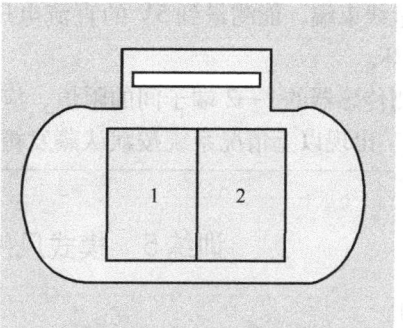

图 6-83

153

3）测量线束端，能测量到5V的直流电压。如没有，则可判断为线束接触不良或空调控制器损坏。

4）检测传感器的1—2端子间的阻值，应符合规格。若为零或无穷大，则分别对应为短路和断路。出现以上情况系统按默认室外温度20℃的情况工作。

注意：车辆长时间怠速时，受散热器散热的影响，空调显示屏显示的环境温度会比实际温度高，这为正常现象。车辆行驶后，会恢复正常。

训练4　蒸发器温度传感器的检测

1. 目的
1）掌握蒸发器温度传感器的检测方法。
2）熟练汽车万用表的使用。

2. 准备
哈佛汽车一辆，汽车万用表，常用拆装工具和维修手册。

3. 步骤
1）断开蒸发器温度传感器连接线。
2）找出蒸发器温度传感器的电路图（图6-84）。

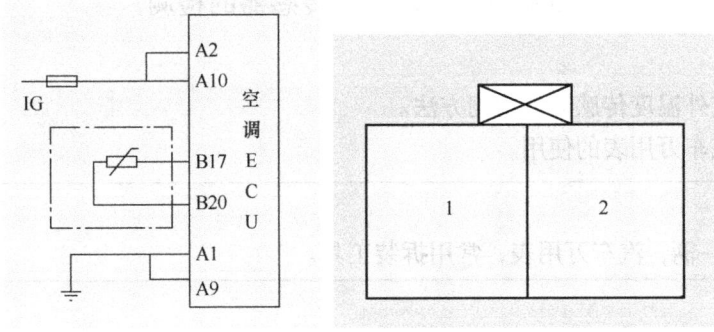

图 6-84

3）测量线束端，能测量到5V的直流电压。如没有，则可判断为线束接触不良或空调控制器损坏。

4）检测传感器的1—2端子间的阻值，应符合规格。若为零或无穷大，则分别对应为短路和断路。出现以上情况系统按默认蒸发箱温度 -2℃的情况工作。

训练5　模式风门执行器的检测

1. 目的
1）掌握模式风门执行器的检测方法。
2）熟练汽车万用表的使用。

项目六 电控空调系统的检测与故障诊断

2. 准备

哈佛汽车一辆,汽车万用表,常用拆装工具。

3. 步骤

1)断开模式风门执行器连接线。

2)查看执行器的端子连接图(图 6-69)。

3)位置传感器检测:空调控制器控制模式风门执行器内微电动机动作,电动机带动混合风门移动,同时也带动位置传感器的簧片,空调控制器通过该信号的变化来定位混合风门。在正常情况下,测量端子 3—5 之间的电压,应为 5V;测量端子 3—4 之间的电压,随着电动机转动,应在 0~5V 之间变化;测量端子 3—5 之间的阻值,应在 3.5~6.5kΩ。

4)模式风门内微电动机检测:给执行器端子 6—7 之间加 12V 直流电压,风门应能转动,改变极性,风门移动方向应相反。

任务三 电控空调系统的故障诊断

【相关知识】

电控空调系统常见的故障有空调系统不制冷、风量不足或无风、制冷效果差、系统噪声大等,这些故障无非由电控系统故障和机械系统故障两部分引起的,现将常见故障的发生部位及解决方法列入表 6-5。

表 6-5 电控空调系统常见故障现象、原因及解决方法

现 象	可 能 原 因	解 决 方 法
蒸发器结霜	温控开关或感温头故障	更换温控开关或感温头
	膨胀阀阻滞	更换膨胀阀
	长时间使用内循环	在条件允许时,使用外循环
车内有水滴	排水管堵塞或位置不当	清理凝水管并检查安装位置
	隔板脱落或位置不当	更换膨胀阀和软管上的隔板
低压管压力低 高压管压力低	制冷剂不足	抽真空、检查和充注制冷剂
	膨胀阀堵塞	更换膨胀阀
低压管压力高 高压管压力高	冷凝器翅片堵塞	清洁冷凝器翅片
	膨胀阀损坏	更换膨胀阀
	风扇传动带松旷或磨损	调整或更换风扇传动带
	系统中有空气	更换干燥剂、抽真空、检漏并充注制冷剂
	制冷剂充注过量	排出一部分制冷剂

(续)

现　象	可 能 原 因	解 决 方 法
低压管压力低 高压管压力高	膨胀阀损坏	更换膨胀阀
	储液干燥器堵塞	更换储液干燥器
	冷凝器堵塞	更换冷凝器
无冷气	压缩机传动带松动打滑	检查、调整或更换压缩机传动带
	蒸发器结霜	更换温控开关或使用外循环
	压缩机内部泄漏	检修或更换压缩机
	制冷剂管路及系统有泄漏	检修或更换
	鼓风机不工作	检修或更换鼓风机
只吹暖风 不吹冷风	空调 ECU 失控	更换空调 ECU
	冷暖风门控制器问题	检查冷暖执行器线束、插头
冷气不足	制冷剂不足	检漏、修复并补充制冷剂
	制冷剂过多	排出多余制冷剂
	冷凝器有故障	清洁冷凝器，调节风扇传动带张紧度
	系统中有空气	更换干燥剂，抽真空、检漏并充注制冷剂
	鼓风机不转或转速过低	检查鼓风机开关和电阻，必要时更换
	膨胀阀开度过大	调整膨胀阀开度，检查或更换感温元件
高速出风 低速不出风	空调 ECU 失控	更换空调 ECU
	空调控制指令失效	检测鼓风机的控制电压、线束或连接插头
	调速模块故障	检查检测调速模块
低压管压力高 高压管压力低	压缩机内部泄漏	检修或更换压缩机
	压缩机缸盖密封不良	更换缸盖密封垫
	压缩机传动带打滑	调整传动带张紧力

【技能训练】

训练 1　空调系统不制冷故障的诊断

1. 目的
1) 掌握汽车空调故障的诊断方法和诊断流程。
2) 学会查阅维修手册。
3) 熟练汽车万用表的使用。

2. 准备
实训车一辆（如卡罗拉），万用表一块，维修手册，常用工具一套。

3. 步骤

1) 开启空调后观察蒸发器送风机、冷凝器散热风扇是否转动。若转动，按以下步骤进行：

① 检查并调整压缩机传动带（若松弛或断裂，则进行更换），压缩机工作正常，使用 T 型线（图 6-85）检查电磁离合器工作电阻及工作电压（离合器电阻 11.4Ω，如图 6-86 所示；工作电压大于 13V，如图 6-87 所示）。

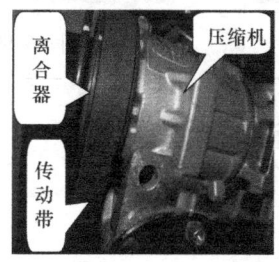 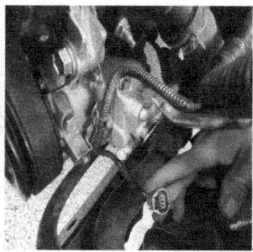 

图 6-85

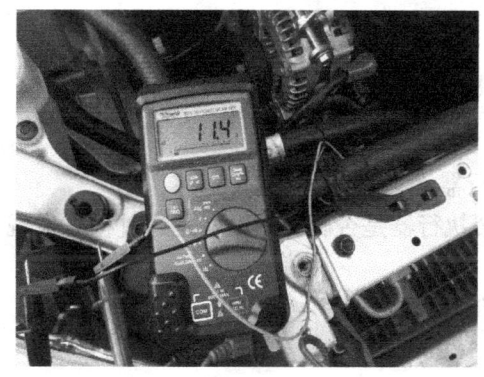 

图 6-86　　　　　　　　　　　　　　图 6-87

② 电磁离合器接合，检查压缩机是否空转。

③ 压缩机工作正常，提高急速，检查电磁阀、室温开关和压力开关，若损坏应换用相同型号的新件。

④ 如果急速提高后，电磁阀、室温开关和压力开关正常，检查空调制冷剂量。

⑤ 若制冷剂过少，检查蒸发器和系统管路是否泄漏。如有泄漏部位，予以修复，然后抽真空。

⑥ 如果以上检查部件都正常，检查干燥罐是否堵塞或装反。若正常，检查制冷管路是否堵塞。

2) 如果蒸发器送风机、冷凝器散热风扇不转动，按照以下步骤进行：

① 用万用表检查鼓风机熔断器，若损坏，更换新件。若正常，检查鼓风机各接线柱或搭铁端是否脱落，若脱落进行修复（图 6-88）。

② 如果鼓风机正常，检查或更换鼓风机继电器（图 6-89）。

③ 继电器正常，检查鼓风机开关（图 6-90）。

图 6-88

图 6-89

图 6-90

训练 2　空调系统只供暖不制冷故障的诊断

1. 目的
1）掌握汽车空调故障的诊断方法。
2）学会查阅维修手册。
3）熟练汽车万用表的使用。

2. 准备
1）实训车一辆（如哈佛汽车），万用表一块，维修手册，常用工具一套。

3. 步骤
1）首先对空调系统进行拆解，检查冷暖执行器。
2）调整 CD 机按键上的温度调节，察看冷暖执行器是否有动作。但是通过检查发现：调整温度的同时，冷暖执行电动机并没有动作。
3）用一个新的冷暖执行电动机代替测试，仍没有反应。
4）用万用表检测冷暖执行器插头（参见图 6-86）。

1 号针脚电压 12V，电动机电压正常；5 号针脚电压 5V，位置传感器电压正常；3 号针脚搭铁，正常。分别在 6 号针脚和 1 号针脚之间接一试灯，调整设定温度，随着温度升高的同时试灯间断性闪烁，说明空调 ECU 能够发出温度升高信号。在 7 号针脚和 1 号针脚之间接试灯，调整设定温度，随着温度下降试灯不能随着闪烁，说明空调 ECU 不能给出正常的信号。测量 7 号针脚与空调 ECU 的导通情况，通过测量导通正常。
5）检查执行器位置传感器的信号及线束。

巩固与提高

一、填空题

1. 汽车空调系统包括_____、_____和_____三部分。
2. 电控空调系统一般由_____、_____和_____组合而成。
3. 电控空调系统的执行元件一般包括_____、_____、_____和鼓风机调速模块组成。

4. 电控空调系统常用的传感器有_____、_____和_____。

5. 电控空调系统的控制功能包括：_____、压缩机控制、_____、进气控制和_____。

6. 电控空调系统常见的故障有_____、风量不足或无风、_____、系统噪声大等。

二、判断题

1. 空调系统使用了一种制冷剂后就不能使用另外的制冷剂。（ ）

2. 在内置存储罐内充注过多制冷剂，过多可能导致爆炸或严重人身伤害或导致死亡。（ ）

3. 不得随意拆开设备外部防护件，在打开设备外盖时必须断电。（ ）

4. 压缩机的作用是维持制冷剂在系统中循环，并降低制冷剂的压力和温度。（ ）

5. 控制器总成是空调控制系统的核心部件，控制整个自动空调系统的运行。（ ）

6. 真空状态下能超时使用压缩机。（ ）

三、选择题

1. 空调系统包括制冷系统、采暖装置和（ ）部分。
A. 加注装置　　　B. 换气　　　C. 通风　　　D. B和C

2. 空调的制冷系统不包括以下哪项（ ）。
A. 压缩机　　　B. 发电机　　　C. 冷凝器　　　D. 蒸发器

3. 执行元件一般包括混合分门执行器、模式分门执行器、内外循环分门执行器和（ ）组成。
A．ECU　　　B. 集成电板　　　C. 鼓风机调速模

4. 内外循环执行器与混合风门执行器的结构大体相同，只是没有（ ）。
A. 滑动电阻　　　B. 电动机　　　C. 压缩机

5. 室内温度传感器是自动空调的重要信息输入部件，用来检测车内的温度，它不能影响以下哪项（ ）。
A. 出风口风量　　　B. 模式风门的位置　　　C．进气量的多少

四、简答题

1. 简述空调系统调压的注意事项。

2. 简述压缩机的控制方式。

3. 简述鼓风机的控制方式。

项目七
安全防盗系统的检测与故障诊断

【学习目标】

1. 掌握防抱死制动系统的工作原理与结构。
2. 掌握安全气囊系统工作原理及结构。
3. 能够用万用表及诊断仪对 ABS 的故障进行诊断。
4. 掌握 ABS 制动液的加注、排空技术。
5. 能够利用数字万用表对制动系统的传感器、执行器进行检测。
6. 能够对安全气囊系统的故障进行诊断。

任务一 防抱死制动系统的检测与故障诊断

【相关知识】

一、防抱死制动系统

1. 防抱死制动作用与组成

防抱死制动系统（ABS，见图7-1）的作用是使汽车平稳制动，防止因制动时车轮抱死造成拖行、方向失稳、转向控制差、制动距离长的问题，从而提高汽车在行驶中的安全性能。防抱死制动系统所起的具体作用如下：避免紧急制动时产生滑移或发生侧滑，即人们俗称的"甩尾"；避免轮胎在一个点上与地面摩擦，从而加大摩擦力，使制动效率达到90%以上；同时还能减少制动消耗，延长制动轮鼓、碟片和轮胎两倍的使用寿命。

汽车 ABS 是在原有制动系统的基础上，增加了电子液压控制装置、轮速传感器、电子控制单元和系统故障警告灯等。防抱死制动系统的结构如图7-1所示。

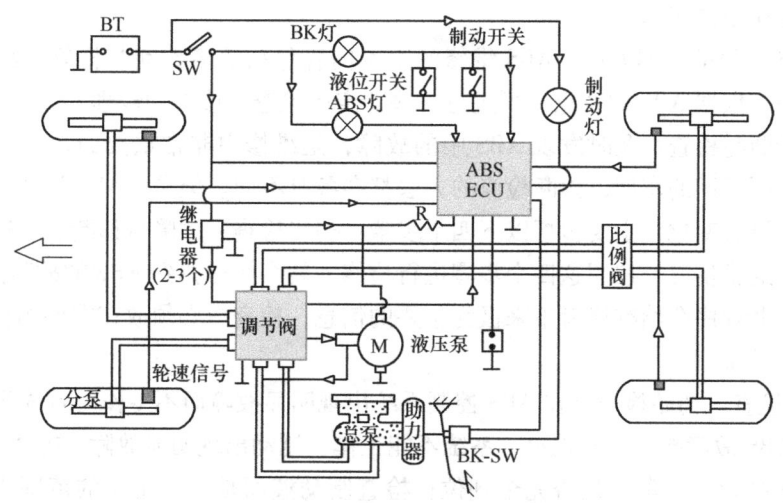

图 7-1 防抱死制动系统结构图

2. ABS 故障诊断的分析方法及思路

（1）故障现象　ABS 由于是在原有传统的制动系统中采用了电子控制系统，因此它的故障会出现一些与传统维修思想相背离的情况，有的现象认为是故障，其实是系统的一些正常反应而不是故障，应加以正确的区分，不可盲目检修以导致故障扩大。

1）非 ABS 系统故障现象。

① 汽车起动后，踩下制动踏板有可能弹回，这表明 ABS 工作正常；当熄火后，踩下制动踏板，踏板会有轻微的下沉现象，表明 ABS 停止工作，这些现象都是正常现象。

② 行驶中踩下制动踏板后，同时转动方向盘感到有振动，属 ABS 正常工作时带来的轻微振动，此现象是正常现象并不是故障。

③ 正常行驶时，制动踏板有时有轻微下沉现象，是因车轮与道路表面摩擦力发生的变化所致，属正常现象。

④ 在高速行驶中急转，或在冰雪路面上行驶，有时 ABS 故障灯点亮，说明是因车轮打滑所致，ABS 系统产生保护动作，属正常工作现象。

2）ABS 系统故障现象：

① 紧急制动，车轮抱死。

② 在行驶中或驻车制动已放开，ABS 故障灯点亮。

③ 制动效果变差。

④ ABS 操作功能失常。

以上现象均属于 ABS 系统故障现象，必须进行检查与维修。

（2）维修的基本内容　经诊断后，准确找到故障部位进行调速、修复或更换元件，直到排除 ABS 故障。维修的主要步骤如下。

1）卸载 ABS 液压管路中的压力。

2）找到故障部位，按照安全操作规程进行调速、维修或更换元件。

3）对 ABS 液压系统进行放气操作。

在检修中确定是车速传感器或 ABS 电控单元故障，不必对系统进行泄压、放气操作，只需按要求更换或调速即可。

（3）ABS 维修的基本方法　ABS 维修的基本内容包括故障诊断与检修、故障排除与修理、定期维护。根据 ABS 的特点，可进行一些特定的检查、诊断和修理。

特定的诊断与检查可及时发现 ABS 中的故障，是维修中非常重要的，对于不同的车型或同一系列不同时期的车型，诊断检修的方法都会各有不同。但是，ABS 诊断与检修的方法和检修内容却没有变化，主要包括以下四个步骤：初步检查、故障自诊断、快速检查、故障指示灯诊断。通常情况，按照这四个步骤进行检修，就会快速找到 ABS 的故障点。

汽车自诊断程序会给维修者带来极为重要的信息，检查中必须放在重要的位置，可以起到事半功倍的效果。

1）初始检查。初始检查是在 ABS 控制系统出现明显故障而不工作时首先采取的一般检查方法，如 ABS 故障指示灯不熄灭，系统不能工作，制动出现明显故障。方法如下：

检查驻车制动（手刹）是否完全到位；检查制动液面是否在正常的范围之内；检查控制系统插头、插座的连线、插接器及导线是否有松动或断裂；检查 ABS 控制继电器、熔丝是否正常；检查电源电压是否正常；检查电源正极线及搭铁线是否可靠；检查 ABS 电控单元搭铁线是否可靠；检查车轮胎面纹槽的深度是否符合规定。

通过上述的方法不能确定故障的部位，转入到故障自诊断过程。

2）ABS 故障模拟检查法。在 ABS 故障检测与诊断中，若是单纯的元件不良，可运用电路检测方式诊断。如果属于间歇性故障或是相关的机械性问题，则需要进行模拟测试和动态测试。

① 模拟测试法。将汽车顶起，使四个车轮均悬空；起动发动机，将变速杆拨到前进档（D）位置，观察仪表板上 ABS 故障指示灯是否点亮，若 ABS 故障指示灯亮，表示后轮差速器的车速传感器不良；如果 ABS 故障指示灯不亮，则转动左前轮，此时 ABS 故障指示灯若点亮，则表示左前轮车速传感器正常；反之，ABS 故障指示灯若不亮，即表示左前轮车速传感器不良；右前轮车速传感器测试方法与左前轮车速传感器测试方法相同。模拟测试是根据 ABS ECU 中逻辑电路的车速信号差以及警示电路特性，便于检测车速传感器的故障而设置的。

② 动态测试方法。使汽车在道路上行驶速度达到 12km/h 以上；测试车辆转弯（左转或右转）时，ABS 故障指示灯是否会点亮；若某一方向故障指示灯会亮，则表示该方向的轮胎气压不足，也可能是轴承不良、转向拉杆球头磨损、减振器不良或车速传感器脉冲齿轮不良；将汽车驶回，在 ABS ECU 侧的"ABS 电源"和"电磁阀继电器"端子间接上测试线和万用表（置于电压档）；再进行道路行驶，在制动时注意观察"ABS 电源"端和搭铁间的电压，应为 11.7~13.5V；而电磁继电器端子与搭铁间的电压，应在 10.8V 以上。前者主要是观察蓄电池电源供应情况，后者主要是观察电磁阀继电器接点的好坏。

注意：在动态测试时 ABS 制动踏板有反弹现象出现，表示系统已经工作；另外，当踩下制动踏板有轻微的振动，表示系统工作正常。

3）利用维修手册故障诊断速查表。ABS 故障表现形式在不同的车型中有所不同，可以通过驾驶室仪表台上显示信息或故障灯闪烁信息进行粗略的诊断。通常 ABS 故障表现形式上大体相似或相同，常见故障的检查内容、检查部位和检查方法详见表 7-1。

项目七 安全防盗系统的检测与故障诊断

表 7-1 ABS 系统常见故障速查表

故障现象	检 查 内 容	故障位置或处理方法
制动时车轮抱死	ABS 故障指示灯是否一直亮	按照 ABS 故障处理
	拉起驻车制动时,ABS 故障指示灯不亮	检查制动开关、ABS 故障指示灯及电路
	仪表台显示器有故障码指示	ECU 的 PL 端子与故障指示灯电路
	打开点火开关置于 ON 位置 3s 后,观察 ABS 电磁控制阀响声(注意:不要踩制动踏板)	检查 ECU 的 +B 电路或 ECU 的 E1 端子搭铁
	+B 电压低于 12V	蓄电池
	踩下制动踏板后,ECU 的 STR 和 E 端子无 8~14V 电压	ABS 故障指示灯、警告灯开关及电路
	检查车速传感器、电磁控制阀	检查搭铁情况及元件本身
行驶中或放开驻车制动后 ABS 故障指示灯一直亮	停车时 ABS 故障灯没亮	检查 ABS 电磁阀、制动液量、制动灯
	放开驻车制动,踩下制动踏板 ABS 故障指示灯仍亮	读取 ABS 故障码,无故障码则为 ECU 故障
	断开 ABS 系统控制单元接口,ABS 故障指示灯仍亮	检查驻车制动开关、制动液位开关、传感器、ABS 故障指示灯电路
	ABS 控制单元的 +B 与 E 之间的电压不足 10V	检查供电回路及蓄电池
	打开点火开关置于 ON 位置 3s 后 ABS 故障指示灯亮	检查 ABS 故障指示灯开关及线路、ABS 电磁控制阀
制动效果差	轮胎情况(尺寸、胎压力、磨损)	修理或更换轮胎
	蓄电池电压 12V	补充电或更换蓄电池
	制动管路	管路更换或维修
制动效果差	踩下制动踏板检查 ECU 的 STR 端子电压	电压正常,则检查故障灯开关及电路
	检查车速传感器和传动齿轮	修理或更换
	检查传感器与制动轮毂齿面	修理或更换

4) ABS 故障自诊断。ABS 控制单元通常都具备自诊断功能,它以 ABS 控制单元对正常工作时的状态参数为基准,将故障时的故障参数用特殊的符号或数值记录到控制单元存储器,以故障码的形式表现出来,为维修人员准确找到故障部位提供方便。

5) ABS 快速检查。快速检查通常应在前面的初始检查完成后,利用万用表和故障诊断设备对 ABS 电路规定的接口或线路进行检测,以快速地找到故障部位。

在检测中,为了更准确地找到故障点的位置,可以在检修中参考汽车维修手册中的图表参数进行快速的查找,详见表 7-2。

表 7-2 ABS 故障快速检测表

检测内容	点火开关位置(ON/OFF)	正常参数	测量说明
蓄电池电压	ON	12V	测量结果在 10min 内不变化
主电源继电器电阻	OFF	40~105Ω	测量结果为电磁线圈电阻
主电源继电器输入电压	ON	12V	测量结果在 10min 内不变化

(续)

检测内容		点火开关位置（ON/OFF）	正常参数	测量说明
从主电源继电器到电源的电压		ON	12V	测量结果在10min内不变化
主电源电路		OFF	导通	通过测量判断是否导通
车速传感器电阻	右后轮（RR）	OFF	800~1400Ω	传感器接口断路电阻
	左前轮（LF）	OFF	800~1400Ω	传感器接口断路电阻
	左后轮（LR）	OFF	800~1400Ω	传感器接口断路电阻
	右前轮（RF）	OFF	800~1400Ω	传感器接口断路电阻
主控电磁阀电阻		OFF	2~5.5Ω	测量结果为电磁线圈电阻
输入或输出电磁阀电阻		OFF	导通	通过测量判断是否导通
		OFF	5~8Ω	测量结果为电磁线圈电阻
		OFF	5~8Ω	测量结果为电磁线圈电阻
		OFF	5~8Ω	测量结果为电磁线圈电阻
		OFF	5~8Ω	测量结果为电磁线圈电阻
		OFF	5~8Ω	测量结果为电磁线圈电阻
		OFF	5~8Ω	测量结果为电磁线圈电阻
制动液量缺少，系统发出警告（浮子在油箱底）		ON	<5Ω	液位开关接通电阻
车速传感器电缆与外部屏蔽线电阻	右后轮（RR）	OFF	不导通	损坏时可导致信号损失或不稳定
	左前轮（LF）	OFF	不导通	损坏时可导致信号损失或不稳定
	左后轮（LR）	OFF	不导通	损坏时可导致信号损失或不稳定
	右前轮（RF）	OFF	不导通	损坏时可导致信号损失或不稳定
车速传感器输出电压	右后轮（RR）	OFF	50~700mV	数字万用表交流mV档位测量
	左前轮（LF）	OFF	50~700mV	数字万用表交流mV档位测量
	左后轮（LR）	OFF	50~700mV	数字万用表交流mV档位测量
	右前轮（RF）	OFF	50~700mV	数字万用表交流mV档位测量

注意：在测量车速传感器的输出电压时，要保证车轮以7.2~8km/h的转速，这样测量结果更准确。

快速检测表要结合测量盒进行使用。如要测量右后轮（RR）传感器的电阻，则应测量测量盒上位置为6和23两点之间的电阻，当与表中正常电阻800~1400Ω相符，说明传感器电阻正常，不相符则说明传感器有故障，要对其进行线路检查或更换处理。其他情况可以照此表使用。

特别提醒的是，快速检测表对表现稳定或有规律的故障现象可以起到较好的效果，但对于无规律或偶发性故障起到的作用不太明显。

（4）ABS故障诊断检查的基本步骤　对于不同的车型，检查和维修的方法有所不同，但在检修ABS故障的操作基本步骤是相同或相似的。因此，掌握基本的检修步骤对于快速准确地排除故障会起到良好的效果。ABS诊断及排除的基本步骤如下：确认故障症状；操作ABS功能，初步确定功能工作情况；读取故障码；解读故障码，根据故障码提示和维修手册确定故障位置，准备维修工具及仪器；排除故障；清除故障码（如果忘记清除，ABS 仍会按照存储的错误参数，显示故障信息）；起动汽车检查 ABS 故障指示灯是否点亮，如点亮，则 ABS 仍有故障或故障码未清除；进行路试，确定 ABS 功能正常。

（5）ABS 系统检修的基本程序　ABS 系统检修的基本程序如图 7-2 所示。

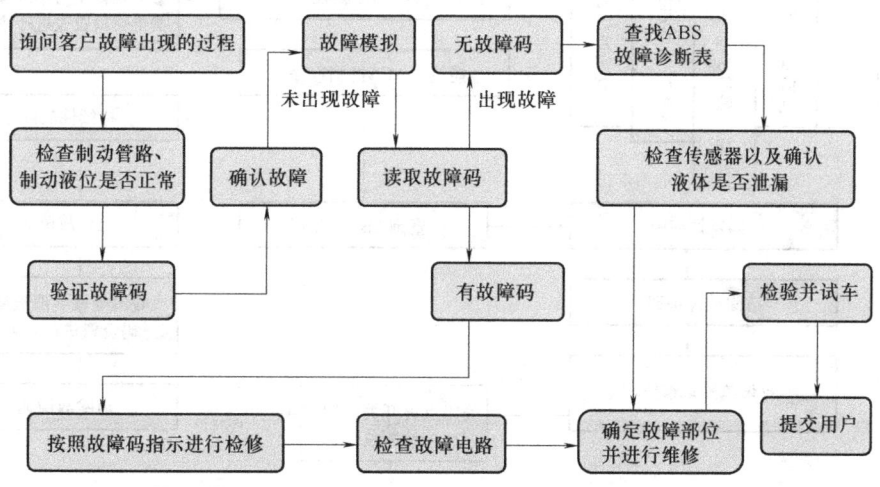

图 7-2　ABS 系统检修的基本程序

（6）ABS 常见故障原因　汽车 ABS 常见故障有车轮抱死、制动警告指示误报信息、制动效果差、控制功能异常等。ABS 常见的故障原因如下。

1）对于汽车在制动时，出现车轮抱死的故障现象，主要有以下故障原因：

① ECU 电源电路故障。

② 蓄电池电压过低，ABS 工作异常。

③ 制动警告灯开关或其电路出现故障。

④ 传感器或电磁阀控制导线出现搭铁或短路。

⑤ 电磁阀出现故障或工作异常。

2）对于放开驻车制动器或汽车在行驶中制动警告灯点亮的故障现象，主要有以下故障原因：

① 制动液液位过低。

② 制动控制电磁阀工作异常或损坏。

③ ECU 供电不足或 ECU 损坏。

④ 轮速传感器损坏。

⑤ 驻车制动开关损坏。

⑥ 制动液位开关损坏。

⑦ 制动警告灯电路故障。

3）制动性能差或 ABS 操作功能异常，不能保证制动的有效性和安全性的故障原因：

① 轮胎压力不足。

② 蓄电池电压过低。

③ 轮速传感器及其线路损坏。

④ 制动管路故障或制动液泄漏。

⑤ 制动警告灯开关或其电路故障。

（7）ABS 故障诊断流程　ABS 故障诊断流程如图 7-3 所示。

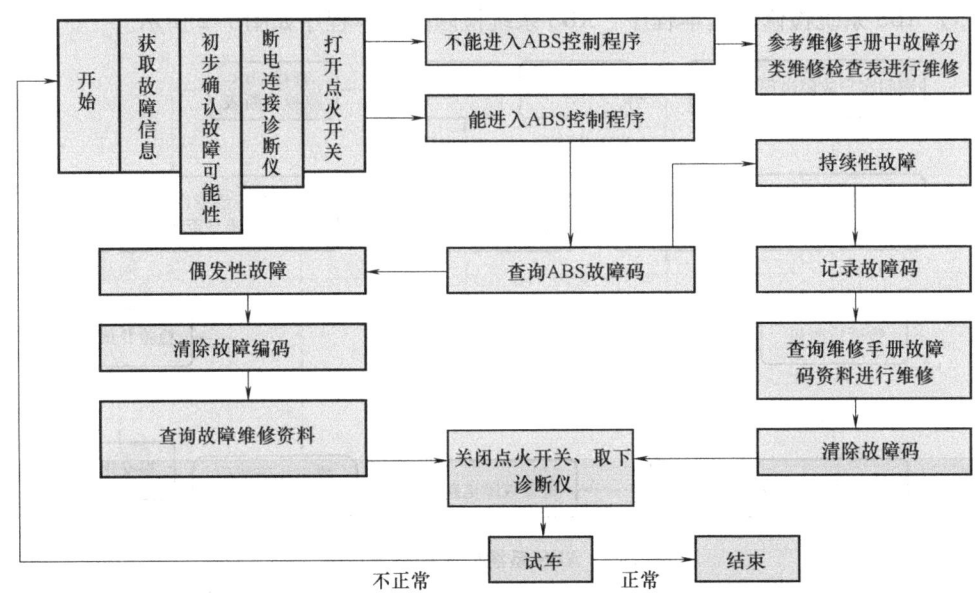

图 7-3　ABS 故障诊断流程图

二、ABS 的检测

1. 维修注意事项

ABS 制动系统与普通制动系统是一个整体，普通制动系统出现故障，ABS 也就不能正常工作。因此，在维修中不能只考虑 ABS 系统单元的各电器元件。ABS 系统控制单元电路对过电压、静电非常敏感，如果操作不当就会导致控制芯片损坏，造成控制功能瘫痪。因此，禁止在通电状态下进行热插拔接口；如果在车上进行电焊操作必须要进行防静电防护（可用一根裸导线缠绕在手上，另一端接在车架上），并要拔下电控单元接口才能进行操作。要对蓄电池进行外电源充电时，必须将原车蓄电池连接导线取下。在维修或更换车速传感器时，一定要注意不能损伤传感器感应头，安装时要涂上防锈油脂，不可敲击或用蛮力装入。通常情况下，传感器间隙是可调的（也有不可调整的），调整时可以在间隙处塞入非磁性卡片（可用纸片、塑料片或铜片）。在维修 ABS 液压管路系统时一定要先泄压，并按照操作规程进行维修（对于整体式主缸在蓄压器内压力高达 18MPa，如泄压不彻底，在维修时高压液体将会喷出伤人）。因制动液的吸湿性很强，时间过长将使其水分过多导致管路系统产生腐蚀，制动效果变差，影响制动系统正常工作。制动液最好每年更换一次（至少每隔两年更换一次），注意不要使用 DOT5 硅酮型制动液。在更换和存储制动液时必须注意防止污物侵入；在加入时不能溅到 ABS 控制单元元件或导线上，加装完成时必须要按规定的方式结合诊断仪器进行放气操作。对 ABS 进行维修诊断时，必须要掌握诊断设备和工具的使用方法，根据诊断操作资料准确查找故障点，当然在使用中不要拘于形式和操作步骤，只要不违反安全操作规程准确判断故障即可。在更换元件时必须保证质量，确保维修后的正常工作。ABS 系统正常工作时，会发出类似碰击声或在制动时引起悬架碰击声，另外，在积雪或砂石路制动距离会变长。

2. ABS 液压系统的泄压操作

在检修中，如果判断为管路系统有故障，如液压控制单元部件中蓄压器、液压泵、液压电磁阀、储液罐、压力控制开关、分配比例阀体、制动轮缸等发生故障。检修前，必须要对液压系统进行泄压操作，避免高压液体喷出伤人。泄压的方法如下：将点火开关转到关闭（OFF）位置；反复踩踏制动踏板，感到踩踏力量明显增加，液压助力消失时，ABS系统泄压完成。

注意：踩踏制动踏板的次数较多，一般为20次以上，多则达40次以上。

3. ABS 电控单元的检测

ABS 电控单元可用替代法来证明它的好坏，也就是用一个好的电控单元代替原来的，再观察系统的工作情况。如果系统工作变为正常状态，说明原控制单元存在故障，必须进行维修或更换。ABS 电控单元的更换步骤如下：

1）点火开关置于关闭（OFF）位置。
2）拔下控制单元线束接口插头。
3）取下固定螺钉并按拆卸顺序放好。
4）装上正常的电控单元并固定，装回螺钉时要检查螺钉和垫圈，损坏的必须更换。
5）装回线束接口插头，注意检查是否有损坏或腐蚀，必须保证接口接触良好。
6）对角紧固控制单元螺钉，保证安装到位。
7）将点火开关打开并起动车辆，仪表台显示正常 ABS 系统信息。

4. ABS 传感器的检测方法

（1）舌簧开关式车速传感器（图 7-4）的检测

1）在传感器连接端子接上数字电压表。
2）将数字万用表置于 AC 20mV 档位，并用永磁体靠近传感头。
3）观察万用表上的数字，有变化则为正常，否则为损坏。

（2）电磁感应式车速传感器的检测

1）在传感器连接端子接上数字电压表。

图 7-4　舌簧开关式车速传感器

2）将数字万用表置于 DC 20V 档位，并用铁片快速靠近或离开传感头或转动车轮。
3）观察万用表的数字，有变化则为正常，否则为损坏。

（3）磁电感应式车速传感器的检测

1）在传感器连接端子接上数字电压表。
2）将数字万用表置于 AC 2mV 档位，并转动传感器轴。
3）观察万用表上的数字，有变化则为正常，否则为损坏。

（4）ABS 有故障码的诊断与检测

1）故障码 01276 检修方法如图 7-5 所示。
2）故障码 00283、00285、00290、00287 检修方法如图 7-6 所示。

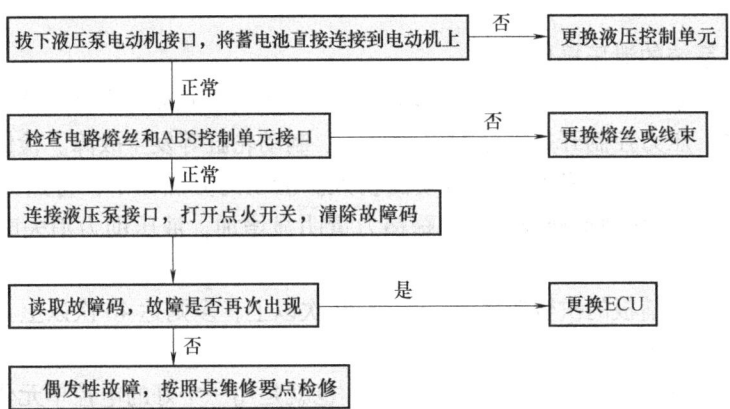

图 7-5 故障码 01276 检修方法

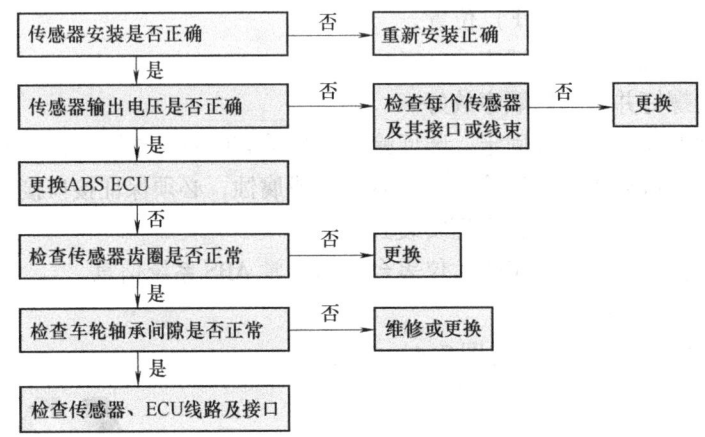

图 7-6 故障码 00283、00285、00290、00287 检修方法

3）故障码 01044 检修方法如图 7-7 所示。

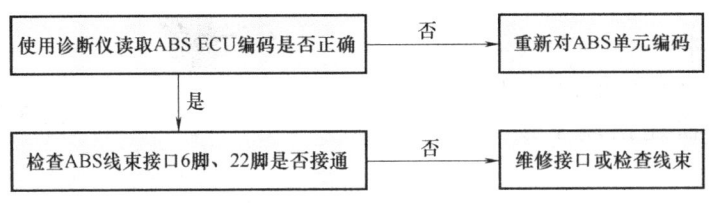

图 7-7 故障码 01044 检修方法

4）故障码 00668 检修方法如图 7-8 所示。
5）故障码 01130 检修方法如图 7-9 所示。

(5) ABS 无故障码的诊断与检修

对于捷达轿车 ABS 无故障码但存在故障的现象如下。

1）接通全车电源，但 ABS 故障警告灯不亮，其检修步骤如图 7-10 所示。
2）接通全车电源，但 ABS 故障警告灯常亮，其检修步骤如图 7-11 所示。
3）ABS 工作异常检修方法如图 7-12 所示。

项目七 安全防盗系统的检测与故障诊断

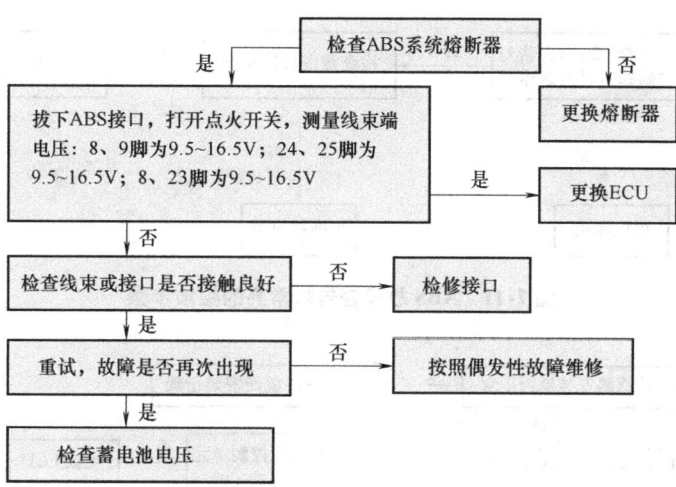

图 7-8 故障码 00668 检修方法

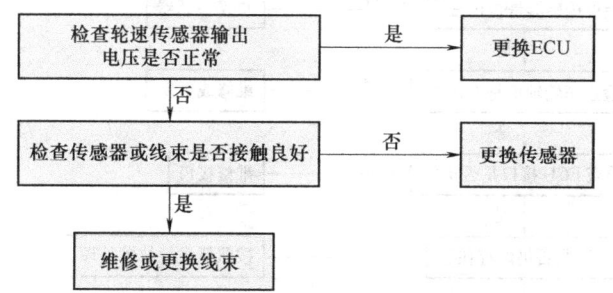

图 7-9 故障码 01130 检修方法

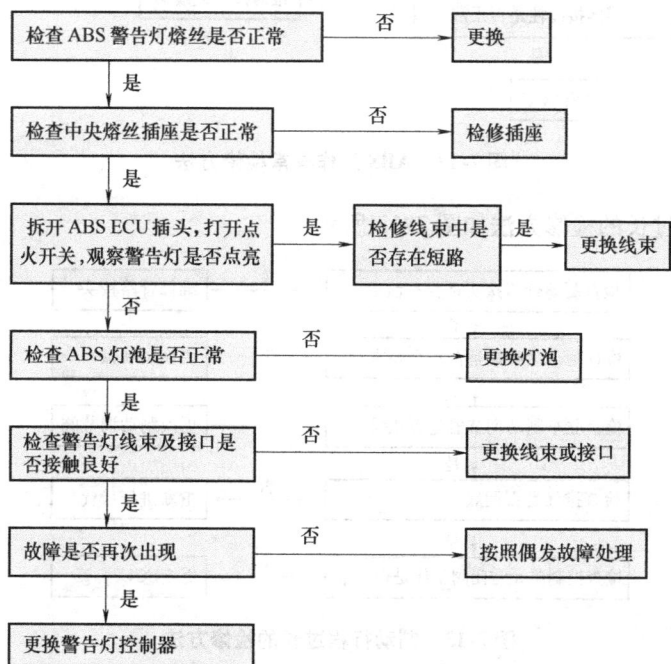

图 7-10 ABS 故障警告灯不亮的检修步骤

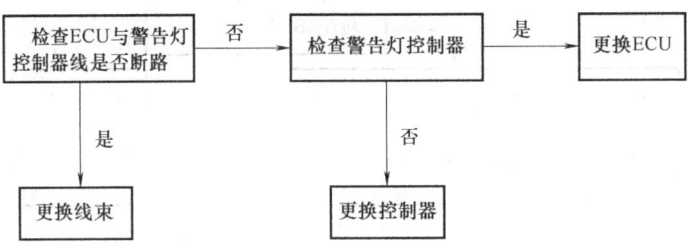

图 7-11　ABS 故障警告灯常亮的检修步骤

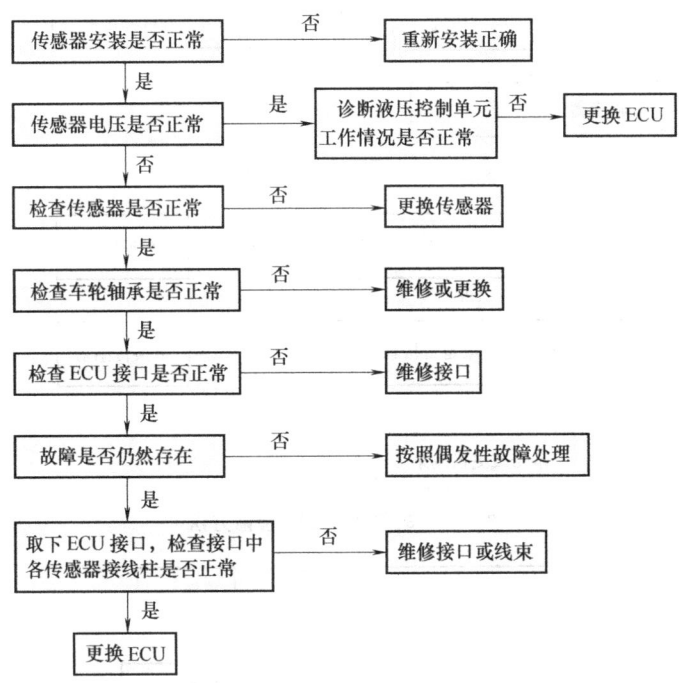

图 7-12　ABS 工作异常检修方法

4）制动行程过长的检修方法如图 7-13 所示。

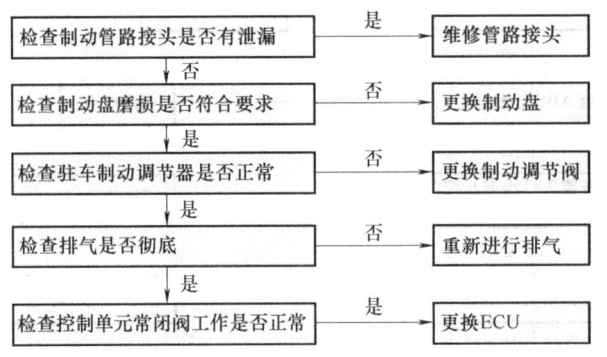

图 7-13　制动行程过长的检修方法

5）制动时制动踏板阻力较大的故障检修方法如图 7-14 所示。

项目七 安全防盗系统的检测与故障诊断

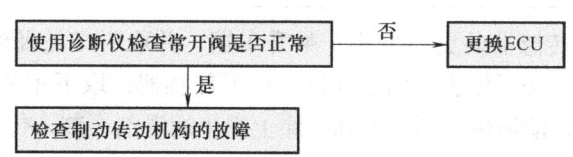

图 7-14　制动踏板阻力较大故障的检修方法

6）无法与控制单元进行通信故障的检修方法如图 7-15 所示。

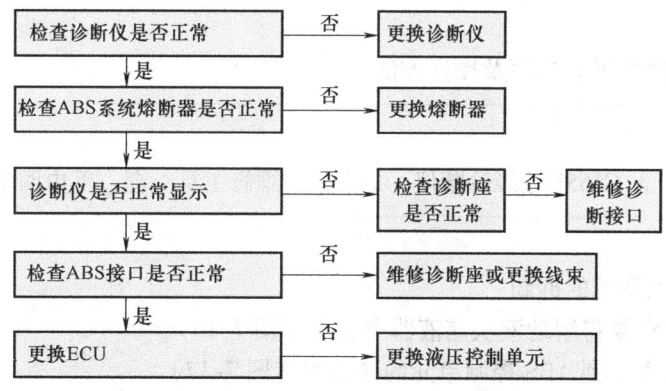

图 7-15　无法与控制单元进行通信故障的检修方法

【技能训练】

训练 1　ABS 传感器的调整与更换法（以大众捷达轿车为例）

1. 目的
1）掌握 ABS 传感器的调整和更换的操作方法。
2）能够对功能完成情况进行正确的判断。

2. 准备
整车一台，举升机，维修工作一套，毛巾两条，维修三件套。

3. 步骤
（1）ABS 前轮速传感器的调整方法　将汽车举升后拆下前轮胎及车轮固定装置；取下传感器连接插头；松开传感器固定螺钉，取下传感器；用毛巾清除传感器、传感器安装座及衬套上的污垢，特别是传感器头部要清理干净；在传感器上做好标记，防止在安装时不能分清左右；装入传感器，并在传感器头对面的齿圈面垫上 1~1.5mm 的纸片；旋紧衬套螺钉，推入传感器使传感器头部垫入的纸片与齿圈接触并压紧，旋紧传感器固定螺钉；插接传感器插头；安装前车轮，旋转车轮两周，观察是否有机械卡阻，并放下举升机，起动发动机；观察 ABS 故障指示灯工作是否正常，ABS 故障指示灯不亮则工作正常；否则 ABS 有故障。

171

（2）ABS 后轮速传感器的更换方法　举升车辆，并取下车轮及制动组件；拔下后轮车速传感器连接插头；松下传感器固定螺钉，拆下传感器；取下车速传感器导线保护罩，拉出导线和导线插头；清洁传感器安装孔，涂上固体润滑剂；装入传感器，拧紧固定螺钉（6～10N·m）；放下举升机，起动发动机试车。

训练 2　ABS 的拆装方法

1. 目的

掌握 ABS 元件的拆装顺序及操作方法。

2. 准备

整车一台，V.A.G1551 故障诊断仪，举升机，维修工具一套，毛巾两条，维修三件套。

3. 步骤

（1）ABS 操纵系统的拆卸

1）用手动真空泵将制动液从储液器中吸出（图 7-16）。

2）拆卸制动主缸到 ABS 控制单元的连接管（图 7-17）。

图　7-16

图　7-17

3）拆卸液压控制单元到右前制动器的制动管，并取出（图 7-18）。

4）拆卸制动总泵（图 7-19）。

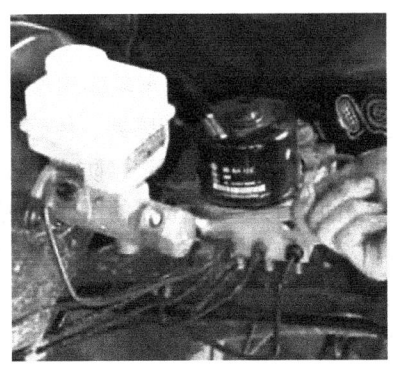

图　7-18

图　7-19

5）拆卸 ABS 制动控制单元其他液压管路接头（图 7-20）。
6）拆卸 ABS 制动控制单元组件（图 7-21）。

图　7-20

图　7-21

7）拆卸加速踏板（图 7-22）。
8）拆卸制动踏板螺母，取制动助力器（图 7-23）。

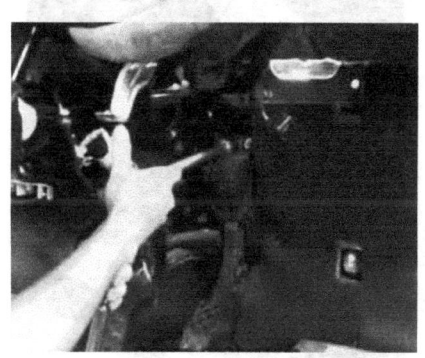
图　7-22

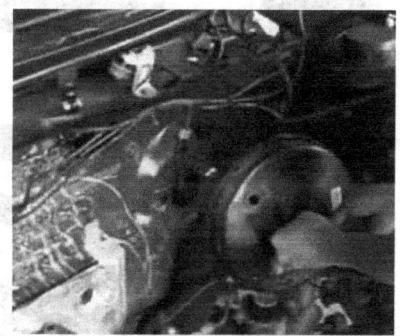
图　7-23

9）拆卸离合器拉索连接头，再取出离合器拉索总成（图 7-24）；拆卸离合器拉索锁紧圈（图 7-25）。

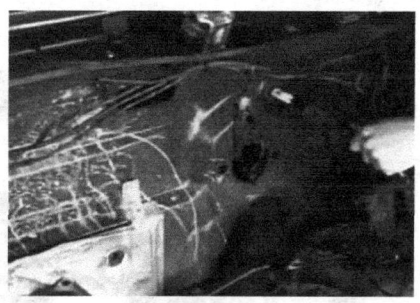
图　7-24

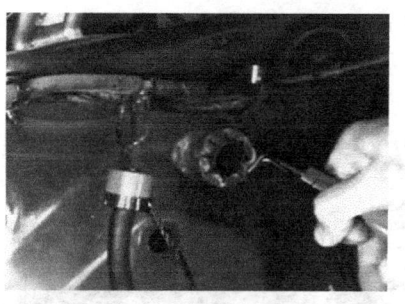
图　7-25

10）取出制动与离合器踏板总成（图7-26），拆卸结束。

（2）ABS操纵系统的安装

1）安装制动和离合器踏板总成（图7-27），安装转向柱支架（图7-28）。

2）安装离合器拉索锁紧圈，并锁紧（图7-29）。

3）安装制动助力器，并将制动踏板连接处锁紧（图7-30）。

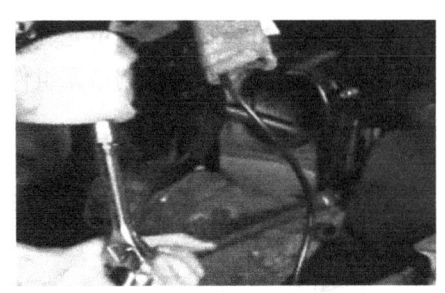

图 7-26

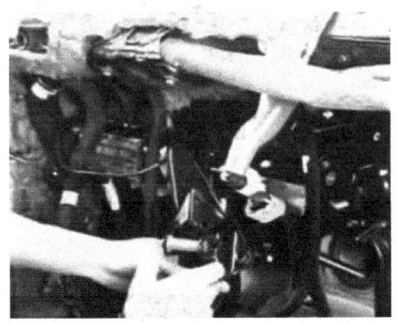

图 7-27

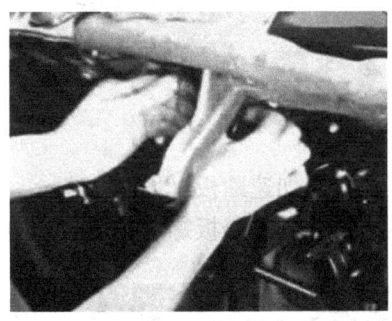

图 7-28

图 7-29

图 7-30

4）安装制动助力泵隔热板，并拧紧固定螺母（图7-31）。

5）连接制动软管（图7-32）。

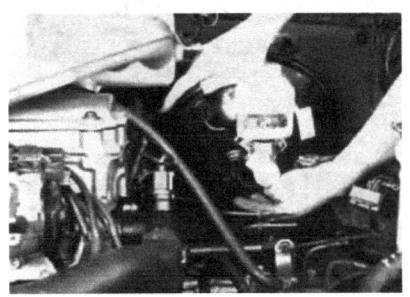

图 7-31

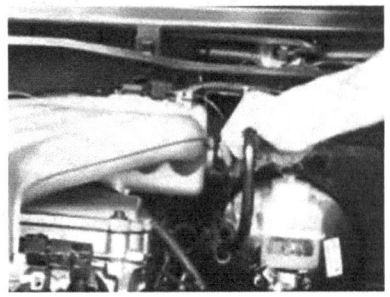

图 7-32

项目七 安全防盗系统的检测与故障诊断

6）连接制动总泵线路插头（图7-33），装入离合器拉索总成（图7-34）。

图 7-33

图 7-34

7）安装加速踏板（图7-35），安装风扇控制器模块（图7-36）。

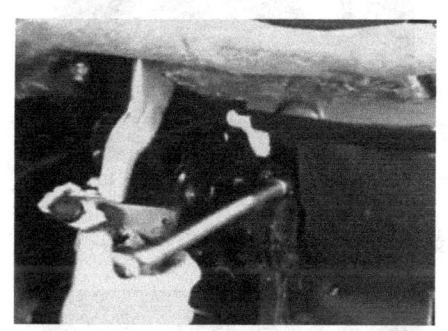

图 7-35

图 7-36

8）安装液压控制总成（图7-37），安装液压控制管（图7-38），安装完毕。

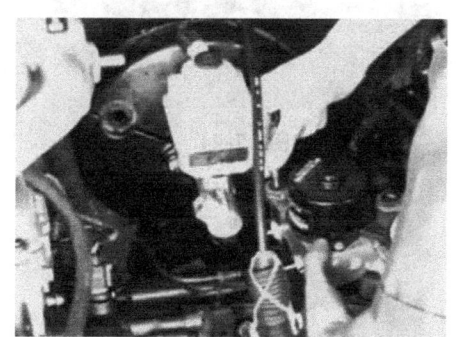

图 7-37

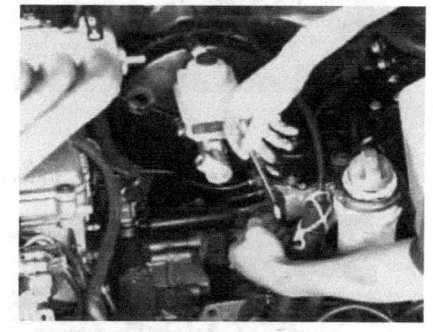

图 7-38

（3）前盘式制动器的拆卸
1）拆卸前车轮（图7-39），拆卸前轮制动系统（图7-40）。

图 7-39

图 7-40

2）拆卸前轮车速传感器（图7-41），拆卸制动钳（图7-42）。

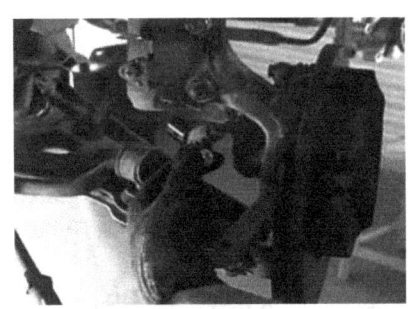

图 7-41

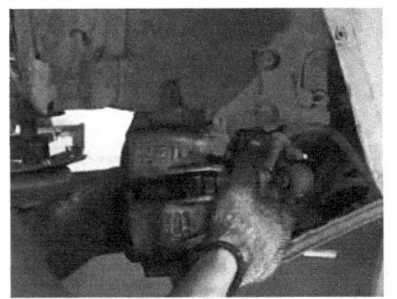

图 7-42

3）取下制动摩擦片（图7-43），拆卸制动钳支架（图7-44）。

图 7-43

图 7-44

4）拆卸制动盘（图7-45），拆卸制动盘盖板（图7-46），至此完成拆卸。

图 7-45

图 7-46

(4)前盘式制动器的安装

1)安装前对各部件进行除尘,并将防尘套安装在制动钳活塞尾部(图7-47)。

2)取出放气阀(图7-48)。

图 7-47

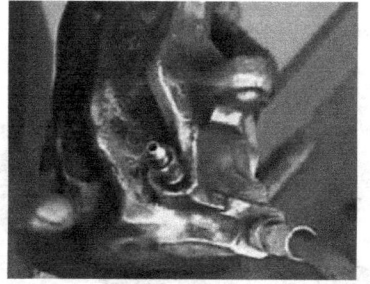

图 7-48

3)将制动活塞压入制动活塞腔(图7-49),安装前轮车速传感器(图7-50)。

图 7-49

图 7-50

4)安装制动盖板(图7-51),安装制动盘(图7-52)。

图 7-51

图 7-52

5)安装制动钳支架(图7-53),用粗砂纸打磨制动盘两个工作面(图7-54)。

注意:安装前检查制动钳支架有无变形或磨损。

图 7-53

图 7-54

6）安装制动钳中间板（图7-55），安装制动摩擦片（图7-56）。

注意：安装前检查摩擦片的厚度，小于使用极限或厚度不均匀必须进行更换（磨损极限为7mm）。

图 7-55　　　　　　　　　　　图 7-56

7）安装制动钳体并紧固（图7-57），连接前轮车速传感器连接插头（图7-58）。

图 7-57　　　　　　　　　　　图 7-58

8）安装制动油管（图7-59），连接制动油管接头（图7-60）。

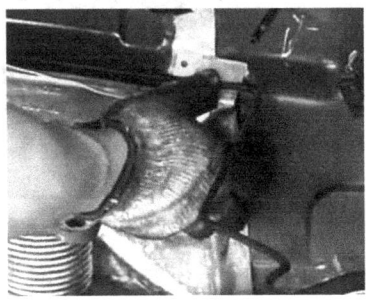 

图 7-59　　　　　　　　　　　图 7-60

9）安装前车轮（图7-61），安装完毕。

(5) 后鼓式制动器的拆卸

1）拆卸后车轮（图7-62），拆卸后轮轮毂罩（图7-63）。

2）取下制动鼓（图7-64），拆卸后轮车速传感器（图7-65）。

图 7-61

项目七 安全防盗系统的检测与故障诊断

图 7-62

图 7-63

图 7-64

图 7-65

3）拆卸制动蹄弹簧座圈、压力弹簧、张紧销（图7-66），拆卸制动蹄拉力弹簧（图7-67）。

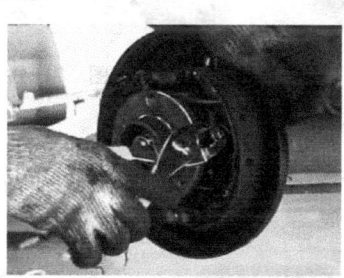

图 7-66

图 7-67

4）取出制动蹄片（图7-68），取出制动拉索（图7-69）。

图 7-68

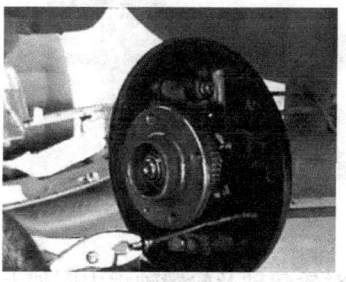

图 7-69

5）拆卸后轮毂轴承自锁螺母（图7-70），拉出后轮轮毂轴承（图7-71）。

图　7-70

图　7-71

6）用专用拉具拉出轮毂轴承内圈（图7-72），拆卸制动分泵及连接管（图7-73）。

7）拆卸制动托盘（图7-74），完成拆卸。

图　7-72

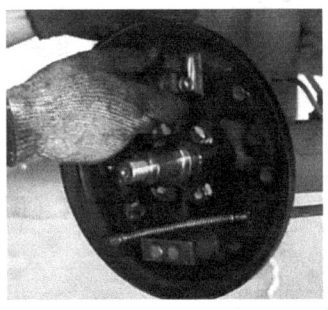
图　7-73

图　7-74

（6）后鼓式制动器的安装

1）安装制动托盘并穿上制动拉索（图7-75），安装制动分泵并连接制动油管（图7-76）。

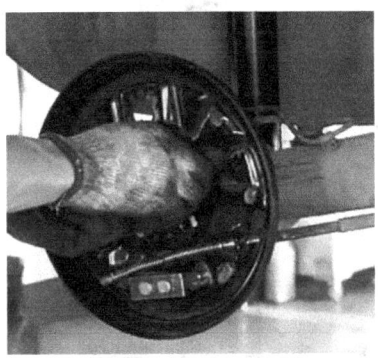
图　7-75

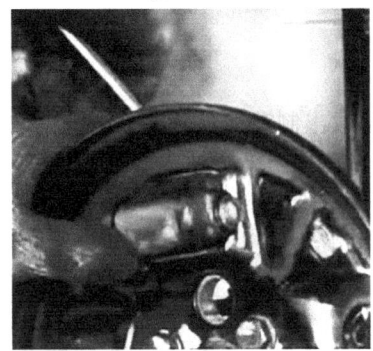
图　7-76

2）对轮毂轴及轮毂轴承内圈加上润滑油（图7-77），安装轮毂轴承（图7-78）。
注意：用扭力扳手紧固，轮毂轴承转动应无卡阻。

图 7-77

图 7-78

3）安装制动蹄片（图7-79）安装制动蹄张紧销、压力弹簧及弹簧座圈（图7-80）。

注意：安装前将制动拉索安装到制动臂上，并检查制动蹄片的厚度大于2mm。

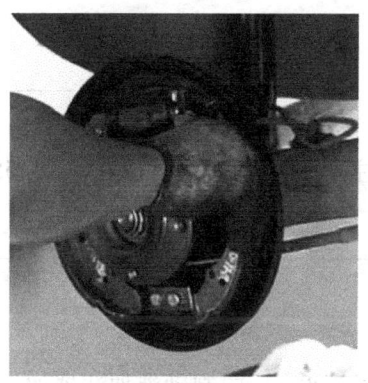

图 7-79

图 7-80

4）安装制动蹄片拉力弹簧（图7-81），安装制动鼓（图7-82）。

注意：在安装前用粗砂纸对制动蹄片及制动鼓内表面进行打磨，制动鼓标准内径180mm，若大于181mm必须更换。

图 7-81

图 7-82

5）安装后轮车速传感器及连接插头（图7-83），安装后轮轮毂盖（图7-84）。

6）安装后车轮（图7-85），安装完毕。

图 7-83

图 7-84

图 7-85

训练3　ABS制动液的加注及排气

1. 目的

掌握 ABS 制动液的加注和排气方法。

2. 准备

整车一台，举升机，维修工具一套，制动液加注器一台，故障诊断仪 V.AG1551 一台及连接线，毛巾两条，维修三件套。

3. 步骤

（1）ABS 制动液的加注

1）向制动液储液罐加注制动液压油并加满（图7-86），向制动液加注器加入一定量的液压油，如图7-87所示。

注意：加注后要旋紧加注器盖。

图 7-86

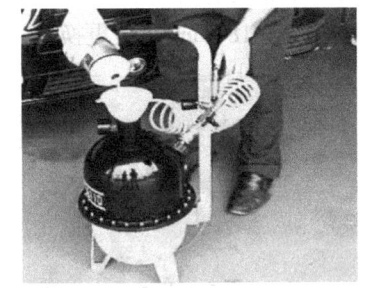
图 7-87

2）对加注器的出油口加注一定的压缩空气后关闭出油口阀门（图7-88），接上合适的出油口接头，并将压缩空气管与加注器进气管连接（图7-89）。

3）打开加注器进气阀门（图7-90），调节出油口阀门，看见有油流出后关闭出油口阀门（图7-91）。

项目七 安全防盗系统的检测与故障诊断

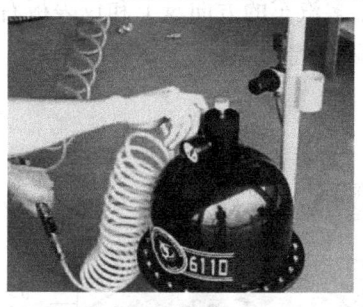

图 7-88

图 7-89

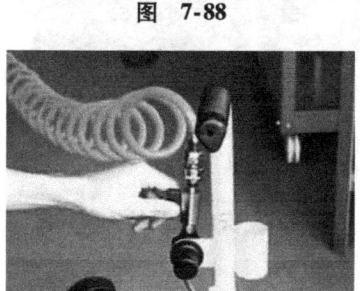

图 7-90

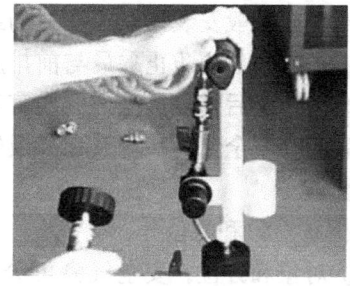

图 7-91

4)连接制动储液罐加注口,并打开出油口阀门直到加满完成(图 7-92)。

(2)ABS 的排气

1)连接故障诊断仪并将诊断插头接在诊断座上。

2)打开诊断仪,显示诊断进入页面。

3)在地址处输入"03",按下"Q"键,在功能选择处输入"04",按下"Q"键。

4)在组号输入处输入"001",按"Q"键,踩下制动踏板并保持,液压泵工作,踏板回弹。

5)松开制动踏板,将左右前制动钳放气螺钉松开,按"↑"键。

图 7-92

6)踩制动踏板 10 次,将左右前制动钳放气螺钉拧紧,按"↑"键。

7)将 6、7、8 操作步骤重复 7 次,诊断仪显示"排气结束",按下"→"键,返回功能选择界面。输入"06",按下"Q"键,排气操作结束。

任务二 安全气囊的检测与故障诊断

【相关知识】

一、安全气囊的作用

安全气囊在车辆发生碰撞时能够起到缓冲作用,从而降低撞击对车内乘客所造成的伤害。常见的辅助防护系统有安全气囊和安全带，在很多汽车的方向盘上和仪表板右侧杂物箱上方都标有 SRS 或 AIR BAG，这表示有安全气囊安装在此处。

二、安全气囊的分类

1. 按安装的位置分（图 7-93）

对驾驶人进行保护的气囊装在方向盘内，防止驾驶人与方向盘、仪表板及前风窗玻璃发生碰撞；对前排乘员进行保护的气囊，装在仪表板内，防止乘员与仪表板、前风窗玻璃发生碰撞；对后排乘员进行保护的气囊，一般安装在前排座椅的靠背上后部或头枕内部，防止乘员与前排座椅发生碰撞。由于后排乘员受到的伤害程度较轻，后座椅安全气囊一般只在高级轿车上使用。

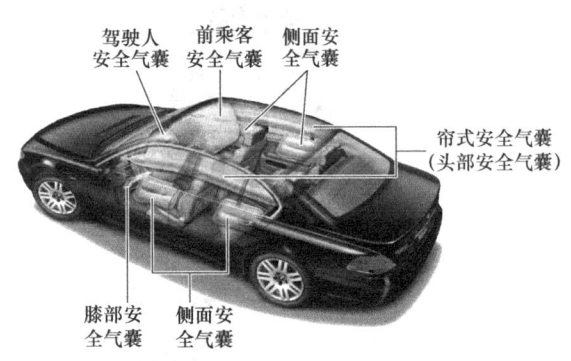

图 7-93 安全气囊的安装位置

2. 按保护对象和方位分

按保护对象和方位，安全气囊可分为驾驶座位安全气囊（DAB）、前排乘客安全气囊（PAB）、前排座椅安全气囊（FSAB）、后排座椅安全气囊（RSAB）、安全气帘（IC）、膝部安全气囊（KAB）和行人保护安全气囊（Passenger Airbag）。

3. 按气囊数量分

安全气囊按气囊的数量可分为单气囊、双气囊、多气囊和新型气囊，如图 7-94 所示。

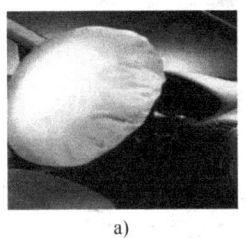 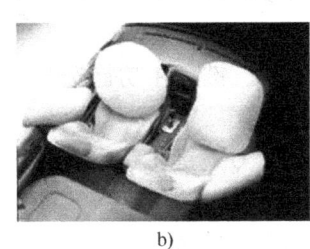 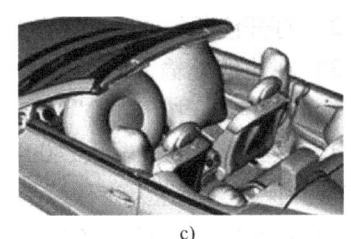

a) b) c)

图 7-94 安全气囊的安装数量
a) 单气囊 b) 双气囊 c) 多气囊

（1）单气囊、双气囊　目前在国内生产的中低档轿车中标配的气囊个数是 1~2 个，一般都是在车辆的驾驶和副驾驶位置各一个，用来保护前排成员在车辆发生猛烈撞击时对其胸部和脑部进行有效保护。

（2）多气囊　在一些高档轿车中，如以安全性著称的沃尔沃轿车，在它的旗舰车型中全车配备了 6 个气囊和 18 个气帘，分别位于车内前排正副驾驶位，前后车门两侧各 2 个，18 个气帘分布在前后风窗玻璃处、侧面视窗处，对来自各个方向的撞击都能提供最有效的保护。

（3）新型气囊　防气囊反弹伤亡的气囊式安全带，原名为防汽车气囊反弹伤亡的保险带，又称气囊式安全带。在车用保险带肩部及整体，设有标致形气囊装置。该保险带结合了传统安全带和安全气囊的特性，为乘客提供了更高级别的碰撞安全保护。当碰到意外情况时，安全带会瞬间膨胀成气囊状，其缓解冲击力的效果是传统安全带的 5 倍；一是面积大可

项目七 安全防盗系统的检测与故障诊断

以有效降低头部与颈部的晃动,二是气囊膨胀时具备一定的反作用力,能减少车祸中乘客容易出现的肋骨骨折、内脏器官受损和瘀伤等现象,能够避免目前因气囊弹伤颈椎的 60% 以上的伤亡事故。

三、安全气囊的有效范围

在下列情况下,安全气囊不会引爆点火剂,也不给安全气囊充气:汽车遭受侧面碰撞超过斜前方 ±30° 角时;汽车遭受横向碰撞时;汽车遭受后方碰撞时;汽车发生绕纵向轴线侧翻时;纵向减速度未达到设定阈值时;汽车正常行驶、正常制动或在路面不平的条件下行驶时。

另外,在 13~23km/h 之间是碰撞模糊区,安全气囊可启爆也可能不启爆。但 13km/h 以下的速度气囊必须不能启爆,23km/h 以上的速度下气囊必须启爆。

四、安全气囊的组成

1. 安全气囊主要包括碰撞传感器、气囊控制器(ECU)、气囊故障指示灯、气囊组件以及连接线路,气囊组件主要包括气囊、气体发生器以及点火器等,如图 7-95 所示。

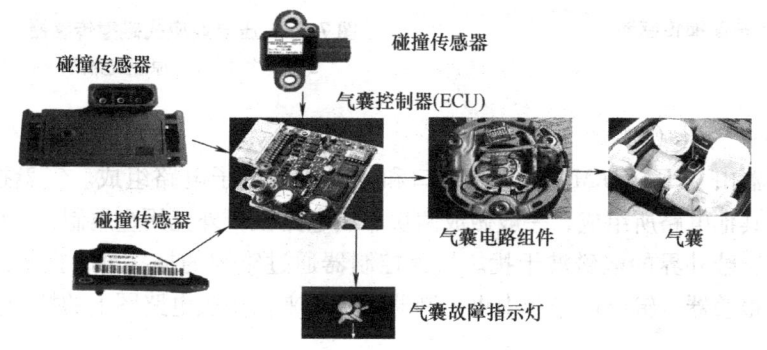

图 7-95 安全气囊的组成

(1)碰撞传感器 对于各汽车制造厂生产的车辆,碰撞传感器的安装位置不尽相同,而且碰撞传感器的名称也不统一,例如有些碰撞传感器按照工作原理也称为加速度传感器。

1)按照用途的不同,碰撞传感器分为触发碰撞传感器(图 7-96)和防护碰撞传感器(图 7-97)。触发碰撞传感器也称为碰撞强度传感器,用于检测碰撞时的减速度或惯性,并将碰撞信号传给气囊控制器(ECU),作为气囊控制器(ECU)的触发信号;防护碰撞传感器也称为安全碰撞传感器,它与触发碰撞传感器串联,用于防止气囊误爆。

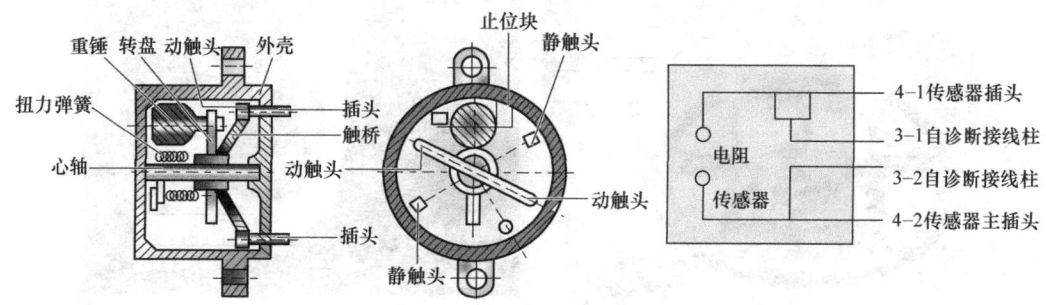

图 7-96 触发碰撞传感器

2）按照结构的不同，碰撞传感器还可分为机电式碰撞传感器、电子式碰撞传感器以及机械式碰撞传感器。防护碰撞传感器一般采用电子式结构，触发碰撞传感器一般采用机电结合式结构或机械式结构。机电结合式碰撞传感器是利用机械的运动（滚动或转动）来控制电气触点动作，再由触点断开和闭合来控制气囊电路的接通和切断，常见的机电结合式碰撞传感器有滚球式和偏心锤式碰撞传感器。电子式碰撞传感器没有电气触点，目前常用的有电阻应变式和压电效应式两种（图7-98）。机械式碰撞传感器常见的有水银开关式，它是利用水银导电的特性来控制气囊电路的接通和切断。

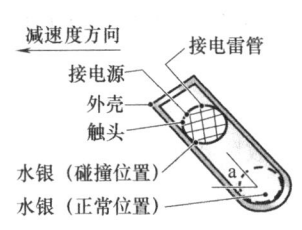

图7-97 防护碰撞传感器

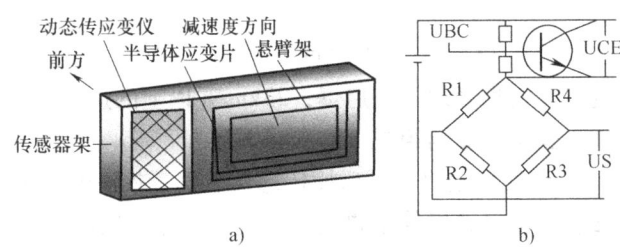

图7-98 压电效应式碰撞传感器
a) 结构图 b) 原理线路图

（2）气囊控制器（ECU）

气囊控制器由CPU、RAM、ROM、接口和驱动器等电子电路组成。气囊控制器多数是由单片机加上其他电路所组成，一般做成两块印制电路板，外壳用金属制作，既可以加强机械强度，也可屏蔽外界的电磁波干扰。气囊控制器通过牢固的插接件，把传感器等输入信号，引爆器、报警器等输出信号和中央控制器连接起来。一般电路图上的接线标号就是插接件上的标号。

（3）气囊组件 气囊组件按功能分为正面气囊组件和侧面气囊组件两大类。正面气囊组件的功用是保护驾乘人员的面部和胸部，防止方向盘、风窗玻璃、仪表台和前排座椅伤害人体。侧面气囊组件的功用是保护驾乘人员的头部和腰部，防止车门或车身伤害人体。

汽车安全气囊目前普遍装备驾驶席和前排乘员席。驾驶席气囊组件安装在方向盘的中央，前排乘员席安全气囊组件安装在乘员席正前方，两个气囊组件一般共用一个SRS电脑控制。驾驶席气囊组件的结构如图7-99所示，主要由气囊装饰盖、气囊、气体发生器和装在气体发生器内部的点火器等组成。

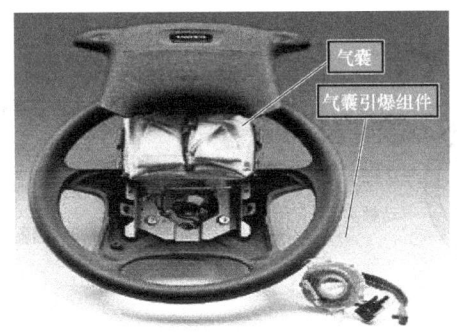 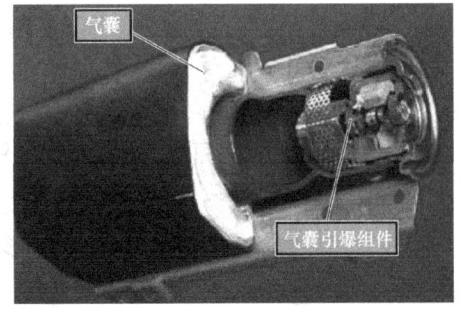

图7-99 气囊组件

1）气囊（图 7-100）。气囊采用尼龙制成，内层涂有聚氯丁二烯，用以密封气体。气囊静止时被折叠成包，安放在气体发生器上部和气囊饰盖之间，气囊饰盖表面模压有浅印，以便气囊充气爆开时撕裂饰盖，并减小冲出饰盖的阻力。气囊背面或顶部设置有排气孔，当驾驶人压在气囊上时，气囊受压后便从排气孔排气。

2）气体发生器（图 7-101）。气体发生器的功用是在点火器引爆点火剂时，产生气体向气囊充气，使气囊胀开。气体发生器用专用螺栓和专用螺母固定在气囊支架上。气体发生器由点火器、点火剂、金属过滤器及氮气发生剂等组成。

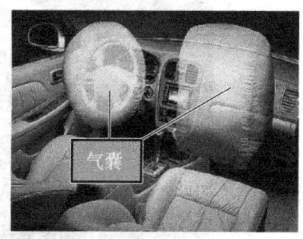

图 7-100　气囊

 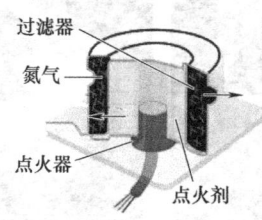 

图 7-101　气体发生器

3）点火器。点火器外包铝箔，安装在气体发生器内部中央位置。其功用是在前碰撞传感器和防护传感器将气囊电路接通时，引爆点火剂，产生热量使充气剂分解。

（4）安全带预紧器（图 7-102）　安全带预紧器安装在前排座椅的左右两外侧，它包括电雷管、气化剂、气缸活塞和导线等。当汽车发生碰撞时，电雷管（引爆管）由 ECU 控制接通电源引爆气化剂，活塞在膨胀气体作用下迅速下移，并带动安全带迅速预紧，将驾乘人员向座椅靠背拉动，防止他们冲向汽车前方。

2. 安全气囊的动作过程

安全气囊的动作过程依次为触发、爆发充气、人体压入和气体释放四个过程，如图 7-103 所示。

图 7-102　安全带预紧器

（1）触发　碰撞约 10ms 后，安全气囊达到引爆极限，点火器引爆点火剂并产生大量热量，使充气剂（叠氮化钠药片）受热分解，驾驶人尚未动作，如图 7-103a 所示。

（2）爆发充气　碰撞约 40ms 后，气囊完全充满，体积最大，驾驶人向前移动，安全带斜系在驾驶人身上并拉紧，部分冲击能量已被吸收，如图 7-103b 所示。

（3）人体压入　碰撞约 60ms 后，驾驶人头部及身体上部压向气囊，气囊的排气孔在气体和人体压力作用下，排气节流吸收人体与气囊之间弹性碰撞产生的动能，如图 7-103c 所示。

（4）气体释放　碰撞约 110ms 后，大部分气体已从气囊逸出，驾驶人身体上部回到座椅靠背上，汽车前方恢复视野，如图 7-103d 所示。碰撞约 120ms 后，碰撞危害解除，车速降低直至为零。

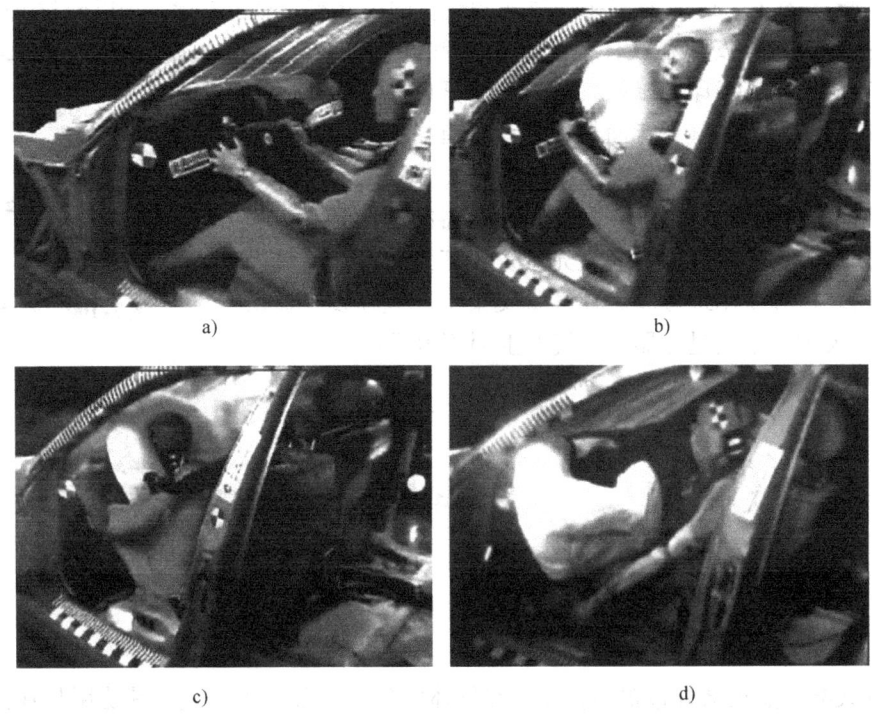

图 7-103　安全气囊的动作过程

a）触发　b）爆发充气　c）人体压入　d）气体释放

气囊在碰撞过程中动作时间极短。从开始充气到完全充满约为 30ms；从汽车遭受碰撞开始到气囊收缩为止，所用时间仅为 120ms 左右，而人的眼皮眨一下所用时间约为 200ms 左右。因此，气囊动作状态和经历时间无法用肉眼确认。

3. 防止误爆机构

如图 7-104 所示，从 ECU 至气囊点火器之间的插接器 2、5、8 均采用了防止气囊误爆机构。防止误爆机构为一块铜质弹簧片，称为短路片，其作用是：当插接器拔开（插头拔下或插头与插座未完全结合）时，短路片（弹簧片）自动将靠近气囊点火器一侧插座上的两个引线端子短接，防止静电或误通电将点火器电路接通而造成气囊误胀开。短路片一

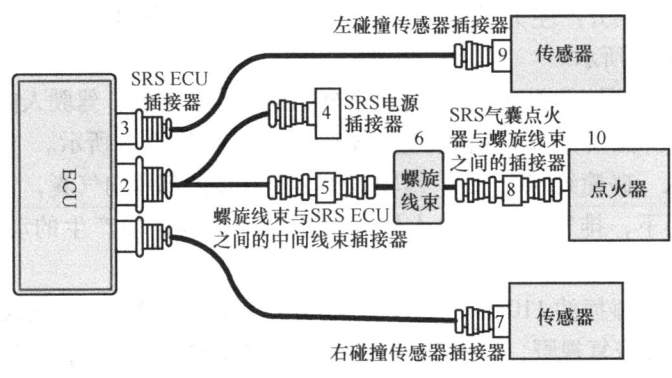

图 7-104　点火器连接图

一般设在插接器插座上,如图7-105a所示,当插头与插座正常连接时,插头的绝缘壳体将短路片向上顶起,短路片与插接器端子脱开,插头引线端子与插座引线端子接触良好,点火器电热丝电路处于正常连接状态。

如图7-105b所示,当插头与插座脱开时,短路片将气囊点火器一侧插座上的引线端子短接,使点火器电热丝与短路片构成回路,此时即使将电源加到点火器一侧插接器插座上,由于电源被短路片短路,因此点火器不会引爆气囊,从而达到防止气囊误爆之目的。

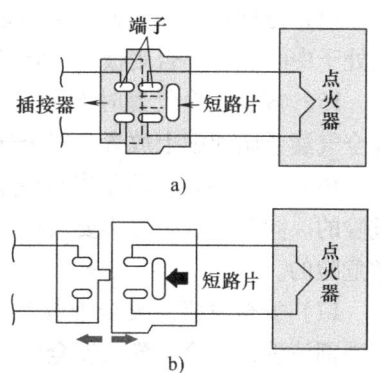

图7-105 防止误爆电路图
a) 插接器正常连接时,短路片与端子脱开
b) 插接器拔开时,短路片将端子短接

五、安全气囊的检测与诊断

1. 维修安全气囊的注意事项

在维修汽车及安全气囊时,一定要按照操作规程进行,应遵循以下几点:

1) 诊断维修安全气囊之前,应首先检查故障码,然后再脱开蓄电池电缆,因为故障码是故障诊断时最重要的信息来源。

2) 将点火开关打到OFF(或LOCK)位置和从蓄电池负极端子拆下电缆90s(有的车型为60s)以后才能开始工作,因为安全气囊一般都配有备用电源,如果从蓄电池上拆下负极电缆后不到90s(或60s)就开始维修工作,气囊可能会充气张开。

3) 当负极端子从蓄电池上脱开后,时钟和音响系统的存储内容(许多音响都带有防盗密码)都将消失。所以,在开始工作前,应将各存储系统的存储内容做好记录,在工作结束以后,应对音响系统重新设置,重新输入密码并调准时钟。

4) 即使只发生轻微的碰撞,而安全气囊并没有张开,也应仔细检查安全气囊、传感器、安全带收紧器、控制电脑以及电缆、插头等。

5) 在修理过程中,如果有可能会对车前传感器有冲击作用,则在修理前,应先将传感器拆下。

6) 不要拆卸和修理中央传感器(或控制电脑)、车前传感器、安全气囊和安全带收紧器,也不可使用其他车上的安全气囊配件。

7) 不要让安全气囊、传感器、安全带收紧器直接暴露在热空气或火焰中。

8) 如果传感器、安全气囊、安全带收紧器、控制电脑等元件的紧固件已经脱落或其外壳、托架、连接件有裂纹、凹陷或者有其他缺陷,都应予以更换。

9) 应用高阻抗(至少$10k\Omega/V$)仪表诊断系统故障。

10) 在安全气囊零部件上都有说明标牌,必须严格按照这些注意事项进行操作。在系统维修工作完成后,应检查安全气囊警告灯,看系统工作是否正常。

11) 已发生过碰撞且已经充气张开的安全气囊、控制电脑、车前传感器、中央传感器、安全带张紧器等不可重复使用。

12) 安装传感器时,传感器上的箭头应指向车辆前方,有些车辆的车前传感器定位螺栓是经过防锈处理的,当传感器拆下时,最好换用新的定位螺栓。

13) 在接上插接器时务必将各种锁止机构可靠锁住,以防插接器松脱或者出现一些失灵代码。

14）方向盘必须正确地装入转向柱内，否则会引起电缆接触不良，同时，螺旋形电缆应处于中间位置，否则极易在转动方向盘时遭到损坏。

15）放置安全气囊时不可重叠堆放，当拆下安全气囊时，应把它顶面朝上放置。如果安全气囊金属面朝上放置，安全气囊因某种原因突然充气张开时将会导致严重事故。

16）千万不要去测量安全气囊传爆管的电阻，因为这可能会使安全气囊张开，是非常危险的。同时，也千万不要去测量安全带收紧器的电阻，这也可能会使收紧器动作，也是非常危险的。

17）安全气囊及安全带收紧器上不能沾油和水，不能涂润滑脂，也不得用任何类型的清洗剂清洗，安全气囊及安全带收紧器应存放在湿度不高并远离电场干扰的地方，也不可放置在高温环境或阳光暴晒的地方。

18）当使用电弧焊时，应先将安全气囊及安全带收紧器的插接器脱开才可开始工作。

19）当车辆报废时，在报废前应使用专用工具使安全气囊张开或让安全带起作用，这项工作应在远离电场干扰的地方进行。

20）维修过程当中，应戴防护眼镜。已张开的安全气囊上粘有氢氧化钠等化学物质，极易损伤皮肤，在移动过程当中最好戴橡胶手套。

2. 安全气囊维修过程中的禁止事项

1）禁止对点火器进行通电或用低阻万用表测量电阻（图7-106）。

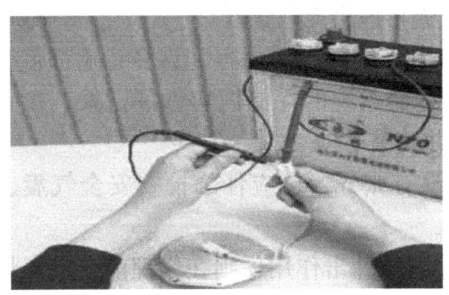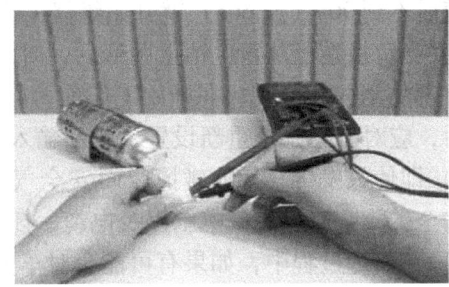

图7-106 对点火器进行通电或用低阻万用表测量电阻

2）禁止人为机械损坏，非常危险（图7-107）。

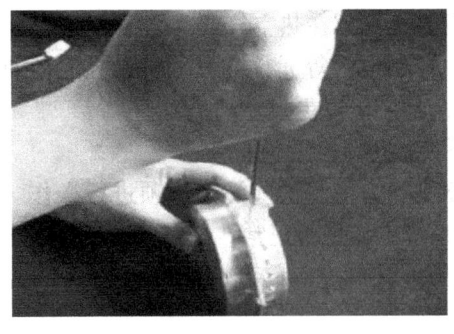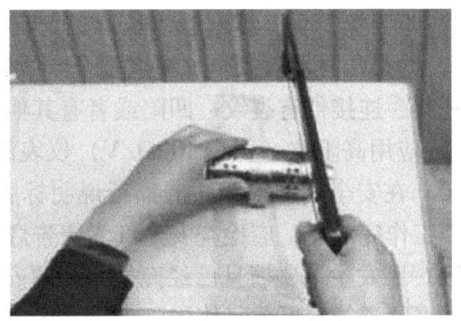

图7-107 人为机械损坏

3）禁止错误的摆放（图7-108）。

4）禁止错误的运送方法（图7-109）。

5）禁止高位跌落。

项目七 安全防盗系统的检测与故障诊断

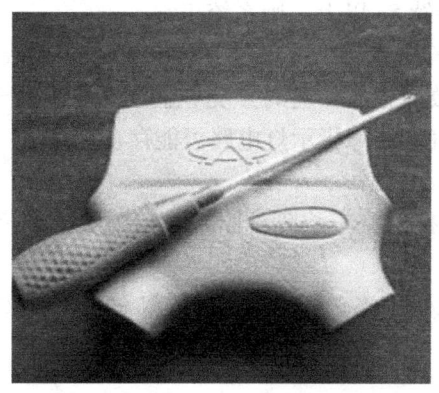 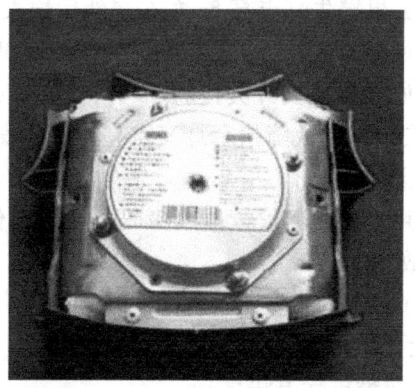

图 7-108　错误的摆放

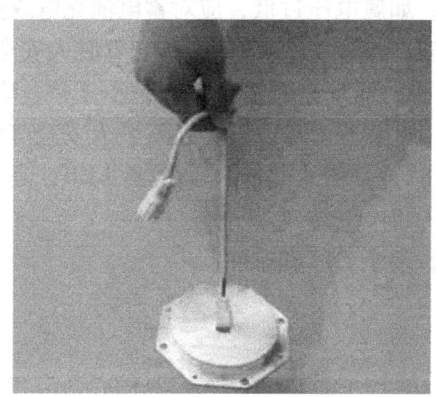 

图 7-109　错误的运送方法

6）禁止敲击。

7）禁止维修时人体面向气囊。

8）禁止存放在高温或潮湿环境。

3. 安全气囊的故障诊断

1）安全气囊的故障诊断流程，如图 7-110 所示。

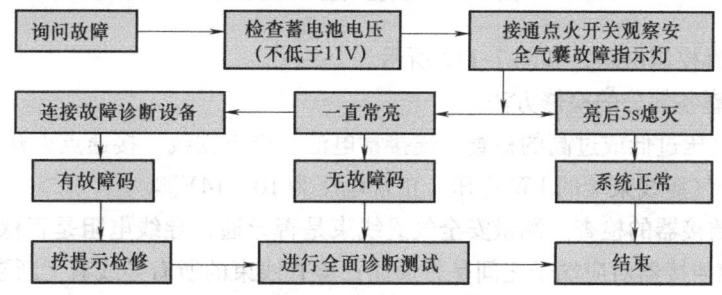

图 7-110　安全气囊的故障诊断流程

2）安全气囊故障指示灯电路自诊断。

① 将点火开关转至 ACC 或 ON 位，检查安全气囊故障指示灯是否点亮。

191

② 如果警告灯点亮5s左右，然后熄灭并持续5s以上，则系统正常。

③ 如果警告灯保持点亮而不熄灭，表明安全气囊ECU已经探测到一种或多种故障。

④ 如果在点火开关接通5s后，安全气囊故障指示灯有时点亮，甚至在点火置于LOCK位后，安全气囊故障指示灯又点亮，表明安全气囊故障指示灯电路可能存在短路。

3）读取故障码。

① 用专用诊断仪读取故障码，将诊断仪连接到汽车故障诊断接口。按照诊断仪上的提示读出故障码。

② 直接在安全气囊故障指示灯上读出故障码，将点火开关转至ON位。按照安全气囊故障指示灯的闪烁情况读取故障码。

4）故障排除方法。

① 搭铁线、线束故障：检查搭铁线是否有松动或断开；检查线束是否正常。

② 蓄电池故障：检查蓄电池电压是否正常，如属电压过低，应对蓄电池充电或更换。

③ 驾驶人安全气囊模块、时钟弹簧、线束安全气囊ECU故障：检查驾驶人安全气囊电路是否正常；检查安全气囊ECU和时钟弹簧之间的线束是否正常，如果不正常，应修理或更换线束；检查驾驶人安全气囊模块是否正常，如果不正常，应更换驾驶人安全气囊模块；检查时钟弹簧是否正常，如果不正常，应更换时钟弹簧；检查安全气囊ECU，是否正常，如果不正常，应更换安全气囊ECU。

④ 多个故障码同时存在故障：根据故障码，逐个诊断和排除。

5）安全气囊ECU引脚，如图7-111所示。

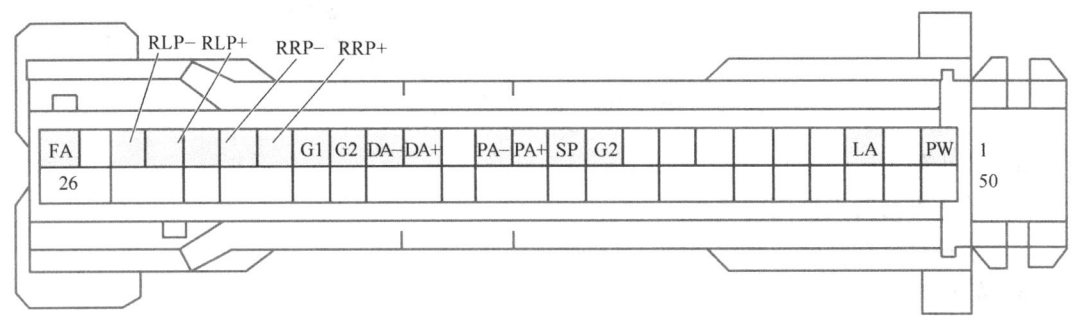

图7-111　安全气囊ECU引脚

6）安全气囊控制电路，如图7-112所示。

7）安全气囊各部分的检修方法。

① 蓄电池电压过低或过高的检查。连接蓄电池负极搭铁线，接通点火开关，即转至ON位置，测量安全气囊线束端的PW电压，正常电压为10～14V。

② 线束和插接器的检查。测量安全气囊线束是否导通，导线电阻是否保持在1Ω以下；检查其他线束和插接器对应端子之间是否通路；检查线束的所有导线有无断裂，有无绝缘层破裂现象；检查线束插接器有无开裂现象。

③ 安全气囊ECU的检查。用安全气囊线束连接安全气囊ECU；用专用维修工具跨接线将时钟弹簧上点火器插头两个端子连接起来；将蓄电池负极搭铁线连接到蓄电池上，并至少等待20s；将点火开关转至ACC或ON位，并至少等待20s；将点火开关转至LOCK位，清

项目七　安全防盗系统的检测与故障诊断

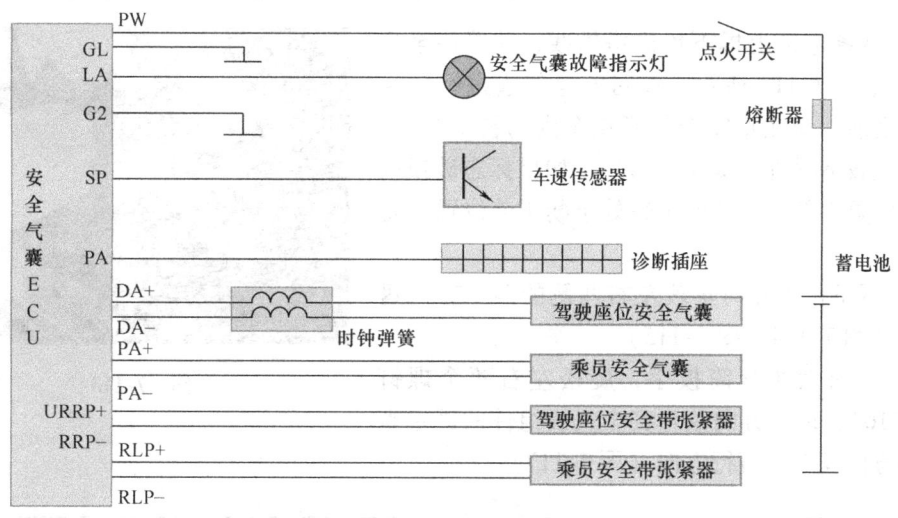

图 7-112　安全气囊控制电路

除故障码,并至少等待 20s;将点火开关转至 ACC 或 ON 位,并至少等待 20s,用诊断仪读出故障码。

④ 驾驶人安全气囊模块的检查。将点火开关转至 LOCK 位,从蓄电池上拆下负极搭铁线,并至少等待 60s;连接驾驶人安全气囊模块,连接蓄电池负极搭铁线,并至少等待 2s;将点火开关转至 ACC 或 ON 位,并至少等待 20s;将点火开关转至 LOCK 位,清除故障码,并至少等待 20s;将点火开关转至 ACC 或 ON 位,并至少等待 20s,用诊断仪读出故障码。

【技能训练】

安全气囊的拆装与更换（以比亚迪轿车为例）
1. 目的 1）掌握安全气囊拆装及更换的操作方法。 2）能够掌握安全气囊拆装的注意事项。
2. 准备 比亚迪 F3 整车一台,举升机,维修工具一套,毛巾两条,维修三件套。
3. 步骤 （1）驾驶人安全气囊的更换方法 1）将汽车举升悬离地面;接通电源观察仪表盘安全气囊故障指示灯情况,并进行故障码的读取。如果指示灯为连续 6 次间隔闪亮,可以判断驾驶人安全气囊有故障;连接诊断仪,进行故障确认;做好拆装工具准备。将点火开关置于 LOCK 位。

2）从蓄电池上拆下负极搭铁线，并等待至少15min，如图7-113所示。在对安全气囊进行拆卸与安装之前，应注意安全气囊在车内的警示标志，按标志记载情况进行操作。另外，如果标志破损或脏污，应更换新的；使前车轮处于朝正前位置（直行状态）。

3）拆下位于转向轮毂左右两侧的两个转向盘螺钉盖（图7-114、图7-115）。

4）用内六花套筒扳手，旋松左右两个螺钉（图7-116），取下方向盘与安全气囊组件的固定螺钉；将方向盘转回直行方向（图7-117）。

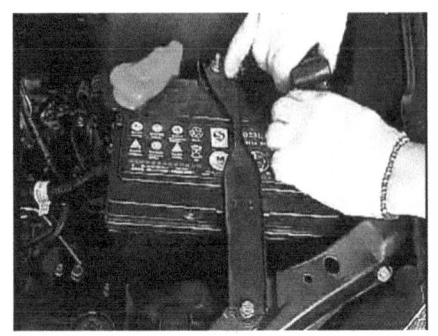

图 7-113

图 7-114

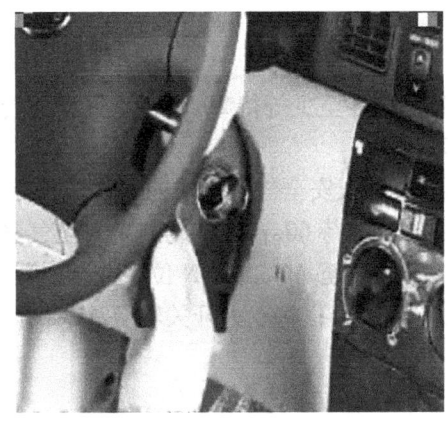

图 7-115

图 7-116

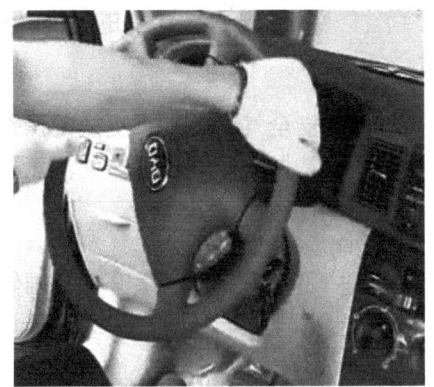

图 7-117

5）取出音响副控制开关螺钉（图7-118），取出音响副控制开关，断开其连接插头（图7-119）。

项目七　安全防盗系统的检测与故障诊断

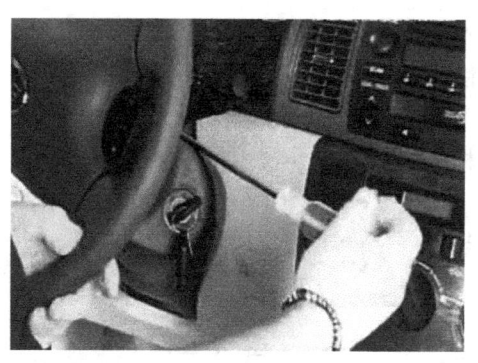

图　7-118

图　7-119

6）取出另一侧方向盘与安全气囊固定螺栓（图 7-120），取出安全气囊组件（图 7-121）。

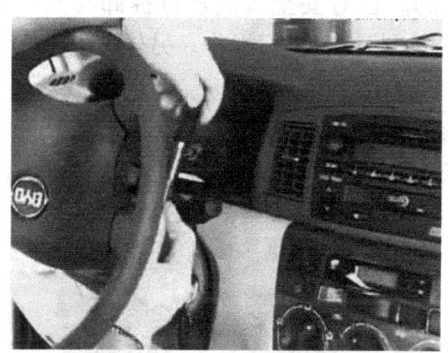

图　7-120

图　7-121

7）取下喇叭开关插头（图7-122），用工具拆松安全气囊组件连接插头（金属工具和手不要直接接触安全气囊组件插针，避免因静电引爆安全气囊点火器；拆下驾驶人安全气囊模块时，应小心不要拉拽安全气囊线束），用手取下安全气囊插头，如图 7-123、图 7-124 所示。

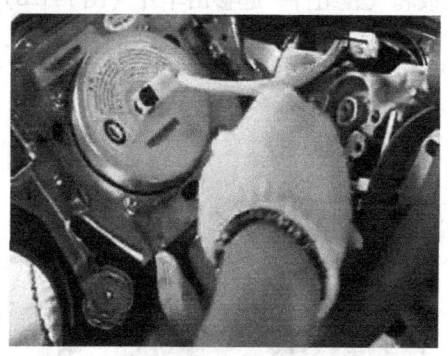

图　7-122

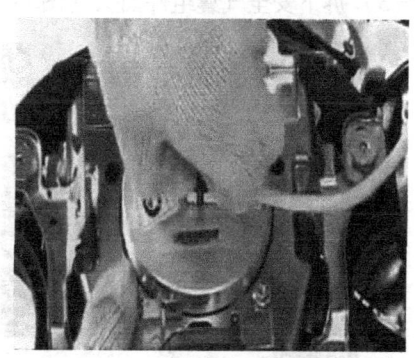

图　7-123

195

注意：拆下驾驶人安全气囊模块时，应小心不要拉拽安全气囊线束，存放安全气囊模块时，应使饰盖朝上，禁止拆开驾驶人安全气囊模块。

8）拆卸完成。安全气囊的安装与拆卸方法相反，这里不再介绍。

注意：在更换新的安全气囊组件时，一定要与原型号相同，并注意安全标志方向。

（2）乘员安全气囊的更换方法

1）将汽车举升悬离地面；接通电源观察仪表盘安全气囊故障指示灯情况，并进行故障码读取。

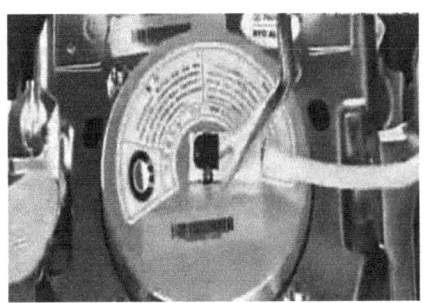

图 7-124

如果指示灯为连续 7 次间隔闪亮，可以判断乘员位置安全气囊有故障；连接诊断仪，进行故障确认；做好拆装工具准备。将点火开关置于 LOCK 位。

从蓄电池上拆下负极搭铁线，并等待至少 15min。在对安全气囊进行拆卸与安装之前，请注意安全气囊系统在车内的警示标志，按标志记载情况进行操作。另外，如果标志破损或脏污，应更换新的。

2）取出仪表板盖（图 7-125）；松开安全气囊组件线束保险卡（图 7-126）。

注意：在拆松保险卡时金属工具不要接触到安全气囊组件插头线针，避免引爆气囊。

图 7-125

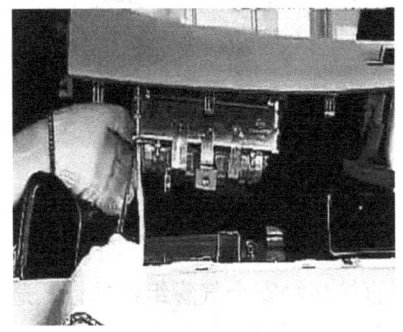

图 7-126

3）拆下安全气囊组件插头（图 7-127），将仪表板和气囊组件一起移出车外（图 7-128）。

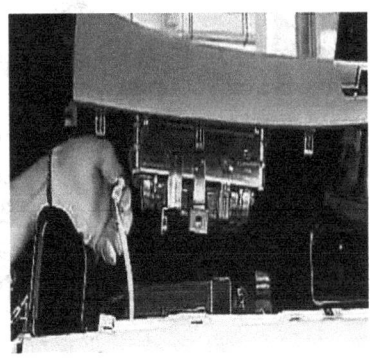

图 7-127

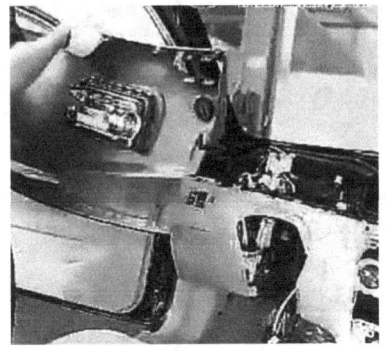

图 7-128

4）分解仪表台与安全气囊组件连接卡。

5）拆卸结束。

安装的方法与前面的操作相反。但要注意先装仪表台，然后再装安全气囊组件。

任务三　防盗系统和中控门锁的检测与故障诊断

【相关知识】

一、汽车防盗装置

1. 汽车防盗系统的分类

1）按设定方式分为定码式和跳码式。

2）按结构方式分为机械式、电子式和网络式。

① 常见机械式防盗装置，如图 7-129 所示。

② 电子式防盗系统。电子式防盗系统是现代汽车使用最多的防盗装置，分为插片式、按键式或遥控式。由于采用了智能防盗系统，当盗车者接近或进入汽车时，装置会发出蜂鸣、警笛、灯光等信号，提醒周围行人或车主注意；系统还可切断起动系统、燃油系统、点火系统、变速控制系统等电路，从而使汽车无法使用。防盗系统的主要元件有开关、传感器、防盗 ECU 和执行机构。

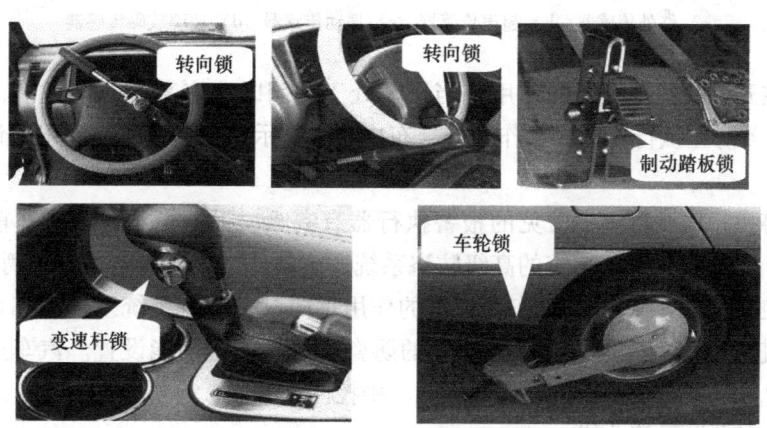

图 7-129　常见机械式防盗装置

电子防盗系统的工作状态：当用户钥匙锁好车门后，系统处于 30s 防盗准备。随后防盗系统中的指示灯开始闪亮，系统进入工作状态。当有人（除车主外）试图打开车门或打开门锁时，系统发出报警信号（报警时长为持续 1min 左右）。当车主本人用钥匙打开门锁时，防盗系统自动解除报警或防盗工作状态。

③ 网络式防盗系统。网络式防盗系统是目前较为先进的防盗方式，它是在机械式和电子式的基础上，利用卫星定位系统（GPS）实现对汽车的监控与防盗。网络式防盗系统具有

较为完善的自动控制功能，能自动切断起动、点火、变速等系统，并能实现 GPS 定位及被盗时自动传送报警信息。

2. 汽车防盗系统的主要功能

汽车防盗系统的功能主要有：在非正常解锁时发出报警信息、锁上车门、切断点火系统、起动系统、燃油供给系统等防止汽车被盗；在车主正常使用时安全解锁。

3. 汽车防盗系统的主要电器

（1）防盗系统控制单元（ECU）　防盗系统控制单元（ECU）是系统控制的核心，其接收汽车各传感器（车速传感器、防盗传感器、各个门锁开关、中控门锁电动机位置等）信息，并根据信息进行处理、判断、确定汽车的安全状态；发出信号控制各执行器（门锁电动机、发动机 ECU、起动继电器、喇叭、前照灯）发出报警。

（2）防盗传感器　现代汽车主要采用的传感器有红外传感器、超声传感器、振动传感器和玻璃破碎传感器等，如图 7-130 所示。各传感器在系统工作时，传感器监控汽车的状态，如果汽车被非车主移动或各箱门被开启时，传感器将信息发送到防盗 ECU，ECU 将信息与正常信息进行对比，判断是否正常使用。如果不是，防盗系统将发出报警信息，并切断各被控电路（起动电路、点火电路、供油电路）。

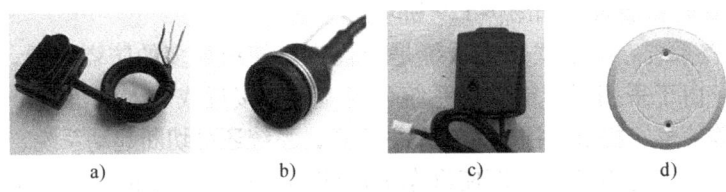

图 7-130　防盗传感器

a）红外传感器　b）超声传感器　c）振动传感器　d）玻璃破碎传感器

（3）门控开关　门控开关的作用是当汽车处于关闭时防盗系统才能激活，一旦系统进入预警，车内各防盗执行器进入工作准备，车内防盗显示或指示灯闪亮，以保证防盗系统正确无误工作。

（4）报警执行器　汽车中常见的报警执行器有喇叭、报警指示灯及汽车前照灯或车身其他照明灯。采用 GPS 定位系统的高级防盗系统还能自动报警和确定被盗车辆的位置。

（5）遥控器（图 7-131）　汽车遥控器的作用是向汽车防盗系统发出控制信号，实现在与防盗 ECU 正常通信后完成对汽车各系统的防盗解锁和防盗功能设置。汽车遥控器在控制距离上通常为 30~50m，具有车门未锁提醒、中控门锁控制、有声报警设置、振动报警、非法开启报警和双向提示等功能。

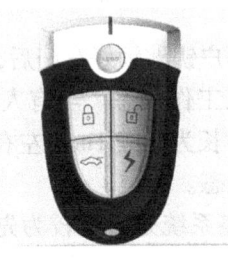

图 7-131　遥控器

项目七　安全防盗系统的检测与故障诊断

4. 电子防盗系统的解锁方式

为防止汽车被非法移动，防盗系统要切断起动系统、点火系统和燃油供给系统等电路。车主需要起动车辆时，必须将各电路接通以进入工作状态，因此需要对车辆进行解锁。防盗控制 ECU 通过车主钥匙进行身份识别，常见有以下四种方式：

(1) 机械式钥匙解锁　点火开关采用传统的机械锁结构，当点火开关处于"ON"时防盗系统解锁；置于"OFF"时防盗系统进入工作状态。这种解锁方式的安全性较差，在机械锁损坏时防盗系统也会停止工作。

(2) 遥控器解锁　遥控器解锁是利用遥控器进行操作，这种方式较为方便，但易受外面电磁或红外线信息的干扰。

(3) 电阻式钥匙解锁　电阻式钥匙解锁是在点火开关钥匙上加入芯片电阻，由防盗 ECU 预先设置好的参数与之进行比较，如果吻合则电路解锁，汽车进入正常工作。但这种方式由于设置数量有限，易被复制，安全性较差。

(4) 电子应答解锁　电子应答解锁是现代汽车采用最多的方式，防盗电控单元（ECU）通过装在点火钥匙筒内的线圈供给电力。安装在点火钥匙内的应答器，由于供给电力而工作，并送出程序控制码，在防盗电控单元（ECU）接收到合法的程序控制码后，就会向汽车各被控制电路单元发出解锁指令，解除防盗工作状态。因此，电子应答解锁具有较好的安全性能，且使用方便。

5. 遥控电控防盗系统

(1) 结构　遥控电控防盗系统实现在车主远离车辆一定的距离也可对车门的开闭进行控制，也就是车辆防盗控制系统与车主的遥控器发出的控制指令进行身份的识别后，实现对车辆各系统的控制。遥控电控防盗系统主要由遥控器和车内遥控接收器两部分组成。

(2) 遥控器　遥控器常见的有红外线遥控器和无线振荡式遥控器等。

1) 红外线遥控器。利用红外线发射二极管射出的红外线控制信号实现与车辆接收器之间的连接。主要由发射二极管、发射控制电路、身份存储器、控制按钮和电池组成。这种遥控器的特点：控制距离短、有方向性选择、体积大、使用寿命短，但抗冲击性较好、电路简单、易固态整体化。

2) 无线振荡式遥控器。利用高频电子振荡电路发出的高频电波信息与接收器进行连接。主要由发射控制电路、身份存储器、控制按钮、高频振荡器、高频放大器、发射天线组成。主要的特点：无方向选择、使用寿命长、控制距离远、抗干扰能力较好，但电路复杂、抗冲击性差。

(3) 接收器　接收器主要功能是对遥控信号进行放大和调制，并对信息进行身份识别。当身份代码相同时，发出相应的控制指令，关闭防盗功能并接通相应电路和完成车门、箱门控制。

1) 接收器的组成。主要由接收电路、身份识别电路及存储器、开关信号输出电路、电源等电路组成。

2) 接收器的性能。当接收到遥控器的信号时，会把接收到的身份信息与系统中存储器的身份信息进行比较。如果车主遗失遥控器或遥控器损坏不必重新更换接收系统，而只需找到相同种类的遥控器即可。

3) 防止接收器误动作。主要采用的方法是：使用多种识别码、禁止连续的模拟信号接入、降低接收灵敏度等。

6. 中央控制门锁防盗控制系统

汽车门锁必须在车主关闭驾驶侧门锁时,其余各箱门都必须关闭,当打开驾驶侧门锁时,各箱门也能正常开启。汽车门锁是由机械式逐渐向电子化发展而来的,汽车电子门锁、汽车电子密码点火锁和汽车电脑转向锁等都是汽车门锁实行电子控制的产物。汽车电子门锁是采用电子控制,以电磁铁、微型电动机和锁体或继电器作为执行机构的机电一体化装置。汽车的电子门锁一般采用中央控制门锁,可以由驾驶人控制所有车门的动作。

中央控制门锁具有钥匙联动开闭车门和钥匙占用预防功能。根据不同车型、等级和使用地区,门锁装置具有不同的功能。一般中央控制门锁功能如下:

1) 实现中央控制,当驾驶人锁住车门时,其他车门均同时锁住;驾驶人也可通过门锁开关打开所有门锁。

2) 实现速度控制,当车速达到一定时,能自动将所有的车门锁定(有的车型上无此功能)。

3) 可以单独控制,除中央控制外,乘员仍可利用车门的机械式弹簧锁开关车门。

4) 具备两级开锁功能,在钥匙联动开锁功能中,一级开锁操作只能以机械方法开钥匙插入的门;两级开锁操作则同时打开其他车门。一般来说,所有车门可以通过右前或左前门上的钥匙来同时关闭和打开。

5) 有钥匙占用预防功能,该功能可防止钥匙插入点火开关时,在车外没钥匙而将车门锁住。若已经执行了锁门操作,而钥匙仍然插在点火开关内,则所有的车门会自动打开,以防止钥匙遗忘在车内。

6) 具有安全功能,当钥匙已经从点火开关中拔出而且车门也锁住时,车门都不能用门锁控制开关打开。

7) 电动车窗不用钥匙的动作功能,驾驶人和乘客的车门都关上,点火开关断开后,电动车窗仍可以动作约60s。

8) 高级自动功能,一些高级车辆中,在用钥匙或遥控器将门锁打开或锁上时,电动车窗会自动打开或关闭。

二、电控防盗系统的检测与诊断

1. 电控防盗系统的维修

电控防盗系统的附属电路比较多,检修时不能盲目地拆换,应先排除附属电路故障,然后检修控制主电路。

1) 无任何反应的检修。当电控防盗系统无任何反应时,首先检查各供电电路是否正常,检查12V熔断器及其插座以及系统的搭铁线是否完好。

2) 报警喇叭不工作的检修。当报警喇叭不工作时,应检测喇叭是否正常、喇叭电路搭铁线是否正常、喇叭供电电端是否有12V电压。否则为系统喇叭驱动电路故障。

3) 警告灯不工作的检修。当警告灯不工作时,应检查警告灯供电熔断器是否正常、外接附加二极管是否损坏。

4) 错误报警的检修。当出现错误报警时,应重点检查防盗系统各传感器是否正常或灵敏度是否过高,若是,重新调整或更换。

5) 报警系统只要工作就开始报警的检修。重点检查各车门及箱体开关,及时更换系统传感器。

以上检修过程应遵循先易后难、先外后内、先附属电路后控制系统电路的原则进行维修。

2. 电控防盗系统的常用检修方法

（1）直观法 就是利用人的感知器官对电路进行触摸、眼观、闻味等以检查系统是否有故障。在通电前检查12V电源进线的熔断器是否正常工作，电路是否有变色、变焦；是否存在进水、油迹；是否有开焊、断裂；是否有元件烧蚀等痕迹。在通电后是否有冒烟、异味、跳火、元件温度过高等情况出现。

（2）测量法 主要针对不能用直观法找到的故障，在电路工作不正常时，可以通过检测电路工作电流、电压的变化情况来判断电路是否正常。通常信号处理集成电路的工作电流为微安级，信号驱动集成电路工作电流为毫安级。如果电路测得的电流比这个工作电流范围超出过大，应对电路进行检修或更换。

在检测电流无法确认故障部位时，还可使用电压表检测电压来确定。一般来说发光二极管的工作电压为1.8V，普通硅二极管的工作电压为0.6V左右。电路常用的硅晶体管有两种工作方式，一种是放大方式，用作信号放大的作用；另一种为开关方式，用作电路的开/关连接实现对各电路的驱动或控制。放大状态的晶体管基极与发射极电压为0.6V，集电极电压高于基极1V以上（对于NPN型的则就低于1V以上）；对于在开关状态下的晶体管，导通时集电极与发射极电压低于0.3V，基极电压为0.7~1V。

（3）线路电阻测量法 此方法对于电路短路故障的排除较为有效，就是通过测量电路中的电阻来判断元件或线路是否有断路或短路。对于出现电路电阻对搭铁线电阻为0或较小电阻，则依次断开与之连接的电路，如果出现电路电阻得以恢复，则电路故障即可排除。

（4）替代法 就是利用工作性能与原件相同的正常原件替换或并接在故障电路上。在电控防盗系统中通常对存储器、晶体振荡器、谐振器、谐振回路中的电感、电容元件利用此种方法，能快速找出故障元件。

（5）模拟信号输入法 此种方法主要针对接收或发射信号弱或信号丢失的故障较为有效。在各部分电路的输入接口输入信号，并利用试灯笔或示波器观察输出电路的信号是否正常，当信号注入电路出现输出电路信号变弱或丢失即为该电路故障。

（6）逐级断路法 此方法对于检修电路中出现的短路故障，特别是电源供电电路故障特别有效。当电路12V或5V电路出现短路故障时，可以逐级断开与之相连的电路，当断开后不再出现电流变大或电压变低，则为该电路故障。

3. 遥控防盗系统电路的检测检修

（1）传感器的检修

1）超声波传感电路的检测。超声波传感器电路由发射电路和接收电路组成，因此在维修这种传感器电路时，首先应确认是发射电路还是接收电路的故障，不可盲目下手导致故障扩大。在对接收器进行检查时，可以拔下接收传感器插头，在电路中输入信号，观察输出电路各级是否正常（可以用试灯笔测量或示波器观察），如果试灯笔能被点亮，则电路正常。在检修接收电路前应先确定遥控器功能必须是正常的，这样可以避免走弯路。

2）电子振动传感电路的检测。电子振动传感电路由检测元件、电压放大电路、比较器三个部分组成。故障可能由检测元件引起的，可把振动检测元件的输出端与线路脱开，用人体感应从断开处输入信息,利用试灯笔或万用表对电路的输出端进行检测。如果电压发生变化或试灯笔能闪亮,说明电路工作正常、振动检测元件损坏,否则为后部电路问题。判断为电路问题可以按电压放大器和运算放大器的维修办法检查。

(2) 遥控器的检测　最好的办法就是利用扫频仪对发射波形进行观察,这样不但可以看清信号的有无还能判断信号的强弱、信息的稳定性;其次是用万用表测量遥控器电源输出电流的变化情况,遥控器在没有任何操作时电流较小(几十至几百微安),当按下操作键时电流较大(几毫安至几十毫安),如果电流不在这个范围内则有故障;再则可找相同的遥控器进行各测量点电压比较,如果各元件电压相差较大,则有故障。

(3) 接收器的检修　如果防盗器的遥控距离缩短或功能失效,在判断遥控器无故障的前提下应考虑是否是遥控接收电路有故障。判断接收器故障常用的方法有:

1) 将扫频仪天线靠近接收器,并给防盗系统通电,在 200~400MHz 频段范围内应有波浪状信号(调容式)或倒"V"状(调感式)的信号出现,若无信号则为接收器有故障。

2) 用示波器测量遥控接收器的输出端,在按下遥控器按键时,输出端应有电压波形信号出现。如果波形异常或无波形出现,则为接收器有故障。

3) 用示波器观察接收器输出端,在用金属物或人体接触接收天线时,输出端有较强的杂波信号,无信号则为接收器故障。

4) 用万用表测量接收器的输出端,并按遥控器上任何按键,此时输出端应有变化的电压出现,无信号则为接收器故障。

在确认了接收器有故障后,可以使用电路逐级排除法对接收器进行检修,直到检测到故障元件。接收器通常工作在低电压、小电流的环境中,一般不会出现烧坏电路板的情况。最常见的原因是频率偏移,导致频率偏移的原因多为进水或电路受潮引起电路故障。采取的方法是清洗、除潮,尽量少拆卸元件。

现代汽车的防盗系统接收器,无论采用哪种形式的电路结构,大多都可进行互换。只要能找到 GND(搭铁线)、+V(电源端)、OUT(输出端),在电路中对应进行连接,并通电调整接收频率即可,操作并不复杂。

4. 中控门锁的检修

(1) 注意事项　无论中央控制门锁出现什么故障,应先通过检查,使故障可能存在的部位缩小到一定范围以内,然后再拆下车门内饰,露出门锁机构。最好先将拨动门锁开关后的情况列出图表,然后和维修手册中的故障诊断图表相对照,以便分析故障原因和部位。

在测试电路前,应结合故障诊断图表,先弄清线路图,然后再试加蓄电池电压或用万用表电阻档测量。如果盲目地测试,则会损坏电子元件。

(2) 中控门锁的故障检修思路

1) 门锁控制开关的检修。结合开关的工作原理,根据万用表测量开关在不同位置时的工作状态,以判断开关的好坏,然后进行相应的修理。

2) 门锁控制继电器的检修。门锁控制继电器是由电子电路控制的继电器,它包括控制电路和继电器两个部分,为门锁执行器提供脉冲工作电流,也叫门锁定时器。门锁控制继电器的检修,可根据其工作原理,测量其输出状态,从而判断是否有故障,然后进行相应的处理。

3) 门锁执行器的检修。门锁执行器有电磁铁机构、直流电动机等。不论是哪种类型的执行器,都可以用直接通电方法检查其工作是否有开锁和闭锁两种状态,以判断其是否损坏。

(3) 中控门锁常见故障与分析

1) 操作门锁控制开关,所有门锁均不动作,该故障原因一般出在电源电路中。首先检查熔断器是否熔断,熔断器熔断应予更换。若更换熔断器后又立即熔断,说明电源与门锁执行器之间的线路有搭铁或短路故障,用万用表查找出搭铁部位,予以排除。

若熔断器良好,检查线路插头是否松脱、搭铁是否可靠、导线是否折断。可在门锁控制开关电源接线柱和定时器或门锁继电器电源接线柱上测量该处的电压,以判断输入电动门锁系统的电源线路是否良好。

2) 操作门锁控制开关,不能开门(或锁门)。该故障是由开门(或锁门)继电器、门锁控制开关损坏所致,可能是继电器线圈烧断、触点接触不良、开关触点烧坏或导线插头松脱。

3) 操作门锁控制开关,个别车门锁不能动作。该故障仅出在相应车门上,可能是连接线路断路或松脱、门锁电动机(或电磁铁式执行器)损坏、门锁连杆操纵机构损坏等。

4) 速度控制失灵。当车速高于规定车速时,门锁不能自动锁定。该故障是由车速传感器损坏或车速控制电路出现故障所致。首先应检查电路中各插头是否接触良好,搭铁是否良好,电源线路是否有故障。然后检查车速传感器,车速传感器的检查可采用试验的方法进行,也可采用替代法,即以新传感器替代被检传感器,若故障消除,则说明旧传感器损坏;若故障仍存在,则应进一步检查速度控制电路中各元件是否损坏。

(4) 中控门锁系统主要部件的检修

1) 门锁控制开关。用万用表测量开关在不同位置的导通性,首先应根据维修资料,找到开关的接线端子,一般开关处于 LOCK 或 UNLOCK 位置时对应的接线端子间的电阻值应为零,处于 OFF 位置时对应的接线端子间的电阻值应为无穷大。检测结果符合上述要求的开关是好的,只要有一个不符合要求,则表示开关损坏,如损坏一般直接更换。

2) 门锁控制继电器。门锁控制继电器是由电子电路控制的继电器,包括控制电路和继电器两个部分,它为门锁执行器提供脉冲工作电流,也叫门锁定时器。检测时测量其输出状态,从而判断其是否有故障,然后进行相应的处理。

3) 门锁执行器。门锁执行器有电磁铁机构和直流电动机等。可以用直接通电的方法检查其工作是否有开锁和闭锁两种状态,以判断其是否损坏。

【技能训练】

训练　防盗系统点火钥匙的匹配(以大众迈腾为例)

1. 目的

1) 掌握防盗系统点火钥匙匹配的操作方法。

2) 能够对点火钥匙的匹配情况进行正确的判断。

2. 准备

整车一台,VAS5051 故障诊断仪,举升机,维修工作一套、毛巾两条、维修三件套。

3. 步骤

1)连接检测设备并打开车辆进入工作状态。

2)启动 VAS5051 故障诊断仪并进入用户界面。

3)输入品牌、车型、年型、发动机类型。

4)"确认"输入(图7-132)。

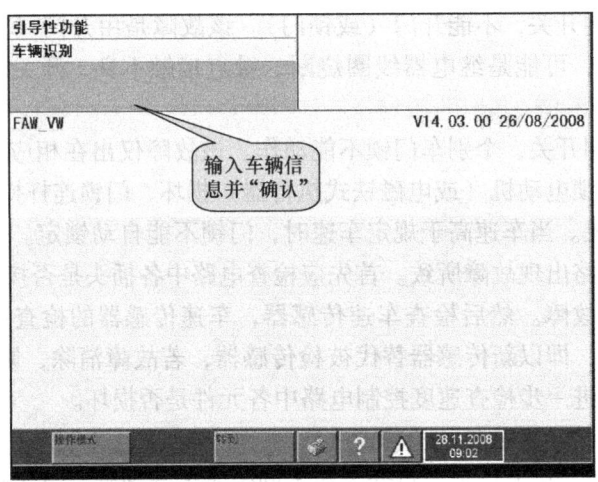

图 7-132

5)选择车型"迈腾"(图7-133)。

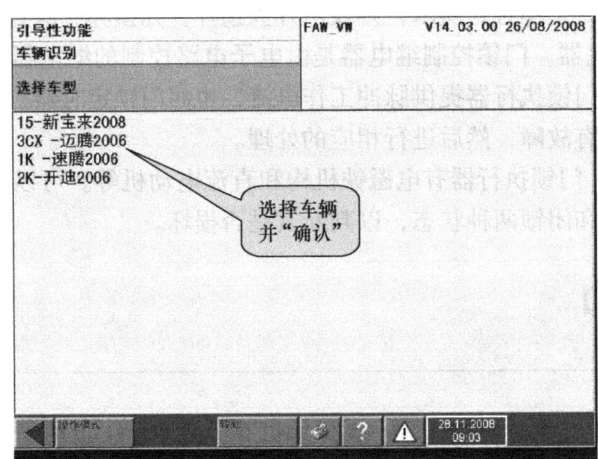

图 7-133

6)选择"出厂年款"(图7-134)。

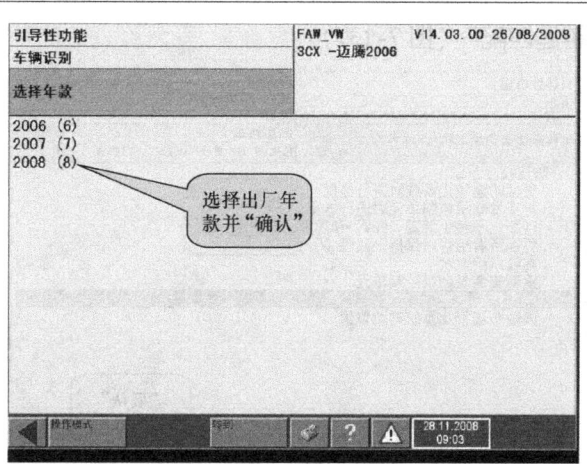

图 7-134

7) 选择"发动机型号"(图7-135)。

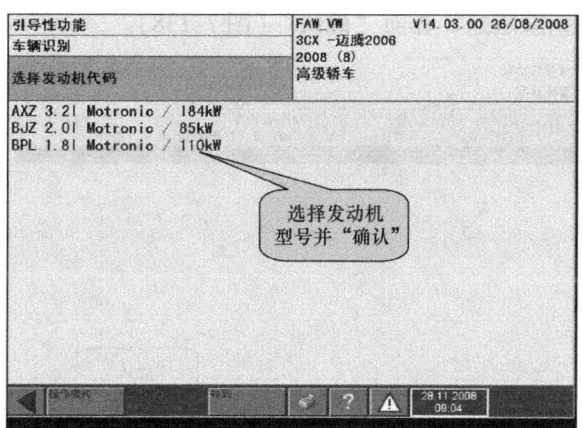

图 7-135

8) "确认"进入"系统功能选择"(图7-136)。

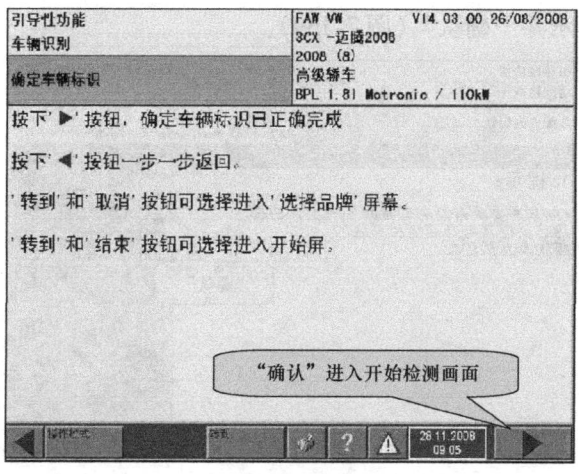

图 7-136

9）选择"点火钥匙匹配"（图7-137）。

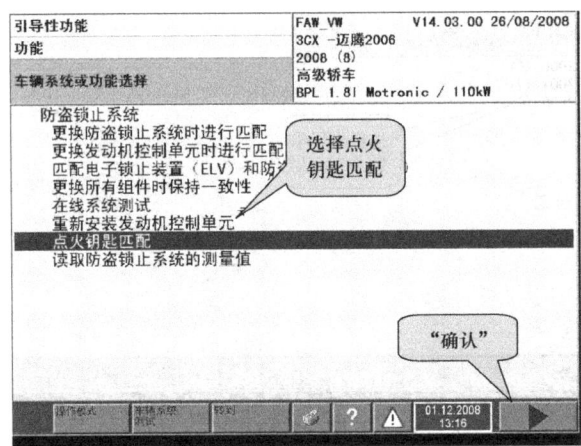

图 7-137

10）进入"点火钥匙匹配"界面"确认"（图7-138）。

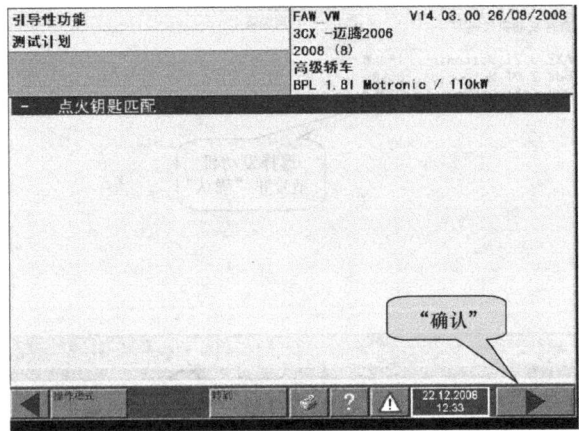

图 7-138

11）阅读匹配提示并"确认"（图7-139）。

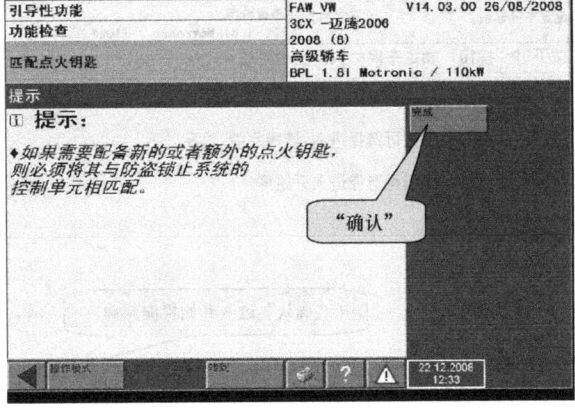

图 7-139

12) 按"是"进行匹配操作或按"否"中止匹配（图7-140）。

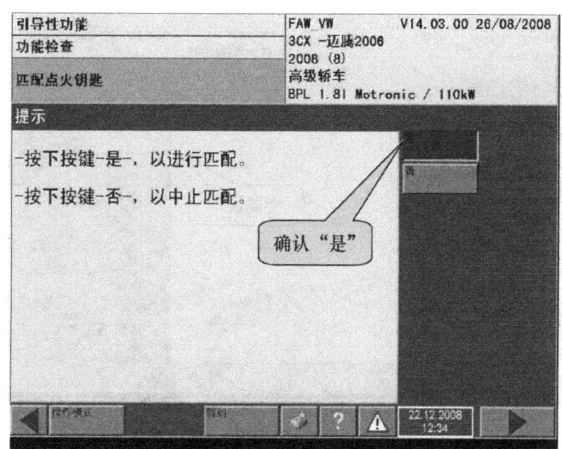

图 7-140

13) 打开点火开关并"确认"（图7-141）。

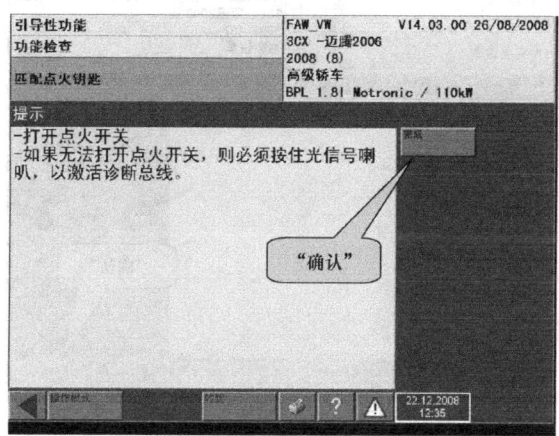

图 7-141

14) 进入登录锁止信息进行读取"确认"（图7-142）。

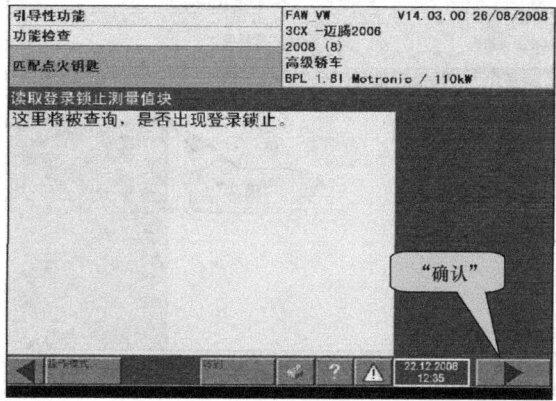

图 7-142

15）对登录锁止信息进行"确认"（图7-143）。

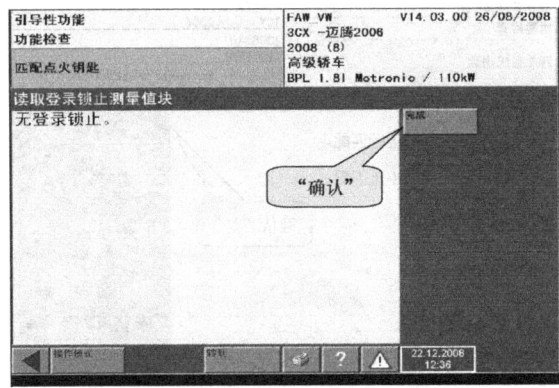

图 7-143

16）进入防盗锁止系统控制单元进行信息读取"确认"（图7-144）。

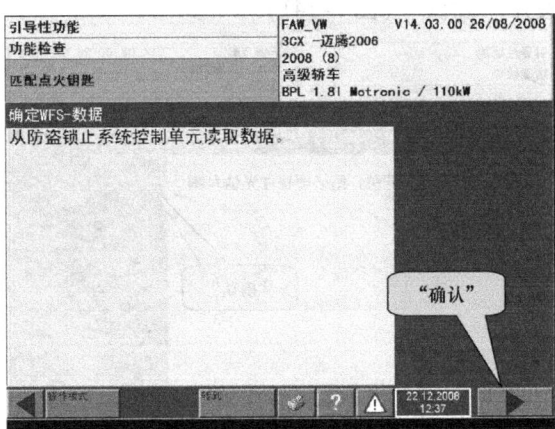

图 7-144

17）对防盗锁止系统控制单元信息进行"确认"（图7-145）。

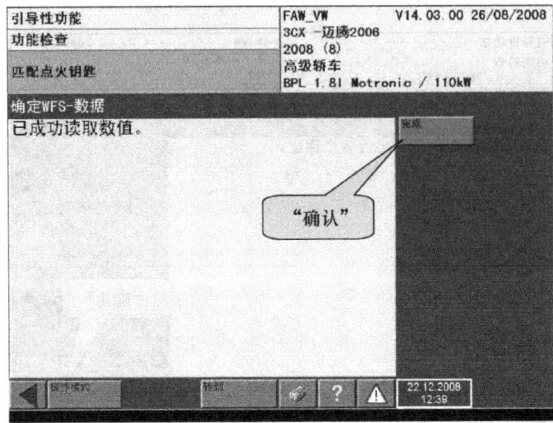

图 7-145

18）输入用户姓名（图7-146）。

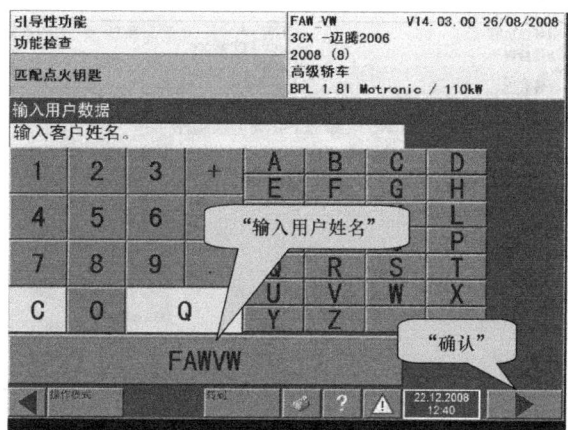

图 7-146

19）输入用户身份证号码（图7-147）。

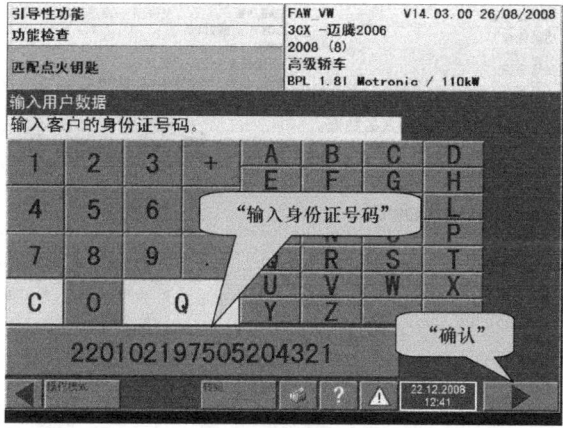

图 7-147

20）输入"国家代号"并"确认"。（图7-148）。

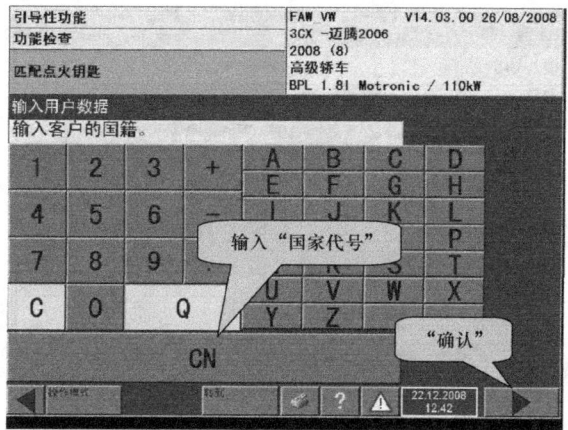

图 7-148

21)"确认"数据信息并等待(图7-149)。

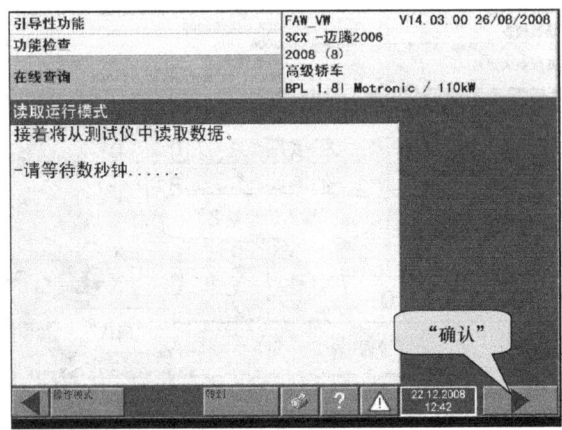

图 7-149

22)"确定"检测信息(图7-150)。

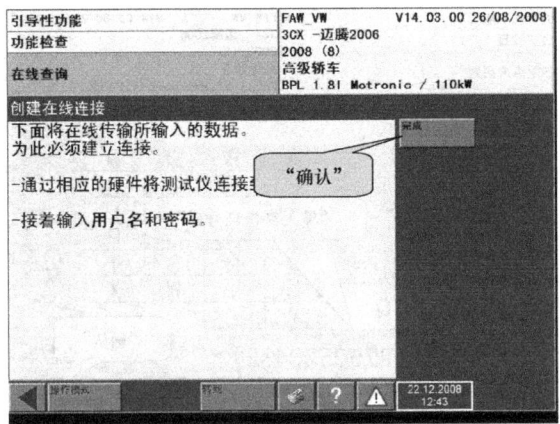

图 7-150

23)输入密码并"确认"(图7-151)。

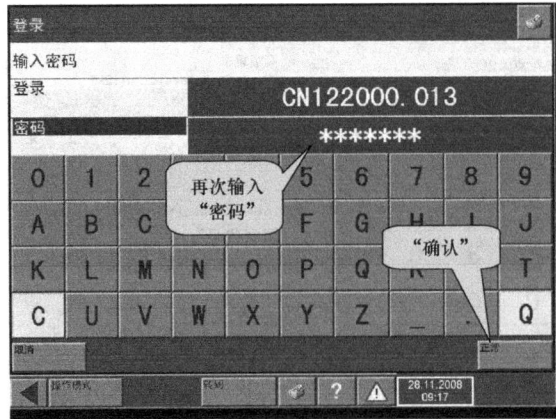

图 7-151

24）创建在线连接"确认"（图7-152）。

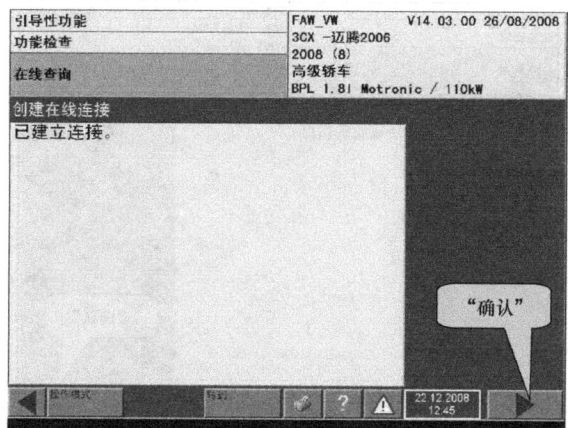

图 7-152

25）发送查询数据"确认"（图7-153）。

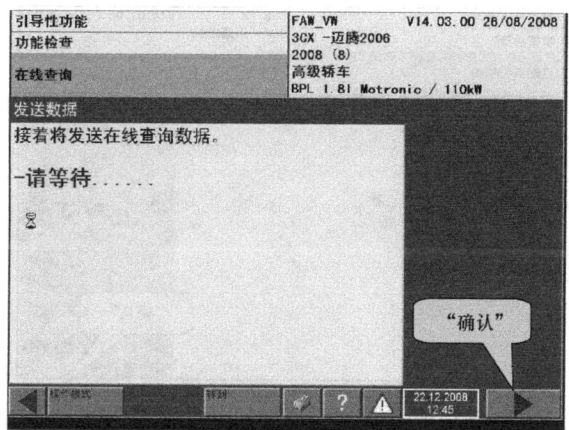

图 7-153

26）数据接收"确认"（图7-154）。

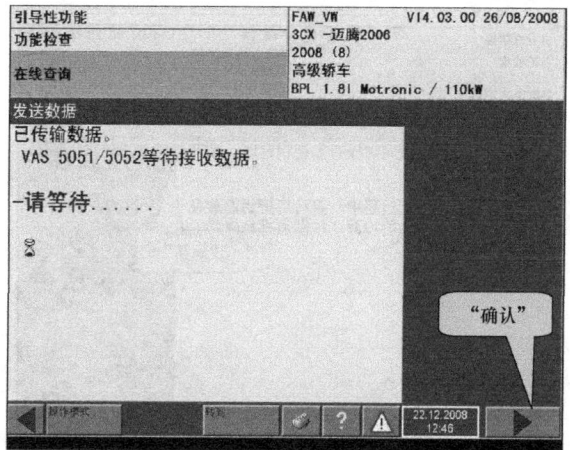

图 7-154

27）接收数据分析结果"确认"(图7-155)。

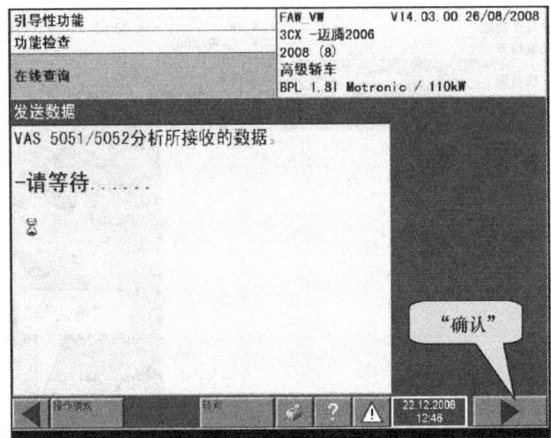

图 7-155

28）程序登录"确认"(图7-156)。

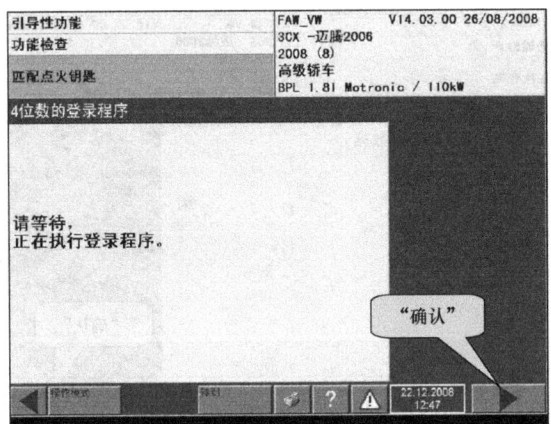

图 7-156

29）匹配提示注意事项并"确认"(图7-157)。

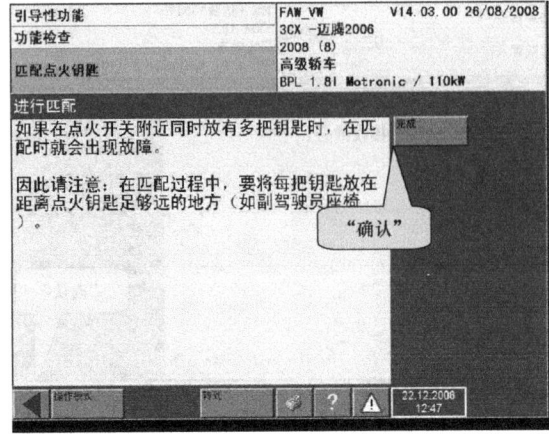

图 7-157

30）插入匹配钥匙注意提示并"确认"（图7-158）。

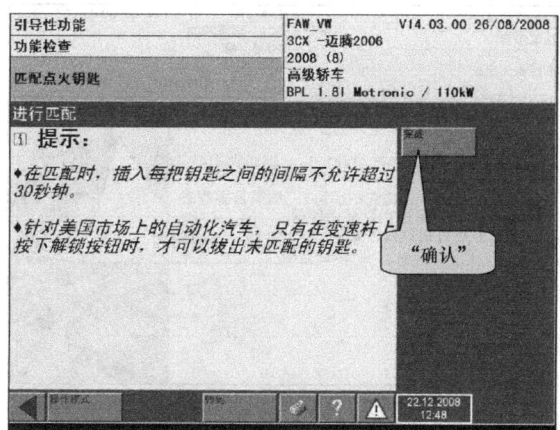

图 7-158

31）确认匹配完成第一把钥匙后"确认"（图7-159）。

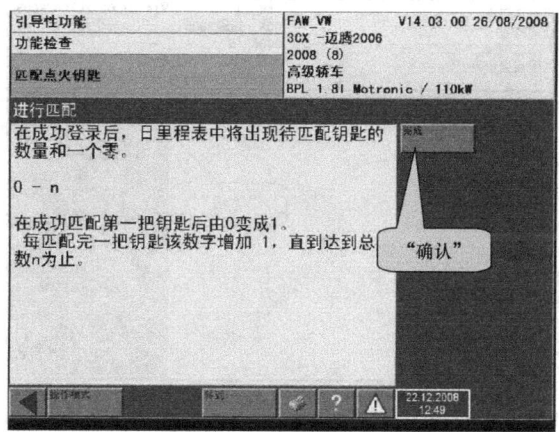

图 7-159

32）取出匹配钥匙注意提示并"确认"（图7-160）。

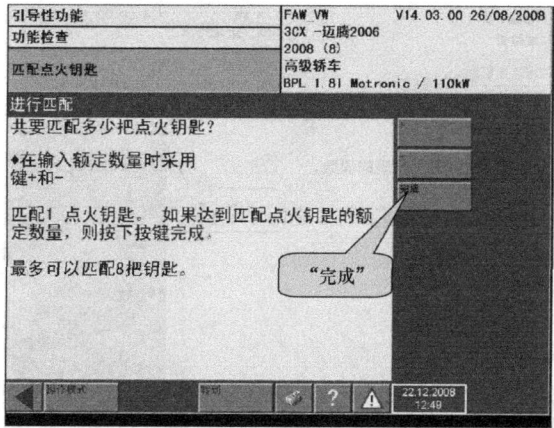

图 7-160

33)分别按提示插入其他的钥匙后选择"完成"(图7-161)。

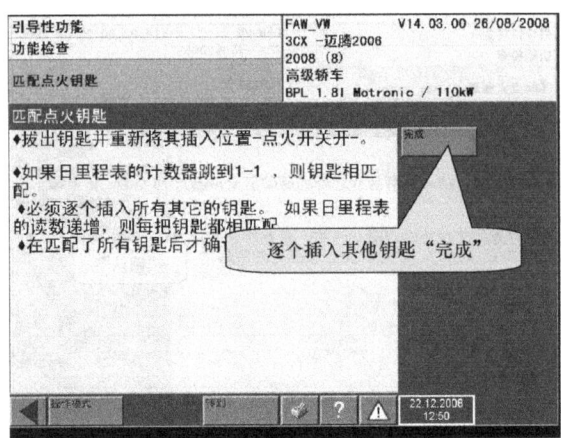

图 7-161

34)关闭点火开关并确认"完成"(图7-162)。

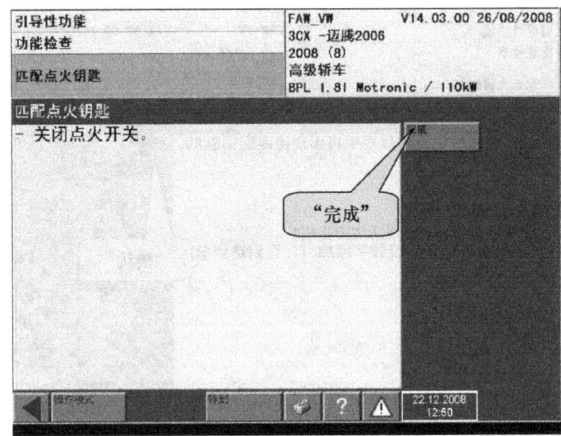

图 7-162

35)重新打开点火开关确认"完成"(图7-163)。

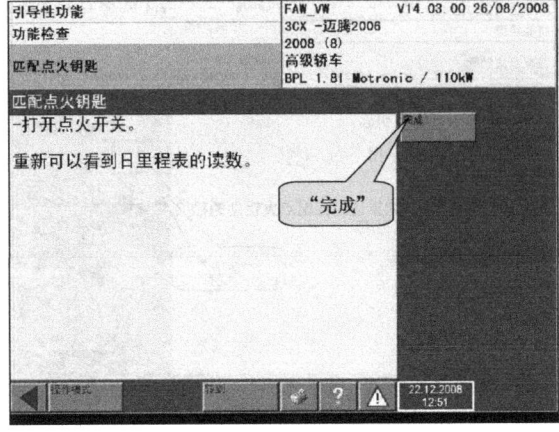

图 7-163

36）关闭点火开关并退出（图7-164）。

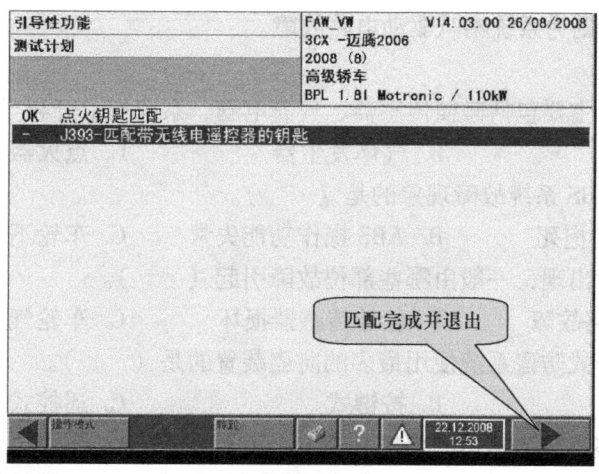

图 7-164

一、填空题

1. 汽车 ABS 系统的主要结构是在原有制动系统的基础上，增加_____、_____、_____和_____。
2. ABS 系统故障现象有_____、_____、_____和_____。
3. 按照用途的不同，碰撞传感器分为_____和_____。
4. 安全气囊组件按功能分为_____和_____两大类。
5. 按照结构的不同，碰撞传感器还可分为_____、_____和_____。
6. 安全带预紧器安装在前排座椅的左右两外侧，它包括_____、_____、_____和_____。
7. 汽车防盗系统的分类，按设定方式可分为_____、_____和_____。
8. 电子式防盗系统是现代汽车使用最多的防盗装置，分为_____、_____和_____。

二、判断题

1. 观察万用表的数字有变化则为正常，否则为损坏。（　　）
2. 当用电弧焊时，应先将安全气囊及安全带收紧器的插接器脱开才可开始工作。（　　）
3. 如果在点火开关接通 5s 后，SRS 警告灯有时点亮，甚至在点火置于 LOCK 位后，SRS 警告灯又点亮，表明 SRS 警告灯电路可能存在短路。（　　）
4. 如果警告灯保持高亮而不熄灭，表明安全气囊 ECU 已经探测到一种或多种故障。（　　）
5. 电源电路故障的特点：通电后无反应、指示灯不亮不闪动、继电器无任何动作，系

统完全"死机"。　　　　　　　　　　　　　　　　　　　　　　　　　　　　(　)

6. 报警喇叭不工作，应检测喇叭是否正常，喇叭电路搭铁线是否正常，喇叭供电电端是否有 12V 电压，否则为系统喇叭驱动电路故障。　　　　　　　　　(　)

三、选择题

1. 安全气囊系统主要包括碰撞传感器、气囊电脑、系统指示灯和（　　）。
   A. 气囊　　　　　　B. 气体发生器　　　　C. 点火器　　　D. 连接线路

2. 以下不属于 ABS 系统故障现象的是（　　）。
   A. 紧急制动车轮抱死　　B. ABS 操作功能失常　　C. 车轮不受控制

3. 车轮抱死故障出现，一般由哪些部位故障引起（　　）。
   A. ECU 电源电路故障　　B. 轮速传感器损坏　　C. 车轮气压不足

4. 现代汽车电子式防盗系统使用最多的防盗装置的是（　　）。
   A. 插片式　　　　　B. 按键式　　　　　C. 遥控式　　　D. 机械式

5. 汽车遥控防盗系统传感器的检修有（　　）。
   A. 超声波传感电路的检测　B. 振动传感电路的检测　C. 红外线检测

四、简答题

1. 简述 ABS 诊断及排除的基本步骤。
2. 在 ABS 检测中，非 ABS 故障有哪些？
3. 简述安全气囊系统各部分的检修方法。

参 考 文 献

[1] 于志友. 汽车检测与故障诊断 [M]. 北京：机械工业出版社，2013.
[2] 岑业泉. 汽车车身电控系统维修 [M]. 北京：机械工业出版社，2014.
[3] 马明芳. 汽车车身电气系统故障诊断与排除 [M]. 北京：机械工业出版社，2013.
[4] 麻友良. 汽车车身电气系统原理与故障检修实例 [M]. 北京：机械工业出版社，2011.